やわらかアカデミズム
〈わかる〉シリーズ

よくわかる
政治過程論

松田憲忠/岡田 浩
［編著］

ミネルヴァ書房

はじめに

■よくわかる政治過程論

　テレビや新聞，インターネットのニュースサイト等で取り上げられる政治の
ニュースを思い浮かべてみると，その多くは，具体的な個人（議員，官僚，大統
領，都道府県知事や市町村長等）や集団（政党，行政省庁，企業や利益団体，有権者
等）が起こした行動を中心とした現象に焦点を当てているであろう。そして，
その現象の内部事情や因果関係について説明を加えたり，その現象の善悪や正
邪について自らの意見を展開したりすることは，政治に少しでも関心のある人
にとっては，さほど珍しくも難しくも感じないであろう。

　本書が解説する「政治過程論」という分野は，政治に関わるこうした比較的
ポピュラーな現象（のプロセス）に着眼する，政治学の一分野である。具体的
には，政治が営まれるプロセスの中で，個々のアクターが，特定の制度の下で
展開していく行動やインターアクション（相互作用）を客観的に理解すること
を目指す研究分野である。誰しもが何かしらの意見等を語れそうな政治過程に
ついて，学問としての政治学はどのような知見を提供してきているのであろう
か。本書は，この問いに対する答えを，すなわち印象論や先入観とは異なる学
術的な観点からみえてくる政治過程の姿を，体系的に解説する入門テキストと
して位置づけられる。

　政治過程論のテキストとして，これまで多くの良書が刊行されてきている。
そうした状況の中で，本書は以下の点において特徴的であるといえよう。

　第1に，本書は，ミネルヴァ書房の「やわらかアカデミズム・〈わかる〉シ
リーズ」の一冊として，読みやすさ，分かりやすさ，更なる学習の進めやすさ
を強調している。具体的には，各項目を見開き2ページに収まるように説明を
行い，本文ではエッセンスのみを解説することに注力している。その意味で，
本書は必ずしも目次どおりに読み進める必要はなく，興味のある項目から目を
向けていくことができる。しかしながら，こうした本書の構成によって読者の
理解が項目ごとの断片的なものに留まらないようにするために，クロスリファ
レンスを活用して，他の項目との有機的なつながりを明示している。さらに，
より深く学びたい読者に向けて，側注で補足的な解説を示すとともに，各項目
の最後に参考文献を挙げている。

　第2に，本書の執筆者は，一般的な政治過程論のテキストと比べると，きわ
めて多いという特徴がある。政治過程論という分野は多種多様な研究テーマか
ら構成され，それぞれの研究テーマには，それを専門的に取り組む研究者が存
在している。本書では，こうした多種多様な研究テーマについての丁寧な説明
を目指して，研究テーマごとにその専門家が執筆する形を取っている。

i

本書の第3の特徴として，政治過程の内部を描出するだけでなく，政治過程を社会生活全体の中で位置づけている点が挙げられる。例えば，私たちが社会生活を営む上で，政治過程が必要とされるのはなぜなのか，今日の政治状況や社会状況の変化は政治過程にどのようなインパクトを及ぼし得るのかといった問いに取り組むことによって，政治過程についての理解が政治の世界だけに閉じ込められることなく，社会全般についての考察の中でも活かせるようになることを，本書は強く意識している。

　第4に，本書の特徴の第2点と第3点とも関連するが，本書の執筆には，政治過程論を主たる専門分野としていない研究者も数多く参加している。例えば，行政学，安全保障，国際政治経済学，政治思想，公共政策学といった，政治学に関連する他の分野の研究者や，経済学や教育学等の政治学以外の分野の研究者である。それぞれの分野の研究者がそれぞれの視点から政治過程を描出することは，政治過程についての多面的な理解に大きく寄与するであろう。

　第5点として，本書は，政治過程についての知識を受動的に学ぶに留まらず，その知識を活用して，政治過程について主体的に考えていくための視点の醸成にも目を向けている。この点は，各項目での解説に加えて，序章と終章での政治過程論の歴史や方法論的特徴の説明の中で論及されている。

　政治過程論は，一般的に，大学学部教育課程の中では高めの配当年次に設定される科目である。こうした科目配置からは，政治過程論は政治学の中でも比較的高度な専門分野として位置づけられていることが示唆される。しかしながら，本書の認識は，政治過程論という研究分野の中で蓄積された知見のエッセンスは，政治学を専攻している学生や政治に対してきわめて高い関心を寄せている人々だけに向けられるものではないという点にある。むしろ，政治過程論のエッセンスは，民主主義を支えるすべての市民にとって習得する価値のあるものであり，その意味で，政治過程論は市民の育成の一翼を担い得る分野として捉えることができよう。本書を通じて，多様な読者に政治過程について「よくわかる」ように感じてもらい，そうした方々の中に「もっとよくわかりたい」という気持ちが芽生え，より高度な文献等に当たってもらえるようになれば，市民の育成に向けて本書が少しは貢献できたといえるであろう。

　本書の刊行は，ミネルヴァ書房編集部の前田有美さんの多大なるご尽力のおかげで実現された。多種多様な執筆陣をうまくまとめてくださるとともに，本書の厳格な書式等が統一的に保たれるように各原稿に細かく丁寧に目を通してくださった。また，紆余曲折があって，刊行スケジュールが当初の予定から遅れることになってしまったが，その間も常に刊行に向けて注力してくださった。この場を借りて，深謝申し上げたい。

　　2018年9月

　　　　　　　　　　　　　　　　　　　　　　　松田憲忠・岡田　浩

もくじ

■よくわかる政治過程論

はじめに

序　政治過程論の視座

1　なぜ政治過程が重要なのか ……… 2

2　政治過程論のアプローチ ………… 4

3　政治過程における権力 …………… 6

4　異なる政治制度の下での政治過程
　…………………………………………… 8

第1部　政治過程におけるアクター

I　政党・政治家

1　政党の機能 ………………………… 12

2　政党の目的 ………………………… 14

3　政党システムとその類型 ………… 16

4　政党システムの形成要因 ………… 18

5　政党と政権交代(1)：西欧諸国 …… 20

6　政党と政権交代(2)：日本 ……… 22

7　政党組織の変遷 …………………… 24

8　政党組織内の動態 ………………… 26

9　政治家 ……………………………… 28

10　政治資金・選挙資金 ……………… 30

11　政治活動・選挙運動 ……………… 32

II　利益団体

1　利益団体の機能 …………………… 34

2　利益団体の種類と組織 …………… 36

3　利益団体の活動 …………………… 38

4　利益団体をめぐる諸問題 ………… 40

III　行政機関・官僚

1　行政機関・官僚の機能 …………… 42

2　行政機関・官僚と政党・政治家
　…………………………………………… 44

IV　裁判所

1　裁判所と国会 ……………………… 46

2　裁判所と内閣 ……………………… 48

3　裁判所と国民 ……………………… 50

第2部　入力過程

V　政治参加・選挙

1　政治参加とは何か ……………… 54

2　政治文化と民主主義 …………… 56

3　投票参加のメカニズム ………… 58

4　投票行動の理論(1)：
　　ダウンズモデル ………………… 60

5　投票行動の理論(2)：
　　コロンビアモデル ……………… 62

6　投票行動の理論(3)：
　　ミシガンモデル ………………… 64

7　投票行動の理論(4)：
　　業績評価投票 …………………… 66

8　投票行動と有権者の合理性 …… 68

9　若者の投票行動 ………………… 70

10　投票外参加のメカニズム ……… 72

11　日本における投票外参加 ……… 74

12　選挙制度(1)：選挙制度をめぐる論点
　　………………………………………… 76

13　選挙制度(2)：多数代表制 ……… 78

14　選挙制度(3)：比例代表制 ……… 80

15　選挙制度(4)：混合制 …………… 82

VI　ソーシャル・ネットワークとメディア

1　ソーシャル・ネットワーク …… 84

2　マスメディア研究の展開 ……… 86

3　マスメディアが報じる世論 …… 88

4　インターネット ………………… 90

5　カウンターデモクラシーとメディア … 92

第3部　出力過程

VII　課題設定

1　政策過程の段階モデル ………… 96

2　アジェンダ設定 ………………… 98

VIII　政策決定

1　行政国家と議会 ………………… 100

2　大統領制と議院内閣制 ………… 102

3　議会類型論 ……………………… 104

4　日本の国会(1)：
　　国会の権能と立法過程 ………… 106

5　日本の国会(2)：
　　国会に対する評価 ……………… 108

6　日本の国会(3)：
　　二院制と「ねじれ国会」………… 110

IX 政策実施

1 政策実施の理論 ……………… 112

2 政治家によるコントロールと
執行水準 ……………… 114

3 政策実施と「中央 – 地方」関係
……………… 116

4 政策実施と「行政 – 民間」関係
……………… 118

5 規制行政の執行過程 ………… 120

6 政策実施と第一線職員 ……… 122

X 政策評価

1 政策評価の概念 …………… 124

2 自治体の評価 ……………… 126

3 行政改革と評価 …………… 128

4 国の評価制度 ……………… 130

5 公共サービスの評価 ………… 132

6 政策の終了 ………………… 134

第4部 政策過程のモデル

XI 政策過程における意思決定

1 合理性と限定合理性 ………… 138

2 インクリメンタリズム ………… 140

3 政府組織の意思決定：実証的なモデル
……………… 142

XII 政策過程におけるアクター間の相互作用と政策変化

1 鉄の三角形と政策帰結 ……… 144

2 政策ネットワーク ………… 146

3 ゴミ缶モデルと政策の窓モデル … 148

4 断絶均衡モデルと唱道連合モデル
……………… 150

5 政策過程と制度 …………… 152

6 ゲーム理論に基づくモデル …… 154

第5部 社会生活における政治過程

XIII 市場の失敗と政治過程の重要性

1 市場メカニズムの意義と政府の役割
……………… 158

2 市場の失敗はなぜ生じるのか？
……………… 160

3 市場の失敗(1)：外部性 ……… 162

4 市場の失敗(2)：公共財 ……… 164

5 市場の失敗(3)：規模の経済 …… 166

6 市場の失敗(4)：情報の不完全性
……………… 168

7　政府の失敗とその対策 ………… 170

XIV　政治過程の変容

1　政権交代と政治過程 …………… 172

2　地方分権と政治過程 …………… 174

3　グローバリゼーションと政治過程
　　…………………………………… 176

4　ネット社会と政治過程 ………… 178

XV　今日の社会問題と政治過程

1　政策類型論 …………………… 180

2　社会福祉をめぐる政治過程 …… 182

3　安全保障をめぐる政治過程 …… 184

4　環境対策をめぐる政治過程 …… 186

5　学校教育をめぐる政治過程 …… 188

6　排除と包摂をめぐる政治過程 … 190

XVI　政治過程における規範の多様性

1　政治過程と規範論 …………… 192

2　政治過程における議論の貢献 … 194

3　政治過程における熟議の実践 … 196

終　政治過程を視る眼

1　市民に求められる「眼」……… 198

2　知るための眼 ………………… 200

3　変えるための眼 ……………… 202

人名・事項索引 ……………………… 205

やわらかアカデミズム・〈わかる〉シリーズ

よくわかる
政治過程論

序　政治過程論の視座

なぜ政治過程が重要なのか

1 政治過程から政治を知る

政治学の歴史は古く，古代ギリシャのソクラテス，プラトン，アリストテレスの時代にまで遡ることができるが，それらは政治のあるべき姿を規範的に論じてきた。それに対して，政治過程論は，規範的に論じることよりも，政治の現状や実態を明らかにすることの方に重きをおく。

政治学者が政治過程に着目するようになったのはそれほど古いことではなく，20世紀初頭のことである。それ以前の伝統的な政治学では，各国の政治制度や憲法構造を調べ，それを自国の政治制度の改善に役立てることが，主な仕事だった。政治を1つのゲームだとするならば，そのルールをどう設計するかに関心が注がれていた。それに対して，ルールではなくゲームそのもの，すなわち政治の実態を解明することの方が重要ではないか，という主張が登場してくる。

その代表格の政治学者が**ベントレー**[▷1]である。ベントレーは政治の形式面に焦点を当ててきた従来の政治学を「死んだ政治学（dead political science）」といって批判した。その趣旨は，政治学は政治制度が「行うと考えられていること」ではなく，「実際に行われていること」を研究すべきだ，ということである。そして，政治学者が政治の形式（ルール）ではなく，その実態（ゲーム）に注目するようになったことは，伝統的な政治学から現代政治学への転換を意味したのである。

2 「政治過程」とは何か

それでは，「政治過程（political process）」とは何を意味するのだろうか。「政治過程」とは，「特定のあるいは複数のイシューをめぐる利益の表出，支持と対抗，代案の提示，調整や操作，（抜本的な改革を含む）決定，政策執行とそれに伴うフィードバックの過程をすべて含むが，同時にそのいずれかの局面に限定しても用いられる」ものと定義される[▷2]。政治の動態的側面，ダイナミズムに焦点を当てた概念である。

一方，「政策過程（policy process）」という言葉もある。公共政策の形成から決定・実施・評価にいたる過程のことを指す。政治

▷1　ベントレー（Bentley, Arthur F.：1870-1957）
アメリカの政治学者。著書『統治過程論――社会圧力の研究（Process of Government : A Study of Social Pressures）』（1908年）は政治過程論の先駆的な研究とされる。

▷2　宮本太郎「政治過程」猪口孝ほか編『〔縮刷版〕政治学事典』弘文堂，2004年，580頁。

▷3　イーストン（Easton, David：1917-2014）
アメリカの政治学者。

▷4　デヴィッド・イーストン（岡村忠夫訳）『政治分析の基礎』みすず書房，1968年。

【①入力】　【②変換】　【③出力】

要求　政治システム　決定・行為
　　　　　　　　権威
支持

【④フィードバック】

図1　政治システム

（出典）イーストン（1968：128〔第2図〕, 130〔第3図〕）を基に筆者作成。

過程と政策過程は似た言葉だが，前者の方が幅広い意味をもつ。政策過程論は，例えば福祉政策がどのようにして立案され決定にいたるのか，その間の過程を具体的に分析する。これに対して政治過程といった場合には，狭義の政策過程を指すこともあるが，特定の政策に焦点を当てるというより，政策分野を横断する形で，より包括的な視点から分析が行われる。分かりやすくいえば，本書で取り上げられている題材はすべて政治過程論の守備範囲である。

❸ 政治システムという視点

「政治過程」の範囲は幅広く，そこには様々な要素が含まれる。その全体像を把握するには，抽象的な概念を用いて整理することが必要である。そのためには，**イーストン**が提起した「政治システム」という概念が役に立つ（図1）。政治システム論に依拠すれば，政治過程は，①入力→②変換→③出力→④フィードバック，という4つの段階に区分できる。第1に，国民から政治システムに対して，要求と支持という形で入力がなされる。第2に，政治システムは入力への反応として作動し，そこでは政策のような形で政治上の決定が行われる。第3に，実際に何らかの活動が行われ，外部に出力される。それらは権威に基づくものであり，強制力が生まれる。そして第4に，国民の側に出力されたものはフィードバックされて再び入力へと向かう。

政治過程論は，①入力，②変換，③出力および④フィードバックの各段階での政治の実際に焦点を当てる。

第1に，入力の段階では，**政党**や**利益団体**による活動，選挙における有権者の**投票行動**，選挙以外の経路を通じた政府に対する国民の支持や要求（**投票外参加**），**選挙制度**などが，政治過程論の対象となる。

第2に，変換過程としては，**政策過程**がその典型的な例として挙げられる。政策は法律や予算などによって具現化されるが，政策の立案から形成・決定にいたるまでの段階では，**政治家**，政党，**官僚組織**，利益団体など，数多くの人や組織が関わる。その過程を分析することで，誰が政策を決め，誰の利害が政治の場において反映されるのか，あるいはされないのか，といったことを明らかにする。

そして第3に，出力およびフィードバックの局面においては，決定された政策がどのように実施されたのか，政策は本当に効果があるのか，あるいはメディアは政治をどのように伝え国民はそれをどう受け止めたのか，といったことなどが分析される。

（西岡　晋）

▷5　**政党**
⇨ Ⅰ-1「政党の機能」～ Ⅰ-8「政党組織内の動態」

▷6　**利益団体**
⇨第Ⅱ章「利益団体」

▷7　**投票行動**
⇨ Ⅴ-3「投票参加のメカニズム」～ Ⅴ-9「若者の投票行動」

▷8　**投票外参加**
⇨ Ⅴ-10「投票外参加のメカニズム」，Ⅴ-11「日本における投票外参加」

▷9　**選挙制度**
⇨ Ⅴ-12「選挙制度(1)」～ Ⅴ-15「選挙制度(4)」

▷10　**政策過程**
⇨第Ⅶ章「課題設定」，第Ⅷ章「政策決定」，第4部「政策過程のモデル」

▷11　**政治家**
⇨ Ⅰ-9「政治家」～ Ⅰ-11「政治活動・選挙運動」

▷12　**官僚組織**
⇨第Ⅲ章「行政機関・官僚」

▷13　⇨第Ⅸ章「政策実施」

▷14　⇨第Ⅹ章「政策評価」

▷15　⇨第Ⅵ章「ソーシャル・ネットワークとメディア」

参考文献

内田満「現代政治学と政治過程研究」内田満編『講座政治学Ⅲ　政治過程』三嶺書房，1986年，3-34頁。

序　政治過程論の視座

2　政治過程論のアプローチ

政治過程論の3つの視点

　今日の政治学は多くの下位分野に枝分かれしており，専門分化が著しい。政治思想，政治史，国際政治学，行政学など多岐にわたる。それらの中で政治過程論は歴史よりも現代の政治に焦点を当て，その実態を解明することを主な役割としている。専門分化は，研究者がそれぞれの専門に特化することによって，全体ではなくある一定の部分に深く根を下ろし，事象の理解をよりいっそう深めるための1つの方策である。

　しかし，「政治過程」といっても，それでもなお茫漠としている。政治過程を構成する要素は多くあり，それらのすべてに目配りをすることは難しい。視野を広げすぎると解像度が荒くなり，深い理解に到達できないのである。そのため政治過程論では，大きくは以下の3つの視点を重視し，そのいずれかの視点に立脚して政治の実態に迫るという方法をとってきた。すなわち，①アクター，②制度，③アイディアである。

2　アクター中心アプローチ

　政治を実際に動かしているのは，政治家，官僚，利益団体，マスメディアなどの人や組織である。これらの登場人物たちを，政治過程論では「アクター」と呼ぶ。

　従来の政治過程論においては，政治に関与するアクターに分析の照準を定め，彼らの実際の動向を解明するというアプローチが主流であった。現代政治学の基盤となっている行動論は，人々や組織の行動に着目することが，政治や社会全体の理解に貢献すると考えていたからである。例えば，日本の政治過程研究では，実際の法案作成過程に関して，政党，族議員，官僚，利益団体などのアクターに焦点を当て，誰が主導権を握ってその法案を実現したのかといったことを解明している。

　アクターは，自らの利益を最大化するために政治的な活動を行うものと想定されてきた。政治家は選挙での勝利や出世，官僚は組織・予算の拡大，利益団体は業界の経済的発展というように，各アクターはそれぞれに達成したい自己利益をもっている。彼らは，政治の場で自己利益を可能な限り追求しようとする。**プリンシパル-エージェント理論（PA理論）**▷1は，こうした考え方に基づい

▷1　プリンシパル-エージェント理論（PA理論）
「本人（プリンシパル：principal）」と「代理人（エージェント：agent）」という抽象的な概念をあらかじめ立てた上で，それを具体的な事象に適用し，両者の関係から社会の様々な現象や制度の仕組みを説明しようとするもの。政治の世界でいえば，有権者と政治家の関係は前者が本人であり後者が代理人とされる。本人である有権者は自ら政治活動を行うことはできないので，政治家がその代理人として活動する。

て，政治過程を説明する代表的な理論枠組みである。

③ 制度中心アプローチ

アクター中心アプローチはアクターの行動に焦点を当てるが，それに対して制度中心アプローチはアクターの行動を制約する制度，言い換えればルールに着目する[2]。とはいえ，政治過程論が登場する以前の伝統的な政治学のアプローチとは異なり，ルールがゲームをどのように規定するのか，その実態や効果に焦点を当てる。

人は自由気ままに行動できるわけではなく，ルールの制約下で行動しており，ルールが違えばその下で展開される政治のゲームも違ってくる。このような考え方を基盤にして政治分析をするのが「新制度論（new institutionalism）」と呼ばれるものである。そこでいわれる「制度」には，選挙制度や執政制度などの公式の制度から，組織の標準手続き，あるいは人々の価値観や慣習といった非公式のルールまでを含む場合がある。

新制度論にはいくつかの種類がある。第1に，歴史的制度論は，歴史的に形成されてきた制度が**経路依存性**[3]をもつがゆえに，現在の政治アクターの行動や決定，政策アウトカムに大きな影響を及ぼし，それらを制約するという見方をとる。第2に，合理的選択制度論は，アクターがある特定の制度の制約下で自己利益を最大化すべく行動するものと仮定し，政治過程の説明を試みる。第3に，社会学的制度論は，制度概念の使用範囲を慣習や信念にまで広げ，そうした，法律などに明文化されていない非公式な制度（ルール）がアクターの行動や選択を規定すると論じている。

④ アイディア中心アプローチ

アイディアや言説に焦点を当てるアプローチも存在する。これまでの政治過程論では，アクター中心アプローチや合理的選択制度論に典型的にみられるように，アクターが政治の場で自己利益を追求するという「利益の政治」を重視することが多かった。それに対して，最近では「アイディアの政治」にも関心が注がれるようになった。政策に関する何らかの理念や具体的構想，人々が共有している価値観や規範意識，あるいはアクターが用いる言説，そうした理念的・言語的要素を総称して「アイディア」と呼ぶ。

政治過程は何も自分たちの利益を追求するだけの場ではないし，損得勘定だけで人々が動くわけではない。理念や哲学といった要素も政治過程では大切である。また，自分の考え方を他人に納得してもらえなければ，理想も実現できない。そうしたとき，どのような言葉を使えば相手を説得でき，仲間を増やせるのかを考えるだろう。言葉と言葉のやり取りも，政治過程論の重要な研究課題である。

(西岡　晋)

▶2　⇨XII-5「政策過程と制度」

▶3　**経路依存性**（path-dependence）
制度がある一定の段階にいたると変更することが困難になることを説明するための概念。現在の意思決定は過去に行われた決定を反映して蓄積されてきた経路のあり方に左右されることを示唆している。

参考文献

縣公一郎・藤井浩司編『コレーク政策研究』成文堂，2007年。

秋吉貴雄・伊藤修一郎・北山俊哉『公共政策学の基礎（新版）』有斐閣，2015年。

岩崎正洋編『政策過程の理論分析』三和書籍，2012年。

河野勝・岩崎正洋編『アクセス比較政治学』日本経済評論社，2002年。

序　政治過程論の視座

 政治過程における権力

1 権力とは何か

　政治過程において，権力のもつ働きはきわめて重要である。政治学が他の学問分野と異なる1つの特徴は，権力に特に着目する点にある。政治学者**ラスウェル**▷1は，政治の本質とは「誰が，何を，いつ，どのように獲得するのか」にあると述べている▷2。何らかの利益を獲得する，あるいは人に何かをさせたり，逆にやめさせたりするためには，何が必要だろうか。そのための最も重要な手段が権力である。

　それでは，「権力」とは何であろうか。その捉え方や定義は様々あるが，他者に対して何かをさせる，あるいは何かをさせない力のことを権力として捉えるのが，一般的な考え方である。最も典型的な見方として，社会学者**ウェーバー**▷3は「『権力』とは，ある社会関係の中において，抵抗を排除してまで自己の意志を貫徹するすべての可能性を意味」すると定義している▷4。政治学者の**ダール**▷5も同じように，「Aの働きがなければBは行わないであろうことを，AがBに行わせる限りにおいて，AはBに対して権力をもつ」と述べている▷6。

2 エリート論と多元主義論

　政治を支配しているのは誰だろうか。権力を多くもつ人や組織が政治を支配していると考えるのが，最も一般的であろう。首相をはじめとする政治家，省庁の官僚，あるいは経営者団体といったアクターは，一般の国民よりも政治過程に対して強い影響力を行使できる立場にある。「エリート論」と呼ばれる見解では，特定のアクターに権力が集中しており，彼らが政治を牛耳っていると考える。代表的な研究であるハンターの『コミュニティの権力構造』は，アメリカのジョージア州アトランタ（書中では匿名）の権力構造を調査し，その結果，少数の財界人たちが重要な政策を決めていたことを明らかにしている▷7。

　しかし，財界人たちがいくら権力をもっているといっても，すべてのことについて自分の思いどおりに決定できるとは限らないのではないか。彼ら以外にも多くの人や組織が政治過程には参画しており，民主主義国では，特定の誰かがすべてを支配するということはあり得ない。もしそうだとしたら，それは民主主義国とは呼ばれないだろう。このような捉え方を，多元主義論と呼ぶ。その代表的な論者はダールである。ダールは『統治するのはだれか』において，

▷1　ラスウェル(Lasswell, Harold D.：1902-78) アメリカの政治学者。シカゴ学派の中心人物であり，行動主義による政治学の創始者。

▷2　H. D. ラスウェル（久保田きぬ子訳）『政治──動態分析』岩波書店，1959年。

▷3　ウェーバー(Weber, Max：1864-1920) ドイツの社会学者。

▷4　マックス・ウェーバー（清水幾多郎訳）『社会学の根本概念』岩波文庫，1972年，86頁（訳は一部改変）。

▷5　ダール(Dahl, Robert A.：1915-2014) アメリカの政治学者。

▷6　Dahl, Robert A., "The Concept of Power", *Behavioral Science*, Vol. 2, No. 3, 1957, pp. 202-203.

▷7　フロイド・ハンター（鈴木広監訳）『コミュニティの権力構造──政策決定者の研究』恒星社厚生閣，1998年。

アメリカのコネチカット州ニューヘイブンの都市権力構造を分析し，あらゆる問題に影響を及ぼすような少数のエリートや「影の実力者」は存在しないと結論づけている。[8]

③ 非決定権力論と三次元的権力論

　資本主義の下では企業の発展や経済成長が人々の生活を左右する重要な要素になることから，政治過程でも大企業や経営者団体の影響力が強くなるとされる。例えば，原発が立地する自治体や地域社会では，2011年の東日本大震災による福島第一原発事故があった後でも，原発に反対する意見はあまり聞かれない。それはどうしてだろうか。電力会社が強制的な力を行使して無理やりに自分たちの言うことを聞かせているのだろうか。おそらくそうではなく，原発や電力会社に経済的に依存する構造ができあがっていることが大きな要因として考えられる。あからさまな権力行使を行わなくても，影響力を発揮することはできる。そのような考え方が「非決定権力論」である。

　非決定権力論を提起したバクラックとバラッツは多元主義論を批判し，権力には「2つの顔」があると主張した。多元主義論のいう権力とは明示的な権力だが，そうではなく，目に見えにくい権力もあるというのだ。それが「非決定権力」である。非決定権力とは，問題を隠蔽したりして，「決定作成の範囲を比較的『安全な』争点に限定する」ような権力のことを指す。[9]

　フリードリッヒが提唱した「予測的対応」という概念も，非決定権力と似ている。行政機関は議会側からの明示的な権力行使がなくても，彼らの意向を忖度しながら法案の作成に当たる。立法権を議会が握っている以上，議会側の意向をあらかじめ予測して作成した方が法案を通しやすいためである。[10]

　権力論はさらに，三次元的権力論へと発展する。ルークスは，多元主義的権力論と非決定権力論の2つをともに批判しながら，「三次元的権力」を論じた。三次元的権力とは，権力の存在すらも気がつかないような，いっそう目に見えにくい権力である。人々が当たり前だと思っていて，日頃から信じて疑わないような，常識や慣習といったものの中にも権力は潜んでいる。少し前であれば，女性は結婚すれば仕事を辞め専業主婦になることが「当たり前」とされてきた。しかしここにも，家父長制という男性中心の社会を維持しようとする権力が作用している。このような，構造的な権力が三次元的権力である。[11]

　非決定権力や三次元的権力は表面化しにくいものであり，その存在を客観的に証明することは困難であると指摘される。しかしだからといって，こうした権力が存在しない，と断言することもできない。非決定権力論や三次元的権力論は政治過程の実証的な解明そのものよりも，現実政治に対する批判的思考を喚起することに主な狙いがあることにも注意する必要があるだろう。

（西岡　晋）

▶8　ロバート・A. ダール（河村望・高橋和宏訳）『統治するのはだれか──アメリカの一都市における民主主義と権力』行人社，1988年。

▶9　P. バクラック／M. S. バラッツ（佐治孝夫訳）「権力の二面性」加藤秀治郎・岩渕美克編『政治社会学（第5版）』一藝社，2013年，174頁。

▶10　Friedrich, C. J., *Constitutional Government and Politics : Nature and Development*, Harper & Brothers Publishers, 1937, pp. 16-18.

▶11　スティーヴン・ルークス（中島吉弘訳）『現代権力論批判』未來社，1995年。

参考文献

伊藤光利・田中愛治・真渕勝『政治過程論』有斐閣，2000年，第1・3章。

大嶽秀夫・曽根泰教・鴨武彦『政治学』有斐閣，1996年，第2章。

序　政治過程論の視座

 異なる政治制度の下での政治過程

政治過程の制度的文脈と拒否点

政治過程はある制度の下で展開される。序-2で概説した制度中心アプローチはその点を重視する。すなわち，どのような制度的な文脈にあるのかによって，そこで展開される政治過程も異なってくる。

政治過程論では，政治過程に関与するアクターがある提案に対して反対の意思を表明して拒否権を発動できる場を「拒否点（veto point）」と呼ぶ。拒否点の多寡が政治過程の行く末を大きく左右する。拒否点とは要するに政治過程上の障害物のことを指す。政治過程上の障害物が多く，提案に反対するアクターが容易に拒否権を発動できる環境にあれば，なかなか政策は決まらないことが予測される。これに対して，障害物が少なければ当初の提案が実現される可能性は増すだろう。政治制度は，このような拒否点の構造を規定する。

2　国家の主権構造と政治過程

政治過程のあり方に多くの影響を及ぼす政治制度の１つが国家における主権の分担に関わるものである。すなわち，単一制であるのか，それとも連邦制であるのか，という点である。単一制は，日本がその一例だが，主権を中央政府が独占してもつのに対して，連邦制は主権を連邦政府（中央政府）と地方政府とで分担する仕組みである。アメリカがその代表的な例である。州のことをアメリカ英語では「state」というが，主権国家を表す「state」と同じ言葉である。州が国家と同じような権限をもつものとして捉えられていることが，このことからも分かる。

大まかに整理するならば，単一制は中央政府の権限が強い集権的な制度であり，地方自治体の権限は弱い。すなわち，拒否点が少ない。そのため，中央政府が主導する形で政策を立案・決定することが相対的に容易である。これとは対照的に，連邦制では地方政府も強力な権限をもち，国の議会も地方の利害を反映しやすいような仕組みをもつため，拒否点が多く，連邦政府主導による政策の立案・決定は相対的に困難である。そもそも，連邦政府の立法権限には制約が課せられている。例えば，アメリカの合衆国憲法の修正には連邦政府だけでなく州政府の同意も必要であり，修正が行われにくい仕組みになっている。もっとも，実際の政治過程は複雑であり，制度と政治過程との関係性を単純に

▷1　拒否点については，XII-5「政策過程と制度」も参照。

▷2　天川晃「変革の構想──道州制論の文脈」大森彌・佐藤誠三郎編『日本の地方政府』東京大学出版会，1986年，111-137頁。

は描き切れないが，少なくとも理論的には上記のような予測が立てられるのである。

③ 中央－地方関係の分類枠組み

単一制あるいは連邦制として制度化される国家の主権構造は，中央政府と地方政府（地方自治体）との関係，すなわち「中央－地方関係」を規定する。単一制は集権的であり，連邦制は分権的な制度として整理できるが，集権と分権の相違は国家の主権構造の違いから自ずときれいに分かれるものではない。単一制であっても，より集権的である場合もあれば，より分権的である場合もある。また，集権的な単一制であるからといって，地方自治体が実施する政策の活動量が少ないとは限らない。日本は中央集権的な国であるといわれるが，地方自治体の活動量は多い。国と地方を合わせた予算全体のうち約6割が地方自治体で支出されているのである。

このような現実を踏まえると，単に集権か分権かという二分法で中央－地方関係を捉えることはできない。天川晃は，中央－地方関係を，①権限や財源などの行政資源の決定権の所在についての「集権－分権」の軸，②地域における行政サービスに対する中央政府と地方自治体の関与のあり方に関する「融合－分離」の軸という2つの次元をクロスさせて整理している[12]。戦後日本の中央－地方関係は権限については集権的であり，政策実施に関しては中央政府と地方自治体がともに関与する融合的な仕組みをとっており，「集権・融合型」として捉えることができる。

④ 中央－地方関係と政治過程

日本の「集権・融合型」の中央－地方関係の場合，どのような政治過程が展開されるのだろうか。集権的であることから拒否点は少なく，中央政府が主導する形で政策を立案・決定できる可能性が高い。単一制であるという政治制度上の制約に加えて，実際に権限や財源の多くを国に握られていることから，国の方針に対して地方自治体が拒否権を発動することは難しい。

しかしながら，地方自治体側が常に国に対して劣勢に立たされているかといえば，そうとも限らない。例えば，2000年代の小泉政権下で進められた「三位一体の改革[13]」の政治過程では地方自治体側が拒否権を発動する場面がみられた。融合的な制度の下で，地方自治体は多くの政策を実施しており，その実施能力も備わっている。そのため，国は地方側の協力なしには政策を実現することはできない。三位一体の改革の際には，**全国知事会**[14]のような地方団体が強い影響力を発揮して，実質的な拒否権を発動した。国は地方側の意向を無視して改革を進めることはできなかったのである。

（西岡 晋）

▶3 三位一体の改革
地方分権改革の一環として，①国から地方への税源の移譲，②国の補助金の削減，③地方交付税の改革，という地方財政の根幹に関わる3つの制度の改革を一体的に進めたもの。

▶4 全国知事会
地方自治法263条の3の規定に基づく全国的連合組織であり，全国47都道府県の知事によって構成されている。全国知事会のほか，全国市長会，全国町村会，全国都道府県議会議長会，全国市議会議長会，全国町村議会議長会を含め，「地方六団体」と呼ぶ。これらの団体は同法の規定で，「地方自治に影響を及ぼす法律又は政令その他の事項に関し，総務大臣を経由して内閣に対し意見を申し出，又は国会に意見書を提出することができる」とされるなど，地方自治体の利害の集約・調整・表出機能を果たす。

参考文献
西山隆行『アメリカ政治入門』東京大学出版会，2018年，47-60頁。
久米郁男・川出良枝・古城佳子・田中愛治・真渕勝『政治学（補訂版）』有斐閣，2011年，第17章。
北村亘『地方財政の行政学的分析』有斐閣，2009年。
建林正彦・曽我謙悟・待鳥聡史『比較政治制度論』有斐閣，2008年，第10章。
松尾秀哉・近藤康史・溝口修平・柳原克行編『連邦制の逆説？──効果的な統治制度か』ナカニシヤ出版，2016年。

第1部 政治過程におけるアクター

guidance

　本書は,「政治システム論」の考え方を基本にして組み立てられている。政治システム論とは,政治過程の全体を,社会や国際関係の変化など様々な環境の変化に対処しながら存続する1つのシステムとして捉える見方である。

　政治システム論では,政治過程を,市民から政治システムへの要求や支持が寄せられる「入力過程」,入力をもとに政治的決定が行われる「変換過程」,決定された政策などが実施される「出力過程」,出力が環境に影響を与えて新たな入力につながる「フィードバック」の4つの段階に区分して捉える。本書ではこれに対応して,第2部では入力過程,第3部では変換・出力過程,第4部では政治システムの出力である政策が形成・実施・評価されるプロセスについてのモデル,第5部では政治システムと環境との関係や,その存在意義や規範の問題を扱う。

　第2部以降で各段階の検討に入る前に,この第1部では,政治システムの様々な段階に関わる政治過程の主なアクターについてまず検討する。

　第Ⅰ章で取り上げる政党や政治家は,入力過程では,市民の様々な声を選挙の際などに代弁し,変換過程では,与党として法案を作成したり野党として法案審議に関わり,出力過程では,与党として行政機関を率いて政策実施にあたるなど,各段階において重要な役割を果たしている。

　第Ⅱ章で取り上げる利益団体は,職業上の利益など選挙区ごとに行われる選挙では汲み取りにくい地域横断的な利益を主張するなど,政党や政治家による入力を補完する役割を果たしている。また,変換過程において審議会への委員派遣などの形で政策形成に関わったり,出力過程において行政機関の政策実施に協力するなど,広い影響力をもっている。

　第Ⅲ章で取り上げる行政機関は,首相や大臣など政治家が担う執政部とその下で行政を担う官僚に分けられるが,官僚は,出力過程において政策実施を担うとともに,変換過程においても,政策についての専門知識をもとに政治家が政策を形成するのを補助するなどの重要な役割を担っている。

　第Ⅳ章では憲法や裁判所を取り上げる。様々なアクターは,大統領制か議院内閣制かなど憲法が設定する基本的な枠組みの中で活動している。また,裁判所の判決や勧告が政治過程に影響を与えることも少なくなく,われわれは,政治過程をみる際には憲法やアクターとしての裁判所にも注目していく必要がある。

第1部 政治過程におけるアクター

I 政党・政治家

政党の機能

① 政党の特徴・定義

　政党とは，**政治システム論**からみると，システムのメンバー（選挙民）と決定過程（政府）を結びつける政治構造であり，活動に注目すると，候補者を立てて選挙を戦い，政権の獲得を目指す組織である。歴史的にみると，現在活動する政党の原型は，ある目的のために形成された議員集団――党（party）・党派（faction）と呼ばれた――であり，選挙権が拡張されるに伴い，機構と役職者・活動家から構成される政党組織が発達し，選挙区に浸透した。

　政党は，18世紀に議員集団として出発したとき「自分たちの共同の努力により，自分たちが皆同意している何らかの特定の原理の上に立ち，国民的利益を増進するために結合した人々の組織団体」（**バーク**）と定義されたものの，最近では「選挙において提示される公式のレッテルによって身元が確認され，選挙を通じて候補者を公職につける団体」（**サルトーリ**）と定義されている。

② 主要機能(1)：利益の表出・集約

　社会には多様な個人・集団が存在し，それらは自身の職業や政策選好に応じて多様な利益を形成し，政府に多様な要求を行う。これを利益表出機能という。例えば，経営者団体による法人税の引き下げや規制緩和の要求，労働組合による賃金の引き上げや雇用の創出の要求はその例である。また，特定選挙区の政党やそのメンバーである議員が農業保護，災害復興，または地方再生など特定の要求を行うとき，政党が利益表出機能を遂行しているという。

　ところで，もしこれらの要求がそのままばらばらに決定過程に伝えられると，政府は多様な要求にどのように対応すべきかが分からない。これら個人・集団，ときには選挙区の政党の多様な利益・要求をまとめて識別可能な政策選択肢に変換するのが，政党の利益集約機能である。この機能は政党と個人・集団との日常的接触の中で遂行され，各政党は選挙の前に，経済ではこの政策を推進し，福祉ではこの政策を推進し，安全保障ではこの政策を推進するという一組の政策選択肢――選挙綱領またはマニフェストと呼ばれる――を作成する。

③ 主要機能(2)：選挙運動

　選挙に際して，政党は2つの作業を行う。まず政党は，議員または行政首長

▷1　**政治システム論**
国家，都市，国際社会などを「社会およびその環境的諸条件の公的コントロールに関わる人間活動の複合組織体」と定義し，そこで行われる政治を「入力（要求・支持）が出力（政策・決定）に変換されるプロセス」とみなす概念である。1950年代中頃にアメリカ政治学の中で提唱され，現在では基礎的な政治概念として受け入れられている。序-1「なぜ政治過程が重要なのか」も参照。

▷2　**バーク**（Burke, Edmond：1729-97）
イギリスの政治家・政治思想家。彼は，*Thoughts on the Cause of the Present Discontents*（1770）の中で政党を定義した。その内容は，Marjorie Randon Hershey, *Party Politics in America*, 16th ed., Person, 2015, p. 7を参照。

▷3　**サルトーリ**（Sartori, Giovanni：1924-2017）
イタリアの政治学者。彼の政党の定義は，*Parties and Party Systems : A Framework for Analysis*, Cambridge University Press, 1976, p. 63を参照。

12

（大統領，県・州知事，市長など）の候補者を補充し，公認候補者に選挙運動手段を提供する。政界に参入したい地方有力者や運動家が政党に働きかけることもあれば，政党が積極的に候補者を探し，立候補を促す場合もある。補充から公認にいたる方法には，**候補者名簿登録型**[4]，**予備選挙型**[5]，**候補者公募型**[6]などがある。一旦公認候補者が決まると，政党は候補者に選挙資金，運動員などの運動手段を提供し，候補者が選挙運動を実施するのを可能にする。

次に政党は，選挙民に投票決定のための手がかりを提供する。候補者の氏名と顔写真が与えられただけでは選挙民は誰に投票していいのか分からないので，政党は当選後に自党候補者がどのような政策を実施するのかを予測するための政党レッテルの付与，ビラの配布，後援会の実施，テレビ・コマーシャルなどの宣伝を通じて選挙民が自党の公認候補者に投票することを促す。

こうした候補者探し→候補者公認→選挙運動という一連の作業を担うのが，政党の選挙機能である。政党がこの機能を遂行することによって，民主国であれそれ以外の国であれ，議員・行政首長候補者の立候補から投票にいたるまでの選挙過程が作動する。

4 主要機能(3)：政治運営

選挙が終わると，議会と政府を組織化し，与党または野党の立場から政治運営の担い手となるのが，政党の政治運営機能である。まず政党は，議会役職者（正副議長，常任委員長）を選任し，所属議員を各常任委員会に配分することを通じて議会を組織化する。議院内閣制を採用している国の場合，単独であれ連立であれ，多数党が党首を内閣総理大臣に指名し，有力メンバーから大臣を選び，チームとしての内閣を組織化する[7]。その後，多数党は与党として内閣と協力しながら予算編成を含む主要法案の成立を図り，経済政策や外交政策を実施し，災害復旧などの緊急的課題に対応する。少数党は野党として政府の政治方針・姿勢，立法作業を精査し，ときには政府を批判し，代替案を提示する。

5 国ごとに，時代ごとに異なる機能

上記の主要機能以外に，政党は選挙民にその社会で一般的に受け入れられている政治的価値・態度——例えば秩序優先意識，政府決定容認態度，積極的政治参加志向など——を習得させ（政治的社会化），選挙民に政治に関する情報を提供する（政治コミュニケーション）などの機能を遂行することがある。かつての西欧民主国の政党はこれらの機能を遂行していたし，現在の発展途上国の政党もこれらの機能を遂行している。しかし，西欧民主国や日本では，現在これらの機能は家庭・学校，メディアによって遂行されているので，政党の機能としては副次的である。

(吉野　孝)

▶4　候補者名簿登録型
立候補志望者が事前に政党の名簿に登録し，選挙区の政党組織がそこから候補者を選ぶ方法であり，イギリスで用いられている。

▶5　予備選挙型
本選挙の前の（予備）選挙で選ばれた者を正式の政党候補者とする方法であり，アメリカで採用されている。

▶6　候補者公募型
選挙のたびごとに選挙区の政党が候補者を公募する方法であり，日本では1990年代から採用されている。

▶7　議院内閣制の下では，通常，議会の過半数を獲得した政党が内閣を組織する。選挙である政党が単独で議会の過半数を獲得し，単独で内閣を組織する場合，単独政権という。選挙でいずれの政党も単独で議会の過半数を獲得することができず，過半数を制する政党連合が内閣を組織する場合，連立政権という。

参考文献

川人貞史・吉野孝・平野浩・加藤淳子『現代の政党と選挙（新版）』有斐閣，2011年，11-14頁。

久米郁男・川出良枝・古城佳子・田中愛治・真渕勝『政治学（補訂版）』有斐閣，2011年，494-497頁。

吉野孝・谷藤悦史・今村浩編著『論点　日本の政治』東京法令出版，2015年，26-27頁。

Ⅰ　政党・政治家

 政党の目的

団体からみた政党の目的

　団体が政党を形成し，政党を支援する目的は，議会に自らの代表を送り，その要求を実現することにある。西欧民主国では，19世紀末～20世紀初頭にかけて，社会党，社会民主党，労働党などが相次いで結成された。19世紀の中頃から工業化が進行するとともに，都市労働者の数が増大し，彼らは労働運動を組織して，労働条件の改善，普通選挙権の確立などを要求した。しかし，当時の既成政党（保守党や自由党）は彼らの声に耳を傾けようとしなかった。そこで労働組合は，要求を政府に伝えるために当時台頭しつつあった社会主義政党を支援し，あるいは，自らの代表を議会に送り込み，より確実に政策を実現するために政党を結成したのである。

　議会に代表を送り政策を実現しようという目的は，議会外の運動に基礎をおく宗教政党，農民政党，共産党にも当てはまる。1970年代に結成された緑の党（環境保護政党），1990年代に結成された外国人労働者・移民の受け入れに反対する右派政党の結成目的も同様である。

2 政治家からみた政党の目的

　政治家が政党を形成し，政党に所属する目的は，政治家個人が合理的に行動しても解決することができない問題への解決策を獲得することにある。**オールドリッチ**[1]によると，政治家個人が合理的に行動しても解決することができないのは，以下の3種類の問題である。

　第1は，政治的野心の実現である。個人が公選公職に当選し，また当選を重ねて経歴を積み議会指導部や閣僚ポストにつこうとしても，不確定要因が多く，たとえ合理的に行動しても，それらの目的が達成されるとは限らない。このとき，無所属ではなく政党から立候補するなら，その政治家の当選の可能性は高まり，また大政党に所属すれば，昇進の可能性は高まる。

　第2は，集合行為問題の解決である。まず，ある候補者の知名度が低く当選の見込みが少ない場合，あるいは，その候補者が主張する政策の便益が多数者に共有され，1人当たりの便益が小さい場合，潜在的支持者は彼を支援する（献金し投票する）誘因をもたない[2]。このとき，無所属ではなく政党から立候補するなら，その政治家にはより多くの支援が集まる可能性が高い。次に，個人

▷1　**オールドリッチ**
（Aldrich, John H.：1947–）
アメリカの政治学者。

▷2　これは選挙運動の過程で起こる集合行為問題である。一般に集合行為問題とは，共同で活動することが重要であると認識していても，共同活動から生じる便益が小さく，あるいは，その便益が共同活動者に限定されない場合，合理的個人は共同活動の負担を背負おうとせず，フリーライダーになろうとする状況を指す。詳細は，Ⅱ-2 ②「利益団体の組織化と集合行為問題」を参照。

として合理的に行動しても，全体として最も望ましい結果が得られない場合がある。このとき，政治家が集まり，皆に利益をもたらすような法案を可決するなら，最悪の状況を回避することができる。[3]

第3は，社会的選択問題の解決である。議員個人が矛盾のない政策選好をもち，全議員が個人の選好にしたがって投票するとき，投票結果が循環して何も決まらない場合がある。[4]このとき，事前に議員が連合を形成しておくと，投票の循環は起こらない。

かつて政党が安定的に競争するためには選挙民の間で強力な支持基盤が必要であるとみなされ，特に1970年代に**無党派層**[5]が増加すると，政党は将来も存続しうるのかという懸念が表明された。しかし，オールドリッチの理論によると，政党は政治家個人が合理的に行動しても解決することができない問題への解決策を獲得するための組織様式であるので，選挙民の間での支持基盤が弱体化しても，政党は機能する。これは政党に関する新しい見方を提示している。

❸ 活動家・党員からみた政党の目的

活動家・党員が政党に所属する目的は別にある。**ウィルソン**[6]によると，個人は物質誘因（カネ，任命，昇進などの物質的便益），連帯誘因（友情，会話の機会），目的誘因（価値や原則の実現）から組織に加入する。この理論にしたがうと，一方の活動家——候補者のリクルートメントや選挙運動に積極的に関わり，ときには自らが政治家になることを志望する——は，①党内での地位や昇進，報酬，立候補の機会，②同志と共同行動に由来する充実感，③政策実現に由来する満足感などから政党組織に所属する。他方の，活動家ほど積極的ではない党員は，②決定への参加，党費の納入から得られる充実感，③政策実現に由来する満足感などから政党組織に所属する。

❹ 選挙民個人からみた政党の目的

選挙民個人にとって政党の目的は多様である。強い政党支持態度をもつ個人にとって，政党は望ましい政権を形成するための手段であり，また，特定政策の実現を目指す個人にとって，政党は特定政策を実現するための手段である。しかし，特に強い政党支持や強い政策選好をもたない多くの選挙民にとって，政党は政治運営を評価するための手段である。多くの選挙民は，現在の政治運営がうまくいっていると判断する場合，次の選挙で現在の与党に票を投じるであろう。逆に，現在の政治運営がうまくいっていないと判断する場合，次の選挙では現在の野党に票を投じるであろう。政党が選挙民に代わって政府を組織化する現代の間接デモクラシーの下では，政党は「多数の選挙民が政府をコントロールするのを可能にする装置」と定式化することができる。 （吉野　孝）

▷3　好例は，選挙での再選を目指して議員が公共事業や補助金の形で自分の選挙区に政府資金を導入することは，個々の議員にとっては合理的な行動であるとしても，全議員が同様の多額の政府支出を続けるなら財政が破綻し，政治運営に必要な支出すらできなくなるような状況を指す。

▷4　好例は「投票のパラドックス」である。例えば，3人の学生が卒業旅行先（アメリカ，ヨーロッパ，アジア）に明確な選好順位をもつとしても，多数決を行うと選好の循環が起こり，旅行先が決まらないことをいう。

▷5　**無党派層**
一般に政党支持をもたない有権者層。田中愛治によると，無党派層は，①政治的無関心層，②政治的関心はあるものの政党支持をもたない政党拒否層，③1993年以降に政党支持を捨てた脱政党層からなる。

▷6　**ウィルソン**（Wilson, James Q.：1931-2012）アメリカの政治学者。

【参考文献】
川人貞史・吉野孝・平野浩・加藤淳子『現代の政党と選挙（新版）』有斐閣，2011年，22-32頁。
久米郁男・川出良枝・古城佳子・田中愛治・真渕勝『政治学（補訂版）』有斐閣，2011年，391-392，471-472，497-498頁。

I 政党・政治家

政党システムとその類型

1 政党システム

政党システム（party system）とは，政党が選挙において競争し，政権担当において協力する相互作用の構造を指す。具体的にいうと，選挙である政党が単独で議会の過半数を獲得する場合，その党が与党として政権につき，その他の政党は野党として批判勢力になる。他方，選挙でいずれの政党も単独で議会の過半数を獲得することができない場合，政党間で交渉が行われ，過半数を制した政党連合が与党として政権につき，その他の政党は野党として批判勢力になる。したがって，政党システムの概念には，選挙における競争関係，政権交渉，そして与党対野党のチームプレイのパターンが含まれる。

2 政党システムの分類・類型

表1は，これまでの政党システムの主要分類・類型の一覧である。分類・類型の主要基準は多様であり，どのような基準を採用するかにより，政党システムのイメージも主要タイプも異なるものになる。これらの中で最も広範なのが，**サルトーリの類型**である。彼の類型のうち，特に重要なのは，1党優位システム，穏健な多党システム，分極的多党システムである。

1党優位システムとは，複数政党が競争しているにもかかわらず，1政党が継続して議会の多数派の支持の下で絶対多数議席を獲得し，事実上，政権交代が行われない政党システムを指す。日本（1955年以降），インド（1952年以降）がこれに当たる。

穏健な多党システムとは，イデオロギー距離の小さな3〜5の政党が選挙で競争し，単独−連立もしくは連立−連立の形で政権交代が起こる政党システムを指す。ここでは，事実上，すべての政党が政権を担当する機会をもつ。旧西ドイツ，ベルギー，アイルランド（3党型），スウェーデン，アイスランド，ルクセンブルク（4党型），デンマーク，スイス，オランダ，ノルウェー（5党型）がこれに当たる。

分極的多党システムとは，イデオロギー距離が大きい6〜8の政党が選挙で競争し，中道政党が単独もしくは連立して政権を担当する政党システムを指す。ここでは，イデオロギー志向の強い反体制政党が存在し，事実上，それらは政権から排除される。ドイツ（ワイマール期），イタリア，チリ，フィンランドが

▶1 サルトーリの類型
①研究視野を拡大し，従来の英米中心の分類に大陸ヨーロッパ諸国を取り入れた。②これまで一括して論じられてきた多党システムを穏健な多党システムと分極的多党システムに二分し，政党数とイデオロギー距離の相違により，選挙における政党競争と政権担当における政党協力のパターンが異なることを明らかにした点で注目される。また，それまで日本の政党システムは「1か2分の1政党システム」と特徴づけられ，特異なものとみなされていたものの，彼が日本の政党システムを「1党優位システム」と類型した結果，日本の政党システムは広範な比較の視野から論じることが可能になった。

I-3 政党システムとその類型

表1 政党システムの分類・類型

研究者	分類・類型の主要基準	確認される政党システムの主要タイプ
デュヴェルジェ (1951, 1954)	政党数	1党システム 2党システム 多党システム
ダール (1966)	反対勢力の競争度 [2]	厳格な競争型 協調－競争型 合同－競争型 厳格な合同型
ブロンデル (1968)	政党数, 政党の相対規模	2党システム 2か2分の1政党システム 支配政党のある多党システム 支配政党のない多党システム
ロッカン (1968)	政党数, 単独多数政党の可能性, 少数政党議席の分布 [3]	英独型（1対1＋1） スカンディナビア型（1対3～4） 多党システム（1対1対1＋2～3）
サルトーリ (1976)	政党数, イデオロギー距離	1党システム ヘゲモニー政党システム [4] 1党優位システム 2党システム 穏健な多党システム 分極的多党システム 原子化政党システム

（注）研究者の下の数字は, 分類・類型が提示された著作の出版年を指す。

（出典）Mair, Peter, *Party System Change : Approaches and Interpretations*, Oxford University Press, 2007, p. 202.

これに当たる。

③ 分類・類型の見直しの必要性

政党システムの分類・類型の問題点は, 時間の経過とともに具体的な政党システムが変化し, カテゴリーが非有効化してしまうことである。例えば, 日本の政党システムはすでに政権交代を経験し, イタリアの政党システムはもはや分極的多党システムではない。さらに, 発展途上国にまで視野を広げると, 新しい政党システムの類型も必要になる。この点で, **ヘイウッド** [5] の再カテゴリー化（表2）が注目される。

（吉野　孝）

表2　ヘイウッドの類型

1党システム	①社会主義体制型：共産党が社会のすべての制度と側面をコントロールする国家社会主義体制 ②支配政党（ruling party）型：発展途上国における反植民地ナショナリズム運動に基礎をおく支配政党体制
2党システム	①イギリス型 ②アメリカ型
優越政党システム (dominant party system) [6]	①1党優位システム（サルトーリ／日本, インド） ②スウェーデン社民党体制 ③イタリアキリスト教民主党体制
多党システム (multiparty system)	①穏健な多党システム（サルトーリ） ②分極的多党システム（サルトーリ）

（出典）Heywood, Andrew, *Politics*, 4th ed., Palgrave, 2013, pp. 234-241 より筆者作成。

[2] ダールは, デモクラシーと野党勢力の関係に関心をもち, 政党数ではなく, 野党勢力によって採用される戦略の視点から政党システムを分類した。

[3] ロッカンは小規模民主国に関心をもち, 西欧民主国の政党システムを3つに分類した。

[4] 1党が優越した覇権・支配権をもつ政党システムを指し, ポーランド, メキシコがその事例である。

[5] ヘイウッド（Heywood, Andrew）
イギリスの政治学者。

[6] このシステム内では, 優位な1政党が重要な役割を演じる結果, 党内に派閥（faction）と称されるグループ構造が観察されることが多い。

参考文献

川人貞史・吉野孝・平野浩・加藤淳子『現代の政党と選挙（新版）』有斐閣, 2011年, 87-107, 276-282頁。
待鳥聡史『政党システムと政党組織』東京大学出版会, 2015年, 21-63頁。
的場敏博『現代政党システムの変容――90年代における危機の深化』有斐閣, 2003年。

第1部　政治過程におけるアクター

Ⅰ　政党・政治家

 # 政党システムの形成要因

1　社会的亀裂（social cleavage）

▷1　リプセット（Lipset, Seymour Martin：1922-2006）
アメリカの社会学者・政治学者。

▷2　ロッカン（Rokkan, Stein：1921-79）
ノルウェーの政治学者・社会学者。

リプセット[1]とロッカン[2]によると，現在の西欧諸国の政党システムは過去数世紀にわたる社会抗争の産物である。西欧諸国は20世紀初頭の工業社会にいたるまで，国家建設（国民革命）に由来する①中央－地方，②政府－教会，産業革命に由来する③都市－農村，④経営者－労働者という4度にわたる社会的亀裂の発生を経験した。亀裂が発生すると競争勢力が台頭し，抗争の過程で勝者と敗者が決まる。次の亀裂が発生すると，また新しい競争勢力が台頭し，抗争の過程でそれが既成勢力と対立または連合し，勝者と敗者が決まる。こうして累積された社会勢力の力関係と配置が，政党システムに反映される。

表1は，歴史的な社会的亀裂と台頭勢力の関係を示したものである。これをみると，カトリック諸国とプロテスタント諸国の間で，社会勢力の力関係と配置が大きく異なっていたことが分かる。なお，リプセットとロッカンの分析は1920年代で終わっているものの，この理論を現代にまで応用すると，1970年代には，選挙民の間で〈経済・物質志向〉対〈脱経済・物質志向〉という社会的亀裂が発生し，そこから環境保護政党が誕生したと説明される。

2　社会の構成様式

政党システムの差異を作り出している第2の要因は，社会の構成様式である。

表1　社会的亀裂と社会勢力の力関係と配置

①中央－地方　16・17世紀
（中央勢力）　対　スコットランド国民党（英）
②政府－教会　1789年以降
カトリック諸国：教会擁護勢力 ⇒ 後にキリスト教民主党（伊）
教会批判勢力 ⇒ 後に共産党（伊，仏）
プロテスタント諸国：宗教政党（独）
③都市－農村　19世紀初頭
自由党　対　保守党
自由党　対　保守党　＋　農民党（北欧諸国）
④経営者－労働者　19世紀末～20世紀初頭
保守党・自由党　対　労働党・社会党
＊体制に取り込まれると穏健化（英，北欧諸国）
＊体制から排除されると過激化（伊，仏）

（出典）Lipset, Seymour Martin and Stein Rokkan, eds., *Party Systems and Voter Alignments : Cross-National Perspectives*, Free Press, 1967, pp. 33-50より筆者作成。

一般に単一の言語・宗教コミュニティから構成されている国では，歴史的に発生する社会的亀裂はそのまま蓄積され，そのようにして形成された社会勢力の力関係と配置が政党システムに反映される。しかし，複数の言語・宗教コミュニティから構成されている国では，言語・宗教を基盤とする政党が形成され，また社会的亀裂が生み出す競争勢力と言語・宗教勢力が結びつき，特異な社会勢力の力関係と配置が形成される。**レイプハルト**[3]は，ベルギー，オランダ，スイスなど言語・宗教において多次元的な社会構造の国を研究し，これらの国を①大連合，②棲み分け自治，③相互拒否権，④比例代表制を共通の組織原理とする「多極共存型（合意型）民主主義」と名づけた。

3　政治制度

　政党システムの差異を作り出している第3の要因は，社会的亀裂や社会の構成様式を実際の議会における政治勢力に変換する政治制度である。政治制度の中でも，選挙制度が重要である。

　例えば，各選挙区で最大の得票を得た候補者が1名当選する小選挙区制の下では，1・2位を占める大政党は議席を獲得するのが容易であり，それ以下の中・小政党は議席を獲得するのが容易ではない。したがって，この制度の下では，大政党に選挙競争と政権参加の機会が与えられ，小政党の存続や新党の参入が難しくなる。他方，比例代表制は，選挙での得票率に応じて政党に議席を比例配分する制度である。大政党も小政党もその勢力に応じた議席を獲得することができ，また一定の得票を得ると新党も議会に参入することが可能になる。したがって，この制度の下では，一般に多数の政党に選挙競争と政権参加の機会が与えられる[4]。

　選挙制度以外の制度では，国家構造（単一国家制・連邦制），政党への国庫補助制度などが政党システムの形成に大きく影響する。

4　諸要因の関係

　これら3要因のうち，社会的亀裂は時間の経過とともに曖昧化し，少なくとも西欧諸国では，宗教の影響力は低下している。したがって，現在では社会の構成様式（言語）と政治制度の影響力がより大きいと考えられている。

　なお，アジア，アフリカの発展途上国では，独立後にその国のエリート集団が支配政党（ruling party）というエリート抗争管理装置を形成することが多い。支配政党という構造が維持される場合，その国は**権威主義体制**[5]に留まり，何らかの要因で支配政党という構造が解体する場合，エリート間の競争が起こり，それが民主化につながることもある。

（吉野　孝）

▷3　レイプハルト
⇨ V-12「選挙制度(1)」

▷4　これは，フランスの政治学者デュヴェルジェの法則として知られている。詳細は， V-13「選挙制度(2)」， V-14「選挙制度(3)」を参照。

▷5　権威主義体制
アジア，アフリカ，ラテンアメリカなどに観察される政治体制であり，①ある範囲での個人・団体の自由な活動が容認され，②伝統的社会ネットワーク（地縁・血縁集団，種族・部族）や団体（経営者組織，労働組合）を通じて要求が表明され，③競争的複数政党システムが制限され，④政党，軍部，官僚，団体，教会によって決定権が共有されるという特徴をもつ。

参考文献
川人貞史・吉野孝・平野浩・加藤淳子『現代の政党と選挙（新版）』有斐閣，2011年，95-103，109-130，281-282頁。
川人貞史『選挙制度と政党システム』木鐸社，2005年。
吉野孝・谷藤悦史・今村浩編著『論点日本の政治』東京法令出版，2015年，26-27頁。

I 政党・政治家

政党と政権交代(1)：西欧諸国

① 議院内閣制の下での政権交代

　政党政治において，政権を担当する政党を「与党（government party）」といい，政権外にあり政権を批判する政党を「野党（opposition party）」という。与党が政治運営を担当することができない場合にその地位から降り，新たに野党が与党の地位について政権を担当することを政権交代という。現在の民主国では，政権が行き詰まった場合あるいは選挙で与党が敗北した場合に政権交代が起こり，それは政党の選挙民に対する政治責任の取り方の1つとみなされている。

　政権交代が目に見える形で起こるのは，小選挙区制を採用し，選挙によって二大政党間で議会多数党が入れ替わる国（イギリス，カナダ，オーストラリア），また比例代表制を採用していても，2つの大政党が存在し，いずれかの大政党が政権の中核を占める国（ドイツ）である。例えばイギリスでは，かつて労働党と保守党の間で政権交代が行われ（表1），ドイツでは，最初から大政党と小政党のチームによる政権交代が行われている（表2）。これらの国では，政権を構成する大政党が交代する結果，政策も大きく変更される。

② 大統領制の下での政権交代

　大統領制の下であっても，選挙でそれまでとは異なる政党の大統領が選出されると，政権交代が起こる。ただし，大統領制の下では，大統領と議員が別々に選ばれるので，大統領政党が常に議会の多数党であるとは限らない。アメリカの場合，1955〜93年の間，連邦下院では連続して，連邦上院では1981〜87年を除き，民主党が多数党であった。この間，共和党政権下では，大統領政党（共和党）は両院で少数党であった。

　アメリカ政治に関して「与党」と「野党」という用語をどうしても使いたいのなら，例えば大統領が共和党，連邦下院多数党が民主党，連邦上院多数党が共和党である場合，大統領「野党」で下院多数党の民主党，大統領「与党」で下院少数党の共和党，大統領「与党」で上院多数党の共和党，大統領「野党」で上院少数党の民主党というのが正確な表現であろう。

▷1　議院内閣制であっても，比例代表を採用し，議会の過半数議席を獲得する大政党が存在せず，宗教や言語の異なる集団が存在する国（オランダ，ベルギー）では，連立政権が形成される。これらの国では，主要政党がほぼ常に政権に入っており，大政党が入れ替わるという意味での政権交代はない。また，北欧諸国では連立政権が一般的であるものの，スウェーデンは例外である。第二次世界大戦後，同国では社民党と保守派（中央・自由・保守・キリスト教民主などの政党）の間で選挙を通じて政権交代が行われ，1980年以降，その頻度は高まっている。

▷2　与党の政治運営の業績の評価に基づく投票を業績評価投票という。与党の政治運営に不満をもち，選挙で野党に投票をする選挙民が増えると，与党の得票率が過半数を割り，政権交代の可能性が高まる。V-7「投票行動の理論(4)」を参照。

I-5 政党と政権交代(1)：西欧諸国

表1 イギリスにおける政権交代

政権交代	選挙年	政権党	首相
○	1945. 7	労働	C. アトリー
	51. 2	↓	↓
○	51.10	保守	W. チャーチル
	55. 5	↓	A. イーデン
	59.10		H. マクミラン
○	64.10	労働	D. ヒューム
	66. 3	↓	H. ウィルソン
○	70. 6	保守	E. ヒース
	74. 2	労働+自由	H. ウィルソン
	74.10	↓	↓
○	79. 5	保守	M. サッチャー
	83. 6		
	87. 6		J. メージャー (90.11〜)
	92. 4	↓	↓
○	97. 5	労働	T. ブレア
	2001. 6		
	05. 5		G. ブラウン (2007.6〜)
○	10. 5	保守+自由	D. キャメロン
	15. 5	保守	
	16. 6		T. メイ (16.7〜)

（注1）○は，選挙結果としての政権交代を指す（図2も同様）。
（注2）労働→労働党，保守→保守党，自由→自由民主党。

表2 ドイツにおける政権交代

政権交代	選挙年	政権党	首相
○	1949. 8	キ民+自由+ドイツ	K. アデナウアー
	53. 9	↓	↓
	57. 9	キ民+ドイツ	
	61. 9	キ民+自由	
	65. 9	↓	L. エアハルト (63.10〜)
☆	66.12	キ民+社民 (大連立)	K. キージンガー
○	69. 9	社民+自由	W. ブラント
	72.11		
	76.10	↓	H. シュミット (74.5〜)
	80.10	社民	
☆	82.10	キ民+自由	H. コール
	83. 3		
	87. 1		
	90.12		
	94.10	↓	
○	98. 9	社民+連合90・緑	G. シュレーダー
	2002. 9	↓	
○	05. 9	キ民+社民 (大連立)	A. メルケル
○	09. 9	キ民+自由	
○	13. 9	キ民+社民 (大連立)	
○	17. 9	キ民+社民 (大連立)	

（注1）☆は，政権行き詰まりによる政権交代を指す。
（注2）キ民→キリスト教民主同盟・キリスト教社会同盟，社民→社会民主党，
自由→自由民主党，ドイツ→ドイツ党，連合90・緑→連合90・緑の党。
（注3）2017年9月の選挙でキ民が第1党になったものの，連立交渉に時間がか
かり，メルケル第4次政権が成立したのは，2018年3月14日であった。

3 政権交代の条件

　政権交代が慣行化するには一定の条件が必要である。第1は，政権を担当することができる2つの大政党または政党チームが継続して存在していることである。政党に継続性がないと，選挙民はある政党に失政のペナルティを与え，次に政権復帰の機会を与えることができない。第2は，政権を政治運営の業績から評価し，選挙ごとに投票する政党を変更する選挙民が存在することである。そのような選挙民がいないと，政党間での票の移動は起こらない。

　これまで選挙結果という民意に基づく政権交代は，政党政治におけるきわめて民主的な政治責任の取り方とみなされてきたものの，政権交代が続いて政権間の政策差異が縮まり，また多くの西欧諸国が新自由主義政策（小さな政府，規制緩和）を採用して政権間の政策が類似化した結果，最近では，政権交代は形骸化した（儀式化した）ともいわれている。 （吉野 孝）

参考文献

阿部齊・内田満・高柳先男編『現代政治学小辞典（新版）』有斐閣，1999年，432, 437頁。

川人貞史・吉野孝・平野浩・加藤淳子『現代の政党と選挙（新版）』有斐閣，2011年，192-193, 229-261頁。

樋渡展洋・斉藤淳編『政党政治の混迷と政権交代』東京大学出版会，2011年。

吉野孝・谷藤悦史・今村浩『論点　日本の政治』東京法令出版，2015年，38-39頁。

第1部　政治過程におけるアクター

Ⅰ　政党・政治家

6　政党と政権交代(2)：日本

1　第二次世界大戦直後の政党システム流動期

　日本では，1946〜55年までの10年間に，政権交代が頻繁に行われた。戦後の日本の政党政治は，日本自由党，日本民主党，日本協同党，日本社会党，日本共産党の5党から出発し，政権は，自由・進歩，社会・民主・国協，民主自由，自由，日本民主によって担われた（表1）。この時期は，戦後日本の進路が議論され，政党が離合集散を繰り返した時期であり，政権交代に明確なパターンは存在しなかった。連立政権もあれば単独政権もあり，選挙による交代もあれば行き詰まりによる交代もあり，まさに政権交代の「実験場」であった。これらの事例は，また，政党数が多く，政党システムが流動的であるなら，たとえ中選挙区制の下であっても，政権交代が現実に起こりうることを示している。

▷1　1945年12月に結成された「日本協同党」は離合集散を繰り返し，1947年3月に「国民協同党」に党名を変更した。

▷2　中選挙区制
1選挙区から原則3〜5名を選出する選挙区制。1925年に導入され，1926〜93年まで65年間，1946年の1回を除き，24回の衆議院議員選挙がこの選挙区制の下で行われた。

▷3　小選挙区制の下では1・2位を占める大政党は議席を獲得しやすい（デュヴェルジェの法則）という意味で，一般に小選挙区制の下で政権交代が起こりやすいと考えられている。Ⅴ-13「選挙制度(2)」を参照。

表1　日本における政権交代

政権交代	選挙年	政権党	首相
○	1946.4	自由＋進歩	吉田　茂
○	47.4	社会＋民主（旧）＋国協	片山　哲
	48.3	↓	芦田　均
☆	48.10	民主自由	吉田　茂
	49.1	↓	
	52.10	自由	
	53.4	↓	
☆	55.3	日本民主	鳩山一郎
	55.11	自民	↓
	58.11	↓	
		（中略）	
○	93.7	日本新＋新生など	細川護熙
	94.4	↓	羽田　孜
☆	94.6	社会＋自民＋さきがけ	村山富市
		（中略）	
○	2009.8	民主＋社民＋国民	鳩山由紀夫
	10.6	民主＋国民	菅　直人
	11.9	↓	野田佳彦
○	12.12	自民＋公明	安倍晋三
	14.12	↓	

（注1）○は，選挙結果としての政権交代，☆は，政権行き詰まりによる政権交代を指す。
（注2）自由→日本自由党，進歩→日本進歩党，社会→日本社会党，民主（旧）→民主党（旧），国協→国民協同党，民主自由→民主自由党，日本民主→日本民主党，自民→自由民主党，日本新→日本新党，新生→新生党，さきがけ→新党さきがけ，民主→民主党，社民→社会民主党，国民→国民新党，公明→公明党。

22

② 1党優位システムと細川内閣

1955年に，自由民主党が結成されると，同党を中心とする1党優位システムが確立し，日本の政党政治から政権交代は姿を消した。1970年代に自民党が過半数割れを起こすことはあったものの，自民党政権は新自由クラブなどの中道政党に支えられた。

予想外の政権交代は，1993年に起こった。同年の衆議院議員総選挙後，37年9カ月ぶりに日本新党の細川護熙を首班とする非自民・非共産政権が成立した。その理由は，宮沢喜一政権時の政治改革をめぐる対立から2グループ（武村正義・鳩山由紀夫グループ，小沢一郎・羽田孜グループ）が自民党から離脱し，選挙で自民党は過半数を獲得することができなかったからである。しかし，翌94年には村山富市を首班とする自民・社会・さきがけ政権が成立し，96年1月に内閣総理大臣は自民党の橋本龍太郎に交代した。同年10月の衆議院議員総選挙後，議席を減らした社会民主党（1月に党名変更）とさきがけは閣外から協力することになり，自民党単独政権となった。

③ 選挙制度改革後の政権交代

2009年の民主党政権は，これまでとは異なる条件の下で成立した。第1に，1996年に民主党が結成され，同党は小選挙区比例代表並立制という新しい選挙制度の下で議席を増やしていた。第2に，自民党政権（安倍晋三・福田康夫）の政策運営の失敗やスキャンダルに対して多くの選挙民が不満をもっていた。そして，第3に，民主党が多くの選挙民が納得できるマニフェストを作成した。しかし，民主党政権は期待はずれであり，2012年に政権は再び自民党に戻った。

④ 日本における政権交代の条件

日本では，まだ政権交代の明確なパターンは定まっていないものの，政権交代の慣行が少しずつ定着しつつあるように思われる。なぜなら，第1に，自民党の1党優位システムの崩壊とともに，選挙民の間で自民党とは別の政党選択肢が求められるようになり，第2に，二大政党制の形成に有利な小選挙区制を含む選挙制度が採用され，第3に，業績評価投票をする無党派層が増えてきたからである。あとは政治家の問題である。日本に選挙に基づく政権交代の慣行が定着するか否かは，「政権担当能力をもち，選挙民に新しい政治理念を提供し，継続的に活動することができるような大政党」を政治家が構築することができるかどうかにかかっている。

(吉野　孝)

▷4　飯田健によると，政権交代には，①受け皿としての野党の存在，②多くの無党派層の存在，③リスク受容型投票者の存在という3条件が必要であり，政権交代が起こる可能性が高まるのは，選挙民の与党への失望と野党への期待がともに高まる場合である。田中愛治・河野勝・日野愛郎・飯田健『2009年，なぜ政権交代だったのか』勁草書房，2009年，131-152頁。

参考文献
飯尾潤編『政権交代と政党政治』中央公論新社，2013年。

日本再建イニシアティブ『民主党政権失敗の検証——日本政治は何を生かすか』中公新書，2013年。

吉野孝・谷藤悦史・今村浩『論点　日本の政治』東京法令出版，2015年，40-41頁。

第1部　政治過程におけるアクター

Ⅰ　政党・政治家

 政党組織の変遷

▷1　ウェーバー
⇨ 序-3 「政治過程における権力」

1　名望家政党と近代組織政党

　政党の起源に目を向け，1919年に組織化の様式から政党を類型化したのがウェーバーである。彼によると，政党は，貴族政党，名望家政党，近代組織政党という段階を経て発達した。最初に政党と称された集団は，貴族の官職任命権に基づく従属者集団として出現し，19世紀になると，教養と財産をもつ名望家——聖職者，大学教授，弁護士，医師，薬剤師，富農，工場主など——が選挙区ごとにクラブを形成した。彼らは，議員としてのパトロネジ（例えば，選挙区の任命職など）を配分し，議会内の決定に参加した。

　19世紀の後半になると，都市化・工業化の進行と選挙権の拡張により，多数の選挙民の支持を獲得する必要性が高まり，それまでの名望家のクラブに代わり，選挙区ごとに政党組織や党大会などの機構が整備された。党員の集会で候補者や上位の大会への代表が選出され，政党活動が恒常化した結果，組織で日常的に働く有給の党職員が登場した。このように初期の政党組織の発達は，当時の社会の支配体制の変化を反映していた。

2　幹部政党と大衆政党

　20世紀に入り，西欧諸国で社会主義政党が台頭すると，新しい政党組織類型が出現し，1951年にデュヴェルジェは，幹部政党（cadre party）と大衆政党（mass party）という組織類型を提示した。

▷2　デュヴェルジェ
⇨ Ⅴ-13 「選挙制度(2)」

　彼によると，幹部政党とは，制限選挙の下で19世紀に確立された政党構造——名望家政党と近代組織政党と同一——であり，組織単位は，特定議員のために選挙資金を調達し選挙運動を実践する有力者から構成される地方幹部会（caucus）である。各議員はこのような地方幹部会という独立基盤をもつため，議会内では相互に独立している。

　大衆政党とは19世紀末〜20世紀初頭にかけて社会主義者によって考案された組織構造であり，組織単位は，個人が党員として加入する支部（branch）である。党員は党費を納入し，それと引き換えに，決定に参加する資格をもつ。このような組織単位をもつため，政党構造は集権的であり，党員によって選出された党組織指導部が議員よりも大きな権限をもつ。

　デュヴェルジェは，幹部政党が伝統的組織形態であるのに対して，大衆政党

が最新の組織形態であることに注目し，支部に基礎をおき，民主的手続きにしたがって運営される大衆政党を「将来の政党の姿」と賞賛した。

③ 包括政党と選挙プロフェッショナル政党

1960年代になると，西欧ではイデオロギーの終焉が叫ばれ，一部の社会主義政党は革命路線を放棄した。多くの政党が特定の支持者層を対象とする従来の選挙戦略を変更し，選挙民全体の支持を取り込む努力を開始した。このように政党の起源に関わりなく政党の行動様式が変化したことに注目し，1966年にそれを包括政党（catch-all party）化と名づけたのが**キルヒハイマー**である。彼によると，包括政党は，①イデオロギー主張の減少，②動員支持層として特定の社会階級や宗派集団の比重の低下，③資金調達および投票者動員のための多様な利益団体への接触によって特徴づけられ，ここに政党は「特定集団の目的を実現する組織」であることをやめ，選挙において「穏健な政策選択を提供し」，政治運営において「集団間対立を裁定する組織」となったのである。

さらに，1982年に，**パーネビアンコ**は，キルヒハイマーの包括政党の概念と政党の役割変化の指摘を評価しつつ，それまでの政党組織の類型・概念を再構成した（表1）。彼によると，現在の政党はこれらの特徴を併せもち，多くの政党構造は大衆官僚政党から選挙プロフェッショナル政党に変容しつつある。

④ 現在の政党組織

政党組織の形態と役割は，その時期の社会の支配体制，政治組織，選挙運動手段，選挙民の政策選好と行動様式，利用可能なメディアなどの変化に応じて一貫して変化し続けてきた。共産党や一部の宗教政党などの例外を除き，党組織の強度に差異はあるものの，決定においては公職者役員の権限が強まり，選挙においては専門スタッフが大きな役割を演じる傾向が観察される。

なお，1994年に**カッツ**と**メア**により，カルテル政党（cartel party）という新しい概念が提示された。しかし，これは，選挙民の間で安定した支持基盤を失いつつある既成政党が「国庫補助とマスメディアを規制する権限を通じて現在の権力や既得権を擁護し，新党が選挙市場に参入するのを妨げる」という戦略を行使しているという指摘なので，ここでいう本来の政党組織論とは区別する必要があろう。

（吉野　孝）

表1　パーネビアンコの政党組織類型

	大衆官僚政党	選挙プロフェッショナル政党
管理対象と担い手	党官僚による政治管理	専門スタッフ（選挙コンサルタント，世論調査・宣伝の専門家，調査部門のエコノミスト）による専門的任務管理
組織特徴	党員政党：所属選挙民にアピールする強い垂直的組織類型	選挙政党：世論と選挙民にアピールするゆるい垂直的組織紐帯
リーダーシップ	組織幹部の優越，集団的リーダーシップ	公職者の優越，個人化されたリーダーシップ
資金調達	党員および支持団体を通じて	利益団体および公的資金を通じて
動員手段と担い手	イデオロギーの強調，組織内のイデオロギー信奉者の大きな役割	争点およびリーダーシップの強調，組織内の生え抜き党役員と利益団体の代表の大きな役割

（出典）Panebianco, Angelo, *Political Parties : Organization and Power*, Cambridge University Press, 1982, p. 264.

▷3　**キルヒハイマー**（Kirchheimer, Otto：1905-65）
ドイツ生まれの政治学者であり，亡命後，アメリカで研究活動を続けた。

▷4　**パーネビアンコ**（Panebianco, Angelo：1948-）
イタリアの政治学者。

▷5　**カッツ**（Katz, Richard S.：1947-）
アメリカの政治学者。

▷6　**メア**（Mair, Peter：1951-2011）
アイルランドの政治学者。

参考文献

川人貞史・吉野孝・平野浩・加藤淳子『現代の政党と選挙（新版）』有斐閣，2011年，44-56，272-273頁。

A. パーネビアンコ（村上信一郎訳）『政党――組織と権力』ミネルヴァ書房，2005年。

待鳥聡史『政党システムと政党組織』東京大学出版会，2015年，63-104頁。

第1部　政治過程におけるアクター

Ⅰ　政党・政治家

8 政党組織内の動態

1 寡頭制の鉄則

　1911年にミヘルス▷1は、たとえデモクラシーを標榜する政党であっても、党内では少数のリーダーが主導権を握る寡頭制（oligarchy）が確立される傾向があることを指摘した。彼によると、この傾向は、組織の効率的運営の必要性、リーダーの権力維持動機、大衆の無能力とリーダー願望に由来する。以来、これは寡頭制の鉄則として一般化され、政党の権力の所在と特質を論じるための基本原則とみなされ、ここから党内デモクラシーの達成の必要性が論じられた。

　もっともミヘルスの命題は、そのままの形では現在の政党に当てはまらない。彼が観察したドイツの社会民主党は、議会主義と同時に革命路線を掲げ、党機構も未分化であった。また、かつては組織化の必然的結果として寡頭制が出現したとしても、支部組織が発達し機構が複雑化した現在では、寡頭制は制度化された政党官僚制の形態をとる可能性が高い。しかも、前節で指摘したように、現在は組織幹部の発言力が低下し、公職役員の権限が増大する傾向が観察される。

2 グループ構造

　政党組織の動態を考える際に注目されるのが、政党のグループ構造である。政党は決して一枚岩的な組織ではなく、グループ構造を内在している。議員レベルでは、メンバーが固定し独自の組織をもち、主導権を求めて他のグループと競争する派閥、メンバーがある程度まで固定され特定政策の実現を求める議員集団、メンバーが固定的でなく特定争点をめぐり活発化する未組織の態度集団など多様である。また、組織レベルでは、特定イデオロギーを信奉し、それに基づく特定政策の実現を強く求める活動家もいれば、政策を実現するために党内の他グループや他の政党との協力をより積極的に求める活動家も存在する。

　政党がグループ構造をもち、それが顕在化するのは、次の理由からである。第1は文化的要因である。その国にクライエンテリズム▷2が浸透している場合、グループ化が促進される。第2は選挙制度である。比例代表制はグループ名簿の作成を容易にすること（イタリア）により、また、中選挙区制は候補者・議員の派閥加入を公認獲得手続きにすること（日本）により、グループ化を促進した。第3は党内要因である。政党が合併・合同を経験している場合、党内の

▷1　ミヘルス（Michels, Robert：1876-1936）
ドイツの社会学者・歴史学者。

▷2　クライエンテリズム
アジア、アフリカ、ラテンアメリカ、南欧などで、社会的・経済的に上位の者が下位の者に保護と便益を与え、下位の者が上位の者に忠誠と奉仕を提供することによって、それに報いる人間関係を指す。この主従関係が党内グループの基礎になる。政治的恩顧主義ともいう。

規律がゆるく，中央からのコントロールが弱い場合，党内の決定手続きに比例代表制が採用されている場合，グループ化が促進される。第4は議員の規模である。政党所属の議員の規模が大きくなると，グループ化は避けられない。

これらの点からみると，1960年代〜90年代中頃までの日本の自民党派閥の活発な動きは，クライエンテリズムの存在，中選挙区制度，1955年の保守合同，議員数の多さなど，すべての要因が組み合わさった結果として理解することができる。また，最近では，自民党新人候補者が派閥に加入したのは，①派閥は中選挙区制の下での選挙に必要な資源を提供する，②派閥に加入していないと派閥加入候補者から選挙で妨害を受ける，③派閥に加入していると選挙や解散に関する情報が入手できるなど，「派閥加入は選挙勝利に有利である」という合理的選択の結果であるという分析もなされている。[3]

③ グループ構造の効果

グループ構造が政党に及ぼす効果は多様である。政党に対するプラスの効果とみなされるのは，①党内の多様な利益が代表される，②グループ間競争の機会が与えられ，寡頭的支配が抑止される，③政党分裂の安全装置となる，④政策の選択を可能にする，などである。特に④は1政党が長期にわたり政権を担当する1党優位システムの下では，党内のグループ競争が政策の刷新を可能にし疑似政権交代[4]を実現する。ただし，グループ構造には，①政党の一体性を危うくする，②政権を不安定にする，などのマイナス効果もある。

ところで，政党内集団と政党施策の関係に注目し，政策変化におけるグループの役割を積極的に評価したのがムレ[5]である。彼女によると，一方において，イデオロギー上，高所得層に重く課税する所得再配分政策を志向する社会党政権が高所得層に対する税率を引き下げることがあり，他方において，保守党政権がときには社会民主主義型累進課税を採用することがある。矛盾するようにみえるこれらの現象は，複数の政策目標をもつグループの間で行われる次のようなトレードオフの結果として説明することができる。

たとえば，①党内で新しいグループが台頭し，権力を求める抗争を正当化するために，新しい再配分政策を提示して新しい社会的支持層を形成する。②特定集団が指導的な地位につくと，政党イメージの転換が試みられる。もし台頭しているのが右派グループであるなら，党内競争者を隔離するために介入度合いの低い再配分政策を支持する。左派グループは，右派グループの台頭を抑えるため，再配分政策を拡大する。③勝負がつかない場合，グループは再配分政策を過激化させ，支配連合は従来の再配分政策から逸脱することを選択する。

要するに，グループ競争の結果として再配分政策が決まるのであり，政党イデオロギーや中核的支持層の政策選好にもかかわらず，政治家が所得格差を縮小または拡大させる可能性があるわけである。 （吉野　孝）

▶3　例えば，Kohno, Masaru, *Japan's Postwar Party Politics*, Princeton University Press, 1997, pp. 92-115.

▶4　疑似政権交代
1970年代初頭まで，自民党の派閥間には競争があった。総裁選で勝利した派閥とその同盟派閥が主流派を形成し，総裁選で敗北した派閥が反主流派を形成し，両派は人事や政策方針をめぐって競争した。次の総裁選で主流派と反主流派が入れ替わると，指導部と政策が変わった。これを「疑似政権交代」という。

▶5　ムレ（Mule, Rosa）
イタリアの政治学者。

（参考文献）
川人貞史・吉野孝・平野浩・加藤淳子『現代の政党と選挙（新版）』有斐閣，2011年，56-63頁。
西川知一・河田潤一編著『政党派閥』ミネルヴァ書房，1996年。
吉野孝・谷藤悦史・今村浩編著『論点　日本の政治』東京法令出版，2015年，50-51頁。

第1部　政治過程におけるアクター

Ⅰ　政党・政治家

 # 政治家

 政治家とは

　「政治家」とは、政治に携わることを仕事にする人々のことを指す。と、このように書くと、官僚（公務員）や利益団体、あるいはメディア関係者など、実に広範な人々が該当してしまう。しかし、「政治家」といえば、一般的には政治を動かす中心的なアクターとなる人物を意味する。分かりやすい例でいえば国会議員であり、475人の衆議院議員と242人の参議院議員がそれぞれ4年（ただし解散あり）と6年という定められた任期の中で、活動を行う。

　ただ、政治を動かす中心的アクターがどのようにその地位につくのかは、国によって一様ではない。日本などの代議制民主主義の国では、特定の地域の代表として、その地域の人々を代弁する人物として選ばれている。政治家には人々を代弁する「代議（representation）」という重要な役割がある。同時に、国などをまとめていく「統治（governance）」も政治家の役割である。「統治」の担当者、つまり政治をまとめていく責任者となるのが、首相（内閣総理大臣）や県知事である。日本などの代議制民主主義の国では、この「統治」の担当者を決めていく過程も民主化されており、政治家内の互選や一般有権者の選挙で行われる。一方、独裁政権など権威主義的体制の国家では、軍事的クーデターで政治的リーダーの座を奪い取るようなこともあるほか、そもそもリーダーが世襲である国家もある。権威主義的国家でも例えば、軍部や一部の政治エリートなどの声や利益を代弁する政治家がいるものの、民主主義国家に比べると、代弁する意見の幅はきわめて限定的なのが一般的である。そのため、権威主義的国家の政治家には「統治」の役割が「代議」よりも先行する。

　政治家の役割は基本的には「代議」と「統治」に収斂する。例えば、Ⅰ-11で論じているような「広義の得票活動」としての選挙区の人たちとの様々な機会を使った信頼醸成の活動は「代議」の1つのパターンである。また、政党内での活動は「統治」に関連する活動である。「政治家」という言葉には俗に「駆け引きの手腕があり、やり手」という意味もある。政治家の仕事の本質に意見の調整機能があることを考えれば、むしろ適切な形容なのかもしれない。日本でも、その調整機能にカネや権力が入り込むこともないわけではない。政治家がより大きな仕事を行おうとすれば、より多くの調整が必要になる。それが政治家に対するイメージの一種のうさん臭さにつながってしまうのかもしれ

ない。

2 政治家の仕事

　自分に投票した人々の声を代弁する「代議」の仕事の多くは，法律を作る過程で発生する。国会議員は，立法府に所属する議員であるというそもそもの属性を考えると，法律を作ることは実に当たり前の行為である。ただ，日本の場合，やや複雑な状況がある。というのも，行政を担当する内閣が提出する法案（閣法）の数は，議員が提出する法案（議員立法）よりも圧倒的に多いためである。実際に成立した法案をみても，議員立法と閣法の割合は１対９程度に及ぶこともある。[1] 議員立法にしろ，閣法にしろ，日本の議員の場合，その役割はその法案の文面を作ることよりもその法案をいかに通していくのか調整する作業に重きをおくことになる。議員間，政党間，あるいは法案に関連する各種の外部関係者の意見をじっくり聞き，法案を微調整させる作業が議員の役割である。

　憲法では内閣を構成する国務大臣（閣僚）の過半数は国会議員であるとされているが，実際のところ，民間登用はかなり限られているため，国務大臣のほとんどが国会議員である。そう考えると，閣法も議員が作ったものであるといえるのだが，現実には各省庁での業務を担当する官僚が法律を作り上げている。実務に精通した官僚が書く方が整合性が高い法案になるという論理が閣法を官僚がまとめる背景にある。官僚主導であることに抵抗して作るのが議員立法であるという位置づけにもなっている。[2]

　議員が国務大臣として内閣に入った場合，「統治」も担当することになる。国務大臣は各省庁のリーダーとして，分担管理する行政業務をまとめ上げていく。また，内閣は国の行政を一体として担当する合議体であるため，構成員である国務大臣は，外交を含む日本国が直面する様々な行政業務について話し合い，議決に加わる。[3]「代議」にしろ，「統治」にしろ，日本の場合，自分の所属する政党に大きく拘束される。

3 政治家の行動原理

　それでは政治家は何を自分の行動原理にしているのだろうか。アメリカの議会研究者D.メイヒューによると，現職議員にとって，最大の目標は自らの再選そのものである。[4] 同じくアメリカの議会研究者R.フェノによると，再選を強く意識し，現職議員は各種委員会での役職など，中央での議員活動の成果を上げようとする。[5] そして地元の選挙区での活動（ホームスタイル）と中央での活動（ワシントンスタイル）と連携させることで，地元での評判を高めていき，再選のために必要な票の確保を狙うと指摘されている。ただ，近年，メディアを通じていかに成果誇示するかが政治家の大きな関心事になるのは，民主主義国の宿命といえよう。

（前嶋和弘）

▷1　⇨ Ⅷ-5「日本の国会(2)」

▷2　この状況は厳格な三権分立が定められているアメリカとは対照的である。アメリカの場合，形式上はすべて議員立法であり，議員には政策に対する知識の深さや法案作成能力の高さが求められている。といっても実際に議員が法案を一から書き上げることは多くなく，外部のシンクタンクなどからのアドバイスを受けることも多いほか，多数の議員スタッフが法案作成を担当しているケースがほとんどである。最初から高いレベルの整合性をもった日本の法案とは異なり粗削りだが，法案審議の過程で修正し，整合性を担保していく仕組みとなっている。Ⅷ-4「日本の国会(1)」も参照。

▷3　厳格な三権分立が定められているアメリカでは，立法と行政は完全に分かれており，議員が長官などを担当する場合，辞職しないといけない。

▷4　メイヒュー（2013）。

▷5　Fenno（2002）。

参考文献

デイヴィッド・メイヒュー（岡山裕訳）『アメリカ連邦議会——選挙とのつながりで』勁草書房，2013年。

Fenno, Richard, *Home Style : House Members in their Districts*, Longman, 2002.

第1部　政治過程におけるアクター

Ⅰ　政党・政治家

 政治資金・選挙資金

 政治資金

　個人，政治団体，政党などが，それぞれの政治目的を達成するために，その活動上必要とする資金の総称を政治資金という。人件費だけでなく，事務所費用などの諸経費を考えると，政治活動には多額の費用がかかる。必要な資金が党費のみで不足するときは，外部からの資金・献金が必要となる。外部からの政治資金を「政治献金」という。日本では，政治活動に対する資金と，後述する選挙についての資金などを規制上も分けている。

　政治献金は，企業，労働組合など団体によるものと個人によるものとがある。政治献金は利権と結びつき政治を腐敗させやすいので，多くの国が何らかの規制を設けている。日本では政治資金規正法の対象となり，平成6（1994）年の改正での政治家個人に対する直接献金は原則として禁止された。つまり，政治家への献金は，一般の有権者であっても企業であっても原則として禁止されることになったが，**政治団体**を通じて献金することは可能である。また，政党へ献金する場合は，個人献金だけでなく企業献金も可能である。政党への献金は，政党本部や支部だけでなく，政党が指定する政治資金管理団体へ献金するケースもある。政治献金について主に定めているのが，上述の**政治資金規正法**である（同法では「献金」ではなく「寄付」という言葉を使っている）。具体的に同法は，政治団体の資金の収支の公開や授受の制限という2つを柱にしている。

　最初のポイントである政治資金の収支の公開については，政治団体の収入，支出および資産等を記載した収支報告書の提出を政治団体に義務づけ，これを公開することによって政治資金の収支の状況を国民の前に明らかにすることを目的としている。2つ目の政治資金の授受については，政治活動に関する寄付について，寄付する側，寄付を受ける側のいずれについてのルールがあり，量的，質的制限などを行うことが盛り込まれている。

　「政治とカネ」の問題が浮上する度に抜け穴が指摘されるのが，政治献金を「入れる（受ける）」際の規制は厳しいものの，「出す（利用する）」際の規制が緩い点である。政治資金規正法には政治資金の使途に一部を除いて明確な制限がない。近年でも，交通事故損害賠償金やガソリンのプリペイドカードなどに利用されていた事実が報道され話題となった。政治団体は毎年の収支を収支報告書で公表することが義務づけられているが，提出先の総務省や各都道府県選挙

▷1　**政治団体**
政治家の資金管理団体や後援会などを指す。献金する側は，1つの政治団体に対して年間150万円までの政治献金が認められている。

▷2　これについては，一種の迂回献金であるという見方もある。同じような迂回献金の制度がアメリカにもある。アメリカの場合，1970年代に導入された「連邦選挙運動法」は個人や政治行動委員会（PAC）から献金される通常の献金額の上限を定めたほか，厳しい報告義務を決めた。企業献金は認められていないが，実際にはこのPACを通じて，企業は献金を行っている。政治行動委員会とは，選挙での支援や法案の立法化，政治的争点のPRの目的のために活動する団体であり，政治資金を集め，政党や候補者に献金する政治資金の再配分機関として，政治過程に影響を与えている。

30

管理委員会も，書式や記載の不備などは形式的なチェックに留まることがほとんどであるといわれている。収支報告書はインターネットで公開されているが，紙の報告書を画像データとして掲載しているため，事実上，検索できないほか，3年の保管期間が過ぎれば破棄される。このような問題があるため，市民団体などが収支報告書をデータベース化し公表するような動きも出ている。

2 選挙資金

　日本の公職選挙法や政治資金規正法の規制体系で特徴的なのは，「法定選挙運動費用」という選挙運動にかかる支出の最高限度額（上限額）を定めている点である。「法定選挙運動費用」には人件費，家屋費，通信費，交通費，印刷費，広告費などが含まれており，選挙の種類や有権者数によって算出される。その金額を超えて支出すると選挙の出納責任者に罰則が科せられるほか，連座制により候補者の当選も無効になる可能性もあるため，形上はきわめて厳しい規制となっている。「形上は」と記したのは，実際には候補者側がかなり柔軟に運用しているといわれているためである。例えば法定選挙費用は「選挙運動のための支出」であるため，実際にかかったものでも「選挙運動外の支出」と計算すれば，「法定選挙運動費用」から外すことも可能となる。

3 「カネ」からみる政治の仕組み

　政治におけるカネの動き方や規制の状況をみると，その国の政治の仕組みがかなり分かる部分がある。日本の場合，公職選挙法で定められている選挙期間はきわめて短い。そのため，「選挙資金」はあくまでも「法定選挙運動費用」の上限に抵触しないことぐらいが規制の留意点となる。一方，政治活動全般に使われる「政治資金（政治献金）」の方が大きなポイントとなり，報道されるのは常にこちらの方である。

　一方，アメリカの場合，立法活動を含む政治活動に対する献金と選挙運動に対する献金を区別せず，選挙資金（campaign finance）と一元的に呼んでいる点が特徴的である。これには下院は2年という比較的短い任期で定期的に改選になるため，選挙活動と立法活動の区別がつきにくく，選挙活動が日常化しているという事実に影響されているとみられている。

　日本の場合，政党単位で政治資金が動いていく傾向にある。かつて行われていた中選挙区制においては各選挙区ではそれぞれの派閥を代表する自民党候補が議席を争うことも珍しくなく，多額の政治資金が必要となっていた。日本の場合，金権政治を解消しようとして小選挙区制を導入したが，個人よりも政党を中心とした政治資金の流れは続いている。これに対して，アメリカでは「候補者個人が中心となる選挙戦術」の傾向が伝統的に強い。選挙資金を集めるのは個人であり，個人単位で選挙が動いていく。

(前嶋和弘)

▷3　政治資金規正法
同法は政治資金を国民が監視することなどを目的に戦後間もない1948年に制定されており，自由な政治活動を保障する観点から，本来の「規制」ではなく政治家自身が襟を正す「規正」という言葉を使っている。
一部を除いて政治資金規正法には政治資金の使途に明確な制限がないため，政治費用を流用し選挙の費用に使っているようなケースも非常に多くあるといわれている。

参考文献

前嶋和弘『アメリカ政治とメディア——「政治のインフラ」から「政治の主役」に変貌するメディア』北樹出版，2011年。

第1部　政治過程におけるアクター

Ⅰ　政党・政治家

11 政治活動・選挙運動

1 政治活動・選挙運動とは

　民主主義的な政治参加を支えているのが，選挙であることはいうまでもない。公職（国会議員，地方公共団体の議会の議員・首長）に関する定数や選挙方法など選挙のルールを規定しているのが公職選挙法であり，同法では「選挙運動」と通常の「政治活動」を明確に区別している。政治上の目的をもって行われるいっさいの活動の中で，「選挙運動」を除いたものが，すべて「政治活動」となる。日本では立候補者が「選挙運動」に本格的に取り組むことができるのは公示後の2週間程度の期間にすぎない。それ以外の期間に「選挙運動」を行うのは事前運動となるため，公職選挙法違反となってしまう。先進国の中には，アメリカのように選挙運動をかなり長く行うところもあり，事前運動の禁止もないところもある。

2 公職選挙法の壁

　選挙期間が短いことだけではなく，日本の公職選挙法では運動の際の様々な側面に先進各国と比べてもかなり厳しい規制が盛り込まれている。例えば，アメリカなどでは選挙運動の中核の1つを占めている戸別訪問は日本では禁止されている。これはそれぞれの家を訪問した場合，その場で賄賂を渡すかもしれないという買収行為の可能性を禁じるためだと考えられている。

　そのほか，日本の公職選挙法では選挙陣営が休憩所を設置し，食事を提供するのも，ビラ配りのアルバイトを雇い報酬を渡すのも，地方公務員や**独立行政法人**の役職者が特定の候補者を応援する選挙運動を行うのも禁止である。投票してもらうために署名運動をするというような一見，社会運動として認められそうなものも，選挙運動として規制されている。

　いわゆる「**55年体制**」の崩壊以降，特定の政党の支持者が減り，無党派層が多くなっている。無党派層に影響を与える可能性が潜在的にあるのがマスメディアと考えられており，日本の選挙におけるメディアの潜在的な影響は大きくなっているといわれている。しかし，マスメディアを使った多数の有権者へのPR手段については，公職選挙法で厳格に規制されている。特に，選挙運動の目的でテレビでのCM（選挙CM，選挙スポット）を提供する行為を公職選挙法は認めていない。現在認められているのは，あくまでも「政治活動」につい

▷1　国会議員の選挙については参議院議員が17日間，衆議院議員は12日間，都道府県知事の選挙は17日間，政令指定都市の市長選挙は14日間，都道府県および政令指定都市の議会議員選挙は9日間，政令指定都市以外の市，東京都の区長と議会議員選挙は7日間，町および村の首長および議会議員選挙は5日間，がそれぞれ選挙期間と定められている。

▷2　独立行政法人
⇨ X-3 「行政改革と評価」

▷3　55年体制
⇨ XIV-1 「政権交代と政治過程」

▷4　政見放送
法的に制度化された「無料テレビ演説」。主要な候補者に一定の時間を与えて，自分の政策を伝えさせようとする試みだが，なかなか注目されないのが現状である。

てのテレビCMであり，各政党は公示期間中に政党のCMを提供しているが，あくまでも「政治活動」であるため，具体的な政策を含むことがなかなかできず，「イメージビデオ」のような内容にならざるを得ない。この厳しい規制のために，候補者をマスメディアでPRする場合には，画一的で面白みにかける「政見放送」[14]くらいしかないのが現状となっている。各候補者がテレビCM（選挙スポット）を使って自らのPRや対立候補に対する攻撃を行う「空中戦（air wars）」が中心のアメリカの選挙とは大きく状況が異なっている。

③ 日本型選挙：公職選挙法の壁を超えて

日本の選挙は短く規制だらけである。ただ，この条件が日本型の選挙運動，そして日本型の政治家を生んでいる。例えば，公職選挙法で定められている選挙運動（狭義の得票活動）を超えた，候補者・議員としての総合的な「広義の得票活動」が重要となってくる。広義の得票活動とは，選挙区の人たちとの様々な機会を使った信頼醸成である。例えば，新人候補にとっては，通勤客であふれかえる早朝の駅で演説することも顔を覚えてもらうためには手っ取り早い手段である。また，後援会を作り，一緒に旅行をしたり，盆踊りやカラオケ大会に興じるのも，さらに強い絆づくりには有効である。そうしていれば，地元との絆（地盤）ができ，ネームバリュー（看板）が高まり，いずれか支持者からの資金（カバン）も集まってくるかもしれない。ややフォーマルな，ときにはインフォーマルな選挙区の人たちとの接触を繰り返すことで，「三バン」を選挙戦術の視点から固めていくことがポイントとなる。

一度当選すると，国政報告会などの日常的な「政治活動」はそのまま自分の政治家としての「ブランド力」を高めることにつながる。「選挙運動」と「政治活動」がここで一致することになり，地盤がより広く深く，看板も立派になるだろう。もし立候補者が「二世議員（世襲議員）」ならそもそも揺るがない地盤と看板をもっている。二世議員が選挙で有利なのも，上述した日本の様々な選挙関連規制と無縁ではなかろう。

④ 変わりつつある日本の選挙

日本の選挙運動が直面する課題について，解決を目指す動きも顕在化しつつある。その1つが2003年から導入され，政党の公約などをまとめた「マニフェスト」の公開と配布である。マニフェストの利用は定着したものの，盛り込まれた公約の検証が難しいという限界も明らかになっている。さらに，2013年の公職選挙法改正で解禁が決まった選挙におけるインターネットの利用で今後[15]，日本の選挙運動は変わっていくのかもしれない。また，政治に若い層の声を反映させるために，選挙権も18歳に引き下げられた。ここには政治的無関心という問題が大きくあり，**主権者教育**の重要性などが指摘されている。[16][17]　（前嶋和弘）

▷5 ⇨ Ⅵ-4「インターネット」，ⅩⅣ-4「ネット社会と政治過程」

▷6 **主権者教育**（シティズンシップ教育，政治教育）
社会の出来事を自ら考えて判断し，主体的に行動する主権者を育てることを目指す教育。政治とは何か，公共とは何か，社会とは何かを十分に理解し，様々な利害が複雑に絡み合う社会課題について，できるだけ多くの合意を形成し，今とこれからの社会を作るために，政治に参画し，意思決定プロセスに参加する主権者を増やすことを目指す教育を意味する。

▷7 ⇨ Ⅴ-9「若者の投票行動」

参考文献

清原聖子・前嶋和弘編『インターネットが変える選挙——米韓比較と日本の展望』慶應義塾大学出版会，2011年。

清原聖子・前嶋和弘編『ネット選挙が変える政治と社会——日米韓にみる新たな「公共圏」の姿』慶應義塾大学出版会，2013年。

Kiyohara, Shoko, Kazuhiro Maeshima and Diana Owen, eds. *Internet Election Campaigns in the United States, Japan, South Korea, and Taiwan*, Palgrave Macmillan, 2018.

Ⅱ 利益団体

利益団体の機能

1 利益団体とは何か

　現代の社会には様々な目的をもった団体が存在し，活動している。それらの団体は自らの目的に関連して，政治過程で活動を行う場合がある。社会に存在する様々な団体が公共政策に影響を与えるために活動するときに，それらは「利益団体」であるとみなされる。政治は様々なレベルで存在するので，利益団体が活動する場所も国政・地方政治・国際政治と様々なレベルがある。

　利益団体は政治分析のために用いられる機能的な概念であり，「利益団体」という名前の団体が存在するわけではない。それぞれ固有の名称や目的をもった多様な団体が政治過程で活動する場合に，その団体の政治的な側面を指して利益団体という名称が用いられる。

　政治過程論の歴史の最初期において，ベントレーは政治現象が利益団体などによる集団活動から構成され，政治過程を理解するには集団とその利益を解明することが必要であると主張した。

2 利益団体の登場と発達

　利益団体は産業化と社会の複雑化に伴って登場・発達してきた。19世紀以降の商工業の発達に伴って多様化した職業や生活を基礎として，労働組合や業界団体などの様々な経済的利益を求める団体や，社会の改良を目指すような団体が組織化されていった。また実際に団体が組織されて活動するためには，社会経済的な変動による利益の多様化に加えて，集会・結社の自由や請願権などの市民的権利が保障されることが必要であった。

　形成された各種の団体は主に市民社会の領域で活動していたが，次第に政治過程で要求や主張を行うようになり，利益団体としての性格をもつようになった。20世紀半ばに政府活動の範囲が拡大して経済・社会の様々な領域にその影響が及ぶようになることで，政府の政策に利害関係をもつ集団・団体の数が増加したことも，利益団体の台頭をもたらした。1960年代の後半には，社会運動から発生し，環境や参加といった脱物質主義的な争点で活動する団体が増加した。現在では利益団体の世界は，経済的利益を求める団体だけでなく様々な団体から構成されている。

▷1　例えば，企業や業界は本来は市場経済において活動する主体であるが，政府の決める規制や規格などによってその活動が大きな影響を受けるために，政治過程でも活動することになる。

▷2　NPO・NGOといった組織と利益団体には重なる部分がある。NPOやNGOは市民社会に存在する団体の，営利を目的にしない，非政府の組織であるなどの，組織上の特徴に着目した名称である。これに対し，利益団体は政治活動という団体の機能面に着目する名称である。それぞれの名称は市民社会団体を異なった角度からみたものである。このためにNPOやNGOも政治過程で活動する場合には利益団体として捉えられることになる（Ⅱ-2「利益団体の種類と組織」も参照）。

▷3　ベントレー
⇨序-1「なぜ政治過程が重要なのか」

3 政治過程における利益団体の機能

政治過程における利益団体の存在と活動は，主として公式の政治制度の不備を補完する性質をもっている。具体的には，利益団体は以下のような機能を果たしている。

①代替的な代表の手段

利益団体の機能としてまず挙げられるのは，社会における利害や主張を政治過程に表出すること（利益表出）である。人々を代表する手段として最も基本的なものは選挙であるが，選挙と議会によって代表されるのは地域を基礎とした利益であり，このために職業や業種といった地域を横断して存在する種類の利益を代表することには向いていない。利益団体は地域代表では反映されにくい利益を表出することで，制度的な代表を補完している。また，選挙を通じた政治参加の機会は数年に一度のみであるのに対し，利益団体を通じて活動すれば，選挙の期間にかかわらず利益を表出することが可能である。

②民主政治における決定ルールの補完

民主政治における基本的な決定ルールである多数決は，要求の多さに基づいて決定を行うものであり，「多数者がある選択肢を選好している以上に，少数者の方が他の選択肢をより強く選好している場合にどのように決定を行うべきか」という問題に対応できない。強い要求をもった少数者は利益団体を形成することで，多数者に対抗することが可能となる。

▷4　ロバート・A. ダール（内山秀夫訳）『民主主義理論の基礎』未來社，1970年。

③政治コミュニケーション

利益団体は自らの活動分野についての専門知識や情報を，団体のメンバーや政策形成者・一般市民に伝達することを通じて，政治システムにおけるコミュニケーションを促進し，政策課題についての知識を改善することができる。

④政治過程の安定化

多数の利益団体が存在し活動することは「多数者の専制」を防止して政治過程を安定させると考えられる。無数の団体が政治過程に存在し，それらが相互に競争し牽制しあう状況では，1つの社会集団のみが権力を独占することは考えにくい。そのために権力をもった集団が政治を暴走させたり，少数者を抑圧したりすることが起きにくくなると考えられる。また社会の中で集団の数や種類が増加し，1人の個人が同時に複数の集団に所属する（重複メンバーシップ）ようになると，社会的な亀裂の数は増加する反面，どの亀裂も絶対的なものではなくなるので，集団間の対立が調停不可能な厳しさになることは回避できると考えられる。

（丹羽　功）

▷5　こうした考え方はアメリカ建国期にジェームズ・マディソンによって提唱された。

参考文献

辻中豊『利益集団』東京大学出版会，1988年。

内田満『政党・議会・圧力団体』早稲田大学出版部，2000年。

Ⅱ 利益団体

利益団体の種類と組織

1 利益団体の類型

利益団体はその目的や活動分野によって，いくつかの類型に分類される。団体のメンバーシップや目的に基づく分類としては，セクター団体・政策受益団体・価値推進団体という分類がある。セクター団体とは経済的属性（職業や業種）を基礎として形成されている団体であり，メンバーの物質的な利益の促進を目的とする。政策受益団体は政府の政策や活動に関係して存在する団体で，特定の政策プログラムの対象者から構成されるなど，経済以外の区分に基礎をおいて組織されている。価値推進団体は社会の特定部分や団体のメンバーに限定されないような目的を追求する団体であり，公共利益団体という名称で呼ばれる場合もある。

もう1つの分類方法は，利益団体がどのような社会領域・政策領域で活動しているのかに基づいて分類するものであり，経済・業界団体，労働団体，農林水産業団体，専門家団体，教育団体，福祉団体，行政関係団体，市民団体，学術・文化団体，趣味・スポーツ団体，政治団体，宗教団体といった分類ができる。

2 利益団体の組織化と集合行為問題

利益団体が形成されるメカニズムについて，**トルーマン**は社会経済的変動が利益団体を生み出すと考えた。社会に大規模な攪乱が発生すると社会集団の間の関係が不安定になるが，集団間の関係を安定させ均衡を回復する手段として集団が組織化することで，利益団体が形成されると考えられた。このために社会変動の激しい時期に利益団体の形成が集中して起きることになる。

社会変動が利益団体を増殖させることは歴史的にも確認できるが，マクロレベルで組織化が起こりやすい条件があっても，ミクロレベルで個々の団体が自動的に発生するわけではない。利益団体の形成が成功するためには人々の間に共通の利益があるだけでは不十分であり，組織化の際の**集合行為問題**を解決する必要があるというのは，**オルソン**の指摘である。オルソンによれば，利益団体の追求する目標は公共財であり，求める政策が実現した場合にはその効果は団体に所属しているかどうかにかかわらず，利益を共有する者すべてに及ぶことになる。この場合に合理的で利己的な個人は，利益団体に加入して活動

▷1 セクター団体の例として，農業を基盤とする農業協同組合，業種を基盤とする全国銀行協会・日本鉄鋼連盟・日本チェーンストア協会，労働者を基盤とする労働組合などがある。

▷2 政策受益団体のうち，社会保障に関わる高齢者の団体であれば年齢に基づいて組織されており，全国市長会のような地方自治関係団体であれば自治体の種類を基礎として組織されている。

▷3 経済団体と業界団体の違いは，経済団体は企業ないし経営者の利益を擁護する団体で特定の業種に対象を限定しないのに対し，業界団体は業種や職種ごとに組織されていることである。

▷4 トルーマン (Truman, David B. : 1913-2003) アメリカの政治学者。主著に *The Governmental Process* (1951).

▷5 例えば，近年の市民社会研究では戦争と動員の経験がその後の団体形成を促進しているという主張がある。

▷6 集合行為問題
⇒ⅩⅡ-1「鉄の三角形と政策帰結」も参照。

コストを負担せずに政策の成果だけを入手する「ただ乗り（フリーライド）」を行うので，利益団体は存立しえなくなる。利益団体が組織化するためには，こうした集合行為問題を何らかの形で解決する必要がある。また団体が存続するためには，団体がメンバーに提供する便益とメンバーから団体への貢献とが均衡していることが必要である。

集合行為問題の克服についての1つの説明は，政治的企業家への着目である。政治的企業家とは，政治活動を組織する費用とリスクを引き受ける代わりに，自分が組織した政治活動の成功から生じる便益や利得を求める個人である。政治的企業家が組織化の費用を負担して利益団体を形成し，潜在的なメンバーに団体所属の便益を提供することで，ただ乗り問題のために利益団体が形成されない事態は避けることができる。

利益団体の組織化についてさらに注目すべき点は外部からの支援である。多くの団体は組織の形成・維持に必要な費用を，政府や他の組織から援助されている。これらの援助を利用できれば，集合行為問題の危険は軽減され，組織の形成と維持は容易になる。近年の公共利益団体やNPOの活動の隆盛は，こうした外部からの支援に依存している部分が大きい。

3 日本の利益団体の発展

日本の政治における団体の活動は，明治初期の自由民権運動の時代にすでに確認できる。団体形成の最初のピークは1920年代であり，種々の業界団体や労働組合・農民組合が形成された。

様々な分野で団体の本格的な増殖がみられたのは1940年代後半であり，この時期には日本の歴史上で最も多くの団体が形成された。市民的権利の保障が団体の活動を可能とし，農地改革や労働立法によって農業協同組合や労働組合が組織されたことなど，団体の増殖は戦後改革の所産である。これらの団体は1950年代後半頃から利益団体としての活動を活発に行うようになり，「圧力団体」の名称で注目を集めた。1960年代後半には都市問題や環境問題に対する住民運動から価値推進型の団体が登場した。またこの時期には福祉政策の整備に伴って福祉関係の利益団体も増加した。1990年代後半からはNPOやNGOの増加が注目されている。

55年体制の下では多くの利益団体が自民党の系列下に組み込まれ，自民党の支持基盤となると同時にそれぞれの団体の利益に関連する政策への影響力を確保していた。だが2000年代以降には利益団体と政党との関係は以前よりも疎遠となり，利益団体は活動量・影響力の両方を低下させている。その一方で従来は周辺的な存在であった価値推進団体やNPOが政策過程に進出してきている。

（丹羽　功）

▶7　オルソン（Olson, Mancur, Jr.：1932–98）
アメリカの経済学者。主著に *The Logic of Collective Action*（1965）（依田博・森脇俊雅訳『集合行為論』ミネルヴァ書房，1996年）.

▶8　利益団体のメンバーとしては，個人と法人（企業や団体）の両方が考えられる。

▶9　現在でも利益団体を指して圧力団体という語を使う場合があるが，圧力団体という語には非難の意味合いが含まれている場合もあるために本書では使用しない。

▶10　**55年体制**
⇨ XIV-1 「政権交代と政治過程」

▶11　利益団体を対象としたサーベイでは，政党や行政に働きかける団体の割合や，団体の政策への影響力についての自己評価が2000年代には低下している。村松岐夫・久米郁男『日本政治変動の30年』東洋経済新報社，2006年。

（参考文献）
内田満『変貌するアメリカ圧力政治』三嶺書房，1995年。
坂本治也編著『市民社会論』法律文化社，2017年，第5章。

第1部　政治過程におけるアクター

Ⅱ　利益団体

 利益団体の活動

 利益団体の活動とその標的

　利益団体は制度的な政治アクターではないので、自らの目的のために最も有効な対象を自由に活動の標的として選択する。この意味で、利益団体の活動の標的がどこであるかをみることを通じて、政治過程における実際の権力の所在が明らかになるとも考えられてきた。活動の標的と考えられるのは以下のものである。

　①政治家・政党へのロビイング

　利益団体の活動は元来、政党や政治家に接触して自らの望む法律を制定してもらうよう働きかけることから始まった。政策の公式な決定権をもつ政治家は、現在でも利益団体の重要な活動の標的である。ロビイングとは公共政策に関わる地位にある者に対して、利益団体が自らの位置や意見を伝達する行為であり、その内容は様々な情報の伝達である。

　国レベルの政治の場合に活動の標的として重要な政治家は、政策の実現という面からみると与党の有力議員である。ただし利益団体は自らの団体と似たような考えをもつ相手に働きかける傾向があるので、団体の性格や主張によっては野党の議員が働きかけの対象となる。また、利益団体のトップと政党執行部などを構成する有力政治家の間での交渉だけでなく、各地域の利益団体の組織が地元選出の国会議員に働きかけを行う場合もある。

　②行政機関へのロビイング

　行政機関は団体が活動する領域に関わる権限や財源をもち、政策の立案から実施まで様々な局面で社会と接点をもっている。このために行政機関は利益団体にとって最も重要な標的であり、特に日本では団体の活動が行政機関に向けられていることが1950年代から指摘されてきた。政党や政治家と接触しない団体であっても、行政機関への接触は行っている場合が多い。

　団体が行政機関に直接の利害関係をもち、行政へのロビイングを行う一方で、行政の側も団体との関係を必要としている。行政機関は自らの業務に必要な情報を収集することや、政策実施への協力などについて、団体との接触が必要な場合が多い。その結果として行政機関と利益団体の関係は双方向的なものになり、そこには団体の行政への働きかけと行政から団体への働きかけの両方が含まれる。

▷1　利益団体およびその活動の別称である「ロビー」や「ロビイング」、「ロビー活動」は、アメリカ連邦議会の控室（ロビー）で利益団体が議員に接触して依頼を行っていたことに起因する。

▷2　例えば、政府の規制の対象となる企業や業者にそれらを遵守させるためには業界団体の協力は有益であるし、健康保険制度の円滑な運用には医師会の協力が必要である。

③世論への働きかけ

政党や行政機関のように政策形成に直接関与するアクターだけではなく，世論や一般市民も利益団体の働きかけの対象である。世論は概して利益団体に対して否定的なイメージをもっているので，そうした世論の反感を和らげ，可能であれば団体に好意的な環境を作り出すことも利益団体の活動に含まれる。利益団体はマスメディアを通じてその活動や見解を一般市民に伝達し，団体が関わる問題への関心を喚起したり世論を形成しようとする。[3]

④訴訟

利益団体は政府の政策やプログラムに対して訴訟を起こしたり，訴訟をしている個人や集団を支援することがある。訴訟はアメリカでは公共利益団体がよく利用する手段であるが，日本の場合に訴訟は時間や効果の面で問題があり，多くの団体は重要視していない。それでも裁判にはアクセスが平等であるという利点があるので，政治・行政へのアクセスをもたず，マスメディアを利用するだけの話題性や資金力もないような相対的に弱い団体にとって，訴訟は数少ない利用可能な手段である。

⑤政治的消費者主義

利益団体は政治的な目的を経済的な手段によって達成しようとする場合がある。消費者団体や環境保護団体などは活動の一種として，自らの団体の目的からみて好ましい企業・好ましくない企業を公表している。企業についての情報を示すことで団体のメンバーや一般消費者の行動に影響を与え，政府による規制によるのではなく企業の売上げに影響を与えることによって企業をコントロールしようとする手段が，政治的消費者主義である。

２ 利益団体の役割の変化

利益団体は一般に，政府の外から政策過程に影響を与えようと活動する組織とみなされてきた。利益団体は政策の決定や実施に直接関与するアクターではないと考えられてきたことになる。しかし現実には利益団体が政策過程における公式な参加者として位置づけられるような場合が様々な場面で存在する。

1970年代に登場した**ネオ・コーポラティズム論**は[4]，ヨーロッパ政治において国内の労使を代表する頂上団体がマクロ経済政策の分野において政策過程の公式な参加者と認められ，その形成と実施に関与していることを明らかにした。[5]また近年普及しているガバナンスの概念でも政策過程への様々な団体の参加が想定されており，現在の日本でも様々なレベルの政策において団体が公式な参加者として関与していることがみうけられる。

(丹羽　功)

▷3　様々な団体がテレビCMや新聞広告などを通じて，自分たちの主張を受け入れてもらいやすい形で表明している。

▷4　**ネオ・コーポラティズム論**
アメリカの競争的な利益団体政治とは異なる形態の利益団体政治がヨーロッパで観察されるという説。シュミッター（Schmitter, Philippe C.）らのように，少数の包括的な頂上団体と政府による協調的な政策決定に注目するような研究と，カッツェンスタイン（Katzenstein, Peter J.）のようにマクロ経済運営のための仕組みという面に注目するような研究とが存在する。

▷5　賃金や雇用などの問題について労使を代表する頂上団体と政府が協議し，そこで決定された内容が政府の政策となり，また頂上団体はその構成員である企業や組合に決定の内容を守らせる役割をももっている。この場合に利益団体は政策決定に政府の外から働きかけるのではなく決定の当事者となっている上に，政策実施にも関与していることになる。

（参考文献）

村松岐夫・伊藤光利・辻中豊『戦後日本の圧力団体』東洋経済新報社，1986年。

坂本治世編著『市民社会論』法律文化社，2017年，第5章。

辻中豊編著『政治変動期の圧力団体』有斐閣，2016年。

II 利益団体

利益団体をめぐる諸問題

1 利益団体リベラリズム

利益団体を中心とした政治は、社会に存在する様々な集団がそれぞれ団体を形成し、自己の利益を政策に反映させるために競争するものと捉えられる。このような集団間の競争と均衡の結果として形成された政策が、規範的にみても公共の利益を実現しているという考えを、ローウィは「利益団体リベラリズム」と名づけた。そこでは政策に反映された利益は、集団間の競争に勝ち残ったことによって正当なもの・妥当なものであると考えられている。

ただし現実には、委任立法による行政裁量の増大によって、政策領域ごとに行政機関と少数の利益団体の交渉によって政策が決定されていることをローウィは批判した。この場合に政策過程の様相は、多数の利益団体が競争する状態ではなく、細かく分かれた個々の領域や争点を少数の利益団体が独占するような状態と考えられている。

さらに、政策領域ごとに行政機関と利益団体が政策についての利害関係を共有し、そこに議員が加わった協力関係が形成されることがある。この関係は鉄の三角形、あるいは下位政府と呼ばれる。

2 利益団体政治の問題点

利益団体についての規範的な判断では、II-1でみたような利益団体の機能を評価する見解よりも、その活動に批判的な見解の方が多数を占めている。利益団体とその活動への主な批判としては、以下のようなものが存在する。

①少数者による政治

利益団体は政治過程に多様性を持ち込む存在であるが、その一方で社会の中の限られた範囲を代表するだけの存在である。一般的な利益団体の規模は有権者の1%以下であり、大規模な利益団体であっても有権者の10%を組織するものはない。また最近では実質的なメンバーのいない利益団体も存在している。このような状態のために、利益団体は少数者の利益を多数者の利益に優先させ、政策の内容を歪めているという批判がある。

②代表の偏り

利益団体の世界は、社会の諸集団の構成をそのまま反映したものではない。組織化の難易度は団体の基礎となる社会集団の性質や特性によって異なる。利

▷1 ローウィ
⇨ XV-1 「政策類型論」。主著に *The End of Liberalism* (1969)（村松岐夫監訳『自由主義の終焉』木鐸社，1981年）。

▷2 詳しくは XII-1 「鉄の三角形と政策帰結」を参照。

▷3 日本最大の利益団体と考えられる連合（日本労働組合総連合会）も，加盟組合員は約686万人であり，それ自体は巨大な組織であるが日本の総人口と比較すれば一部分といえる規模である。

▷4 団体のメンバーが会費を払う以外の参加をせず，メンバー相互の交渉もないような団体を三次結社という。三次結社型の利益団体は，団体活動へのメンバーの参加がなく，実質的にはリーダーと少数のスタッフが動かしている。

益団体を通じて得られる利益が大きかったり，切実な利害関係があったりすれば組織化が促されるであろう。その反面，団体の基礎となる集団の規模が大きすぎると，仮に団体を通じて利益が実現したとしても1人当たりの取り分は少なく，またフリーライダーとなる動機が大きいために組織化は困難となる[5]。また利益団体のメンバーはある程度以上の社会的・経済的階層に属する者が多いのに対し，社会的弱者は自らの利益を擁護・促進するような団体を作って活動するだけの余裕をもたない。

このように組織化の段階で，利益団体を形成して活動する機会はすべての個人や集団に平等ではなく，過大に代表されている集団と代表されにくい集団がある。さらに，存在する利益団体の間でも影響力の大小があり，経済団体や専門家団体など，経済的に有利な地位にいる人々の利益を代表するような団体が相対的に大きな影響力をもっている。その結果として，社会に存在する不平等が利益団体の世界ではより拡大されてしまうという問題が指摘されている。

③政治過程の停滞

利益団体が無数に存在し，互いに抑制と均衡の関係にあることは多数者の専制を防止する効果があると考えられている。しかし利益団体が相互に牽制し合うことは同時に，政治過程に膠着状態が生じることにもつながる。そのため社会全体からみて好ましい決定であっても，一部の利益団体の反対によって阻害されてしまうような場合もある。多元的な団体の活動は政治過程において手詰まりを引き起こし，停滞をもたらす危険も持ち合わせている。

利益団体政治には上記のような問題点があるが，利益団体の活動自体は集会・結社の自由や表現の自由などの市民的権利に基づくものである。また利益団体の活動は政治過程に様々な意見やアイディアを入力する機能をもっている。そのために利益団体をむやみに敵視し，その活動を抑圧していくことは民主政治にとって望ましくない[6]。利益団体の行動に問題があるとすれば，様々な政治制度のデザインを通じて利益団体の誘因に影響を与え，民主政治の枠内でその行動をコントロールしていくことが解決策となるであろう。　　　　（丹羽　功）

▷5　例えば，「給与所得者の利益を促進する団体」といった社会における多数者を組織するような団体ができないのは，このような理由のためである。

▷6　利益団体を「よい利益団体」と「悪い利益団体」に分けて後者だけを制限しようなどという考え方も，どのような基準で善悪を分けるのかなどの問題を考えると現実的ではないことに留意する必要がある。

（参考文献）

坂本治世編著『市民社会論』法律文化社，2017年，第5章。

Ⅲ 行政機関・官僚

1 行政機関・官僚の機能

1 行政機関・官僚と政治過程

　行政機関を構成するのは具体的には，執政部（大統領や首相，また行政機関トップとなる大臣・長官）とその下で行政を担う官僚である。さて，官僚は政治過程でどのような役割を果たすのだろうか。理念的・規範的には，政治家（議会・政党および執政部）が政策形成や決定を担い，官僚がその実施を担うというシンプルな機能分担を想定することが可能である。しかし，現代においては，政治家のみならず，官僚も政策形成や決定の過程で大きな影響力をもつようになっている。法案の作成等，政策形成過程を官僚に委任することが増えてきたのである。その背景は政府が担う業務量と質の変化，つまり活動範囲の拡大と内容の複雑性の増大にある。

　アバーバックらの欧米主要国の調査によると，1970年代の頃には，官僚は政策実施を超えて，政策形成や利害調整といった段階にまでその役割認識が進展していた。近年はNPM導入等を通じて政治主導を求める声が強まってきたが，国によって濃淡はあるものの，官僚の政策形成機能に対する期待も大きく，事実有効な政策を作るためには欠かせない存在になっている。

2 官僚の政治的中立性と政策形成関与

　官僚の役割は，政治的中立性の下で，その専門性を発揮して政治家をサポートすることである。官僚は選挙で選ばれるわけではないため，その正当性は政治家による民主的統制の下で業務が行われることで担保される。しかし，官僚個人は人間であり，昇進や権力，収入，またその将来保障といった諸利益を追求する面をもつ存在でもある。

　村松岐夫は，日本の事例から，カール・フリードリッヒの「予測的対応」理論を用いてそうした官僚の実際の行動を解明した。民主主義では政治家が政策の決定権限をもっている以上，官僚は何か提案をするにしても，政治家を無視できない。そこで，官僚たちは自らの権限や財源など（活動範囲）を大きくするという意志をもちつつ，政治家の真意を予測して提案を作成しようとする。言い換えれば，官僚たちは前もって政治家の考えを察し行動をするのである。一方，政治家の権威が弱い，または官僚への統制が行き届きにくい状況は，官僚が自己利益追求のしやすい環境を意味し，政策形成に様々な影響力を行使で

▷1　Aberbach, J. D. et al., *Bureaucrats and Politicians in Western Democracies*, Harvard University Press, 1981.

▷2　NPM（New Public Management：新しい公共管理）
⇨ X-3「行政改革と評価」

▷3　ダウンズ, A.（渡辺保男訳）『官僚制の解剖——官僚と官僚機構の行動様式』サイマル出版会，1975年。

▷4　Friedrich, C. J., *Man and His Government An Empirical Theory of Politics*, McGraw Hill, 1963. 命令によらない影響力の行使のされ方に関する議論である。

▷5　村松岐夫『行政学教科書——現代行政の政治分析』有斐閣，1999年。

きてしまうようになる。

3 日本の官僚と政策形成

　戦後続いた自由民主党の長期政権下で，省庁官僚は政策実施の場面のみならず，政策形成，その中でも主軸である法案作成過程で大きな影響力をもった。党として，行政機関に政策形成の役割を大きく委任してきたのである。その過程で，担当官僚たちが各省庁間の合意調達を取りつけたり，大臣等政治家たちに根回しを行ったりといった，いわば本来は政治家が担うはずである政治的調整の役割まで担うようになっていった。

　その一方で，政治家は何もしなかったわけではない。特に，1960～70年代以降に，自民党議員サイドにおいては政務調査会における「事前審査」手続きを通じた法案の統制を慣習化した。事前審査制とは，法案や予算案については閣議決定の前に，自民党の政務調査会および総務会の承認を要求する手続きのことをいう。その過程で大きな影響力をもったのが**族議員**であった。特に新規政策や政策変更については，情報や各種要求が集まる行政機関の所管課レベルでその検討が始まり，関係議員等の調整を行って原案が作られるという経路がよくみられた。その際，有力な族議員がいれば非公式に政治調整を行うのである。したがって，日本の行政機関では，執政部である内閣および各省大臣によるトップダウン型統制は弱かったが，対して自民党の族議員を中心とした非公式な統制の中で，官僚によるボトムアップ型の過程が見受けられた。このように政治家は政治決定の影響力をもちつつ，法案作成などの政策形成は官僚に委任するという政官スクラム型の体制が作られるようになった。こうした意思決定過程の特徴については，個々の政党政治家と結託する官僚の権力の大きさに着目した「**官僚内閣制**」という批判的見方もある。

　ただ，上記のようなスクラムは概ね1990年代までの光景である。90年代後半の行政改革や省庁再編等を経て，近年では，政策形成過程が省庁官僚や党内部というより，徐々に内閣（官房）のトップダウンで行われる事例が増えてきている。他方，民主党政権期に官僚の政策形成機能を大きく牽制する方針が試みられたものの，事前審査制など，これまでの法案作成過程の様式は継承されている。

　このように官僚が政策形成に果たす役割は不確定な状況にあり，政治家と官僚の役割のバランスや行政機関の政治的中立性をどう設計するかの過渡期が続いているといえよう。

（森　裕亮）

▷6　族議員
特定の分野の政策決定過程に強い影響力をもつ議員。特定の省庁また業界と深い関係を形成し，その利益を政策決定過程で代弁する機能を有する。

▷7　官僚内閣制
内閣が議会の信任で成り立つ「議院内閣制」ではなく，省庁官僚の影響力を受けている（大臣が省庁代表のように動いている）という構造面に着眼した言葉。

▷8　⇨ⅩⅣ-1「政権交代と政治過程」3

（参考文献）

飯尾潤『日本の統治構造──官僚内閣制から議院内閣制へ』中公新書，2007年。

村松岐夫『政官スクラム型リーダーシップの崩壊』東洋経済新報社，2010年。

Ⅲ 行政機関・官僚

行政機関・官僚と政党・政治家

1 政官関係

　行政機関は常に政治家と何らかの関係を保たざるを得ない。そこで，政治家と行政機関・官僚との関係（「政官関係」）をどう作るかが重要となる。前節にみたとおり，官僚の政策形成における役割が拡大したということは，行政機関の情報量の多さや専門性の高さが著しいことを意味する。それは，言い換えれば，市民はともかく，政治家が行政機関・官僚に対抗することが難しいレベルになっている局面があるということである。そうなると，民主主義の観点からは，政治家は行政機関・官僚に対して適切かつ効果的な民主的統制を試みることが求められる。

2 行政統制の手段

　では，いかなる民主的統制の方法があるのか。ギルバートは，これまで各国で用いられてきた各種の行政統制手段を「公式・非公式」のもの，さらにそれらが「内在・外在」のいずれかという視点で4つの類型に整理できることを示した▷1（図1）。右上の「外在的・公式的統制」には，議会や裁判所による統制が当てはまる。日本の例でいえば，議院内閣制を通じて国会は内閣を選び，また法律と予算の議決等によって官僚制を統制している。裁判所も裁判を通して行政判断の適法性をチェックすることができる。第2に，「内在的・公式的統制」は執政部，そして行政内の上下の指揮命令が該当する。例えば，大きくは省庁間の相互監視，細かくは官僚の職務業績に対して賞罰を与えるなどの人事がここに当たる。第3に「内在的・非公式的統制」は，官僚個人やチームの努力という面である。例えば職場の規範やルール，あるいは組織文化が当てはまる。最後の「外在的・非公式的統制」は，行政外部の組織や利益集団，そして市民参加など，あらゆる行政への参加がここに当たる▷2。

　こうした統制手段が多面的に実践されることに意義がある。議会や執政部は行政機関を直接チェックする権能をもっているが，官僚はそれらの下で政策形成や実施を担う。他方で，市民や利益集団が官僚の行動を統御するという面もある。官僚は利益集団

▷1　Gilbert, C. E., "The Framework of Administrative Responsibility", *The Journal of Politics*, Vol. 21, No. 3, 1959, pp. 373-407.

▷2　特定の1つの類型に収まりきらないケースもある。市民参加でいえば，例えば，パブリックコメント制度は市民参加の仕組みだが，比較的公式的な性格を帯びている。

▷3　**資格任用制**
試験の合格など一定の資格を求める人材登用。より詳しくは，例えば『よくわかる行政学（第2版）』（ミネルヴァ書房，2016年）2-Ⅳ-1 を参照。

図1　行政統制の手段

（出典）Gilbert（1959：382）を改変。

や市民からの意見に耳を傾け，政策立案を行うという環境におかれている。もちろん政治家は利益集団や市民の声を下に行政統制を行うこともできる。さらには，官僚個人の道徳やプロとしての能力形成も自己規律の面として求められる。

③ 官僚の任用と政治家

議会や執政部の内外の公式的行政統制は最も本質的な機能を有する。なぜならそれらが直接的に官僚の行動に影響を与える仕組みを設計できるからである。とりわけ，官僚の任用制度はその影響力が大きい。現代の多くの国々の行政機関では官僚の採用は**資格任用制**[3]を基本とし，いわゆる職業官僚がメインとなっている。そこで，政治家（特に執政部）に近い高級管理職に**政治任用**[4]・**自由任用**[5]制（以下，政治・自由任用制）を導入して，行政機関への委任と統制を一貫させようとする制度的工夫が行われている。

政治・自由任用制は，各国の歴史や文化の多様性を背景に，バリエーションが豊富である。例えば，アメリカは，行政機関外の人材（非議員）を大統領の就任とともに指名するという大規模な政治任用を行っている[6]。欧州は職業官僚をメインとするが，イギリスのように自由任用の規模が小さいが，「特別顧問」という外部人材任用ポストを設けたり，ドイツやフランスのように，高級管理職として資格任用試験を経て官僚資格を得た人物を執政部が自由任用するといった例もある。日本は，明治期の一部を除き，特定省庁に生涯勤めるという閉鎖型の資格任用制を重んじてきたことから，官僚人事全般についても政治の介入を最小化して，相対的に高い自律性を保ってきた。この背景の下で，自民党長期政権によって政官スクラム型意思決定様式が生まれた[7]。ただ，2000年前後より変化がみられる。特に2014年の国家公務員法等改正を経て，各省庁の総勢約600名の高級管理職（部長級以上）人事を内閣で一元化することとされた[8]。自由任用の面を一層強化したのである。

政治・自由任用制は何よりも，政治家と官僚との間の**情報の非対称性**[9]の最小化を目指す試みである。一方で，政治・自由任用制はパトロネージ（情実任用）という面が常に付随することに留意しなければならない。つまり，党利党略で官僚の人事が行われるということである。そうなると，時々の執政部の政治家の意向を過度に忖度して，政治家に覚えが良い情報を優先し，その時々の政権に都合が良い政策だけを優先的に推進することが行政機関ないし官僚個人にとっても合理的となる。それは言い換えれば，そもそも政治・自由任用制が行政統制の手段でありつつ，行政機関・官僚が政治家との直接的結びつきを求めて，より政治過程の中に深く関わる機会をもたらす面を同時に有するということに留意しなければならない。

（森　裕亮）

▷4　政治任用
身分保障がなく，任命権者と去就をともにすることを前提とした，行政機関外部からの人材登用。

▷5　自由任用
身分保障を前提とし，任命権者が辞職しても辞職する必要がない行政機関内部からの人材登用。ただし，論者によっては「政治任用」と同じ意味で使用されることもあるので注意が必要である。

▷6　大統領が選挙等の支持者に官職を利益として分配するという面もあり，アメリカの政治任用制は「猟官制（スポイルズシステム）」ともいわれてきた。

▷7　⇨ Ⅲ-1 「行政機関・官僚の機能」③

▷8　所掌する部署として，内閣官房に「内閣人事局」が新たに設置された。

▷9　情報の非対称性
一方が他方よりも多くの情報をもっていること。多くの情報を有している方が優位な立場に立つ。経済学のプリンシパル・エージェント（本人・代理人）理論で使われる用語である。

参考文献

今村都南雄ほか『ホーンブック　行政学』北樹出版，1996年。

村松岐夫編『公務員制度改革──米・英・独・仏の動向を踏まえて』学陽書房，2008年。

Ⅳ　裁判所

裁判所と国会

▷1　司法権
原則として，具体的事件（当事者間の具体的な権利義務〔法律〕関係の存否に関する紛争であって，かつ，それが法律の適用によって終局的に解決することができる紛争）を裁く権限を指す。法律の適用にあたって，憲法との適合性を審査できる場合がある（違憲審査権〔後述〕）。

▷2　法の支配
人権保障とそのための権力抑制を目的として，すべての権力に対する「法」の優越を説く思想。中世イングランドの法学者 H. ブラクトン（？-1268）の「国王といえども神と法の下にある」という言葉に由来し，19世紀イングランドの法学者 A. V. ダイシー（1835-1922）により体系化された。

▷3　奴隷制については，これを廃止する憲法13修正（改正条項）が成立し（1865年），憲法適合性に関する対立は決着した。

日本国憲法によれば，**司法権**▷1は最高裁判所を頂点とする裁判所に属する（憲法76条1項）。同じく公権力を担う国会や内閣は，国民の負託を受けて，政策目的の定立・実現のために能動的に活動することが期待される。これに対して，裁判所は，当事者からの提訴を受けてその紛争の適切な解決を図るという受動的な活動が主となる。しかし，日本の裁判所は，国会や内閣が制定した法令を憲法違反として無効だと宣言できる違憲審査権も有している（憲法81条）。国会・内閣と裁判所は，ともに憲法を頂点とする**法の支配**▷2に服する。同時に法の支配を実現する過程で国会・内閣と裁判所の間には緊張関係が生じ得るわけだ。

①　司法消極主義と司法積極主義

この緊張関係を適切に維持していくために，裁判所はどのように違憲審査権を行使していくべきか大きく2通りの考え方がある。第1の考え方を司法消極主義という。日本を含む民主主義国家の大原則は，国民主権である。主権者国民に政治的に一番近い機関こそ他の機関に勝る正統性（民主的正統性）を有する。裁判官は国民から直接選挙されていない点で，直接・間接に選挙の洗礼を受けている国会・内閣の民主的正統性より劣るということになる。国会は選挙された議員が構成する「全国民の代表」であり（憲法42・43条），内閣は，国会議員の中から国会が指名する内閣総理大臣がその過半数を国会議員が占めるように任命した国務大臣から構成される（憲法67条1項・68条1項）。他方，裁判官は内閣による任命を受けるものの（憲法79条1項・80条1項），最高裁裁判官に限って罷免を可とするか国民審査を受けるに留まる（憲法79条2項）。したがって，裁判所は民主的正統性の強い国会・内閣の活動を極力尊重し，違憲審査権の行使を控えるべきだとされる。

しかし，これに対して司法積極主義という第2の考え方がある。国民主権の尊重は当然であるが，その一方で憲法は個人主義や基本的人権の最大限の尊重を求めている（憲法13条）。民主的正統性の名の下に少数派の人権が侵されてはならない以上，人権を侵害する法令に対して裁判所は積極的に違憲審査権を行使すべきだという考え方である。

この2つの考え方の是非は，日本の違憲審査制のモデルであるアメリカ合衆国で常に問題となってきた。とりわけ奴隷制の廃止▷3や資本主義体制の修正（ニューディール政策）を図る大統領・連邦議会に対して，財産権・適正手続等

を理由に抵抗する連邦最高裁判所との間の対立において顕著になったのはよく知られている。

2 第3の道としての「民主政過程論」

このような法の支配と民主的正統性の緊張関係をどのように解決すべきかを説く考え方の1つとして「民主政過程論」がある。すなわち、民主政の過程が正常に機能している限り、その成果としての法令を裁判所は尊重し緩やかな審査をするに留めるべきである。ただし、精神的自由を制約する法令は、民主政の過程の基盤となる人権を侵害し同過程の機能を阻害するおそれがある。基盤を損ない機能しなくなった民主政の過程は、精神的自由を不当に制約する法令を自ら是正・排除することができない。そこで、精神的自由を制限する法令は、民主政の過程と直接関係しない独立した裁判所により、本来の民主政の過程の基盤を損ねていないか厳格に審査される必要があるというわけだ。

3 日本の最高裁判所と国会との「対話」へ

日本の最高裁は圧倒的な司法消極主義の傾向にあると理解されてきた。日本国憲法が最高裁裁判官の任命を内閣に委ねているのは、政権交代があるのを前提として、結果的に党派的なバランスの取れた裁判官構成になるのを期待してのことであった。しかし、内閣やこれを組織する国会をほぼ一貫して自由民主党が支配してきたので、同党の主義主張に近い裁判官が選ばれ続けた。このような最高裁が、自民党政権下で成立した法令を厳格に審査するとは考えにくい。

ところが、近時、最高裁は、議員定数不均衡に関して国会にその是正を強く求めるようになったり、非嫡出子の相続分を区別し女性のみに待婚期間を定める民法の一部規定を違憲としたりと、圧倒的な司法消極主義とは必ずしも評価できない判断を示す傾向にある。ただし、議員定数不均衡に関する判断については、「民主政過程論」から説明が可能だとしても、他の違憲判断については民主政の過程に直接関係する事案だといえるか議論の余地があるかもしれない。

この点を説明し補完しようとする最新の理論として「対話的違憲審査論」がある。この理論によれば、憲法は、裁判所だけではなく、国会、内閣、地方公共団体、国民等による「対話」という相互作用により実現する。裁判所の違憲判決は、裁判所の最終的判断ではなく、憲法問題に関する民主的討議を促進し、裁判所の判断を受けて法令を改廃する国会・内閣等と裁判所の「対話」プロセスの一環と理解される。上記の違憲判断もまた、近時の最高裁が国会の民主的正統性を尊重しつつ、憲法問題に関する「対話」を一層推し進めようとする裁判所の姿勢の表れだということになる。裁判所の判断そのものを民主政の過程に組み込んで理解する考え方である。

(山崎友也)

ニューディール政策については、これを圧倒的に支持する世論を前に、連邦最高裁判事が意見を変えたり、退職した判事の後任に同政策に賛成する者を任命したりすることにより対立が解消した。戦後の連邦最高裁は、人種・同性愛者差別といったマイノリティの人権擁護を打ち出したり、議員定数不均衡（選挙制度について ⇨ V-12〜15）を厳格に審査したりと政治部門を先導する役割も果たすようになる。もっとも、このような連邦最高裁の姿勢はときに強い社会的反発を招き、これが以後の判例形成に微妙な影響を与えることもある。世論や政治部門と「対話」（本節 3 参照）を重視しているのは、戦前・戦後も変わりない。

▷ 4　とりわけ参議院の議員定数不均衡について、最高裁は従来の立法裁量を広く認める姿勢を変化させ、選挙制度の抜本的見直しを伴う、より徹底した不均衡の是正を求める判決を下して注目された（最大判平成24〔2012〕年10月17日民集66巻10号3357頁）。

▷ 5　最大判平成25〔2013〕年9月4日民集67巻6号1320頁、最大判平成27〔2015〕年12月16日民集69巻8号2427頁。

（参考文献）
鵜飼信成『憲法と裁判官——自由の証人たち』日本評論社、2016年、第1篇。
佐々木雅寿『対話的違憲審査の理論』三省堂、2013年。

IV 裁判所

裁判所と内閣

内閣（政府）は，最高裁判所長官を指名し（憲法6条2項），最高裁裁判官を任命する（憲法79条1項）。最高裁が指名した者の名簿により，下級裁判所裁判官を指名する権限も有している（憲法80条1項）。これに対して，裁判所は内閣の制定する政令の憲法・法律適合性の審査を行う（憲法81条）。しかし，裁判所は原則司法権の枠内でしか内閣の行動をチェックできない。この**法の支配**の陥穽を現行制度はいかに埋めているのか，またその課題は何か確認していこう。

1 内閣法制局の「黄昏」

裁判所が示していない憲法・法令解釈（法解釈）について，内閣は解釈（政府解釈）を示さなければならない。なぜなら，①内閣提出の法律案を国会に提出する前提として，法律案の憲法適合性や立法技術上の難点がないか確認する必要がある。また，②個別の法律案の審査とはまた別に政府としての法解釈を示すよう国会等からしばしば求められるからだ。これらの作業の実務を担っているのが，内閣に設置された**内閣法制局**である。行政各部により異なりうる法解釈を統一し，最高裁が示した法解釈と整合する範囲で，日本国の法秩序の一体性をほぼ一貫して保持してきたと評価されてきた。この意味で，内閣法制局は，裁判所とともに「法の番人」の役割を果たしてきたといえる。

他方で内閣法制局は，内閣に設置された機関にすぎない（内閣法制局設置法1条）。したがって，内閣から法解釈上の指示があった場合，辞任や転任の覚悟のない限り，その指示に従わざるを得ない。2014年の**集団的自衛権**の行使を一部許容する政府解釈への変更にあたり，安倍晋三内閣は，内閣法制局の内部から内閣法制局長官に昇格させる従来の慣行を破り，上記解釈変更に肯定的な（内閣法制局に在籍経験のない）外務省出身者を同長官に登用した。その後，上記解釈変更に長く反対してきた内閣法制局は，一転して，上記解釈変更について「意見はない」と内閣に回答する。これに対して，内閣法制局のモデルになったフランスの**コンセイユ・デタ（国務院）**は，その構成員の身分保障が手厚い。内閣法制局と同じように政府から憲法解釈に関する諮問を受けるが，政府はコンセイユ・デタの助言に拘束されない。その一方で，コンセイユ・デタは，政府に対する助言を公表し，その当否を世に問うことができる。政府の一機関としての立場と法解釈の専門家としての立場との両立のあり方について，日本とフランスは対照的な姿勢を取っている。内閣法制局が「法の番人」としてフル

▷1 司法権と具体的事件性の関係について ⇨ IV-1「裁判所と国会」側注1

▷2 法の支配
⇨ IV-1「裁判所と国会」側注2

▷3 内閣法制局
長官，次長，部長（4部），各部に5〜6名配属される参事官が実質的な役割を果たす。参事官以上の職員は，全員司法試験ないし国家公務員総合職（Ⅰ種）試験に合格した者である。審査事務（本文①）と意見事務（本文②）が主な事務となる。

▷4 集団的自衛権
個別的自衛権とともに，国連憲章が国連加盟国に保障した国際法上の権利。同盟国の個別的自衛権の行使を援助する権利を指すと一般に解されている。

▷5 内閣法制局は，2014年6月30日に意見照会を受け，上記解釈変更を閣議決定した翌7月1日当日に「意見はない」旨回答したとされる（『毎日新聞』2015年9月28日）。

▷6 コンセイユ・デタ（国務院）
政府提出法案の審査を行うほか，最高行政裁判所として裁判権の一部も行使する。その構成員は，法曹資格を

に機能するには，制度的な限界があるといわざるを得ない。

❷ 内閣による最高裁裁判官任命手続の問題点

　では，もう一方の「法の番人」である裁判所に期待する余地はないであろうか。すでに述べたように，裁判官はすべて内閣により任命される。下級裁判所の裁判官は，司法権の独立の観点から，最高裁が指名した名簿に登載されていない者を任命できない。しかし，最高裁裁判官については，内閣の任命権をしばる憲法上の規定はない。もっとも，最高裁裁判官の任命に先立って，最高裁長官が推薦した候補者を内閣が任命するという慣行が成立しているといわれる。だとすると，最高裁は憲法の表向きの規定ぶりとは異なり，かなりの程度自律的な人事を実現していることになる。裁判所には，内閣法制局とは異なり，内閣から距離をおいた法的助言を行う制度的基盤はあるといえるかもしれない。

　しかし，今のところ最高裁は内閣に対して**司法積極主義**[7]を取る姿勢をみせていない。すでに触れたような，司法権の枠内での権限行使という限界があるのはもちろん，後任裁判官を最高裁長官が推薦するという上記慣行は，推薦相手の内閣の意向に反した最高裁判決の出現を事実上抑制する効果をもたらしうる。内閣法制局の機能を肩代わりできるか否かの議論の大前提として，裁判所の**司法消極主義**[8]を緩和するための制度を構築する必要がある。憲法上内閣の最高裁裁判官任命権を拘束することはできない。そこで例えばかつて存在していた「**裁判官任命諮問委員会**」[9]を復活させ，内閣の最高裁裁判官任命権を尊重しながら，これに透明性・客観性をもたせることを検討すべきだとする学説もある。[10]

❸ 「照会制度」の導入可能性

　ただし，現時点で上記の制度改革が直ちに実現する状況だとは言い難い。現在の裁判所の司法消極主義を前提として，内閣法制局の代替機能を裁判所が果たせるようにする方策はないものであろうか。上記のコンセイユ・デタのように，内閣（政府）の諮問に対して拘束力のない法的助言を与える権限を日本の裁判所にも認める余地があるかもしれない。日本の裁判所はコンセイユ・デタと同様に手厚い身分保障を与えられている。[11] その法的助言を理由に罷免等の不利益を裁判官が受けるとは考えにくい。他方で，拘束力のない法的助言であっても，裁判所によるものであれば信頼できる内容となっている可能性が高い。質の高さを担保した法的助言を参考にしながら，内閣がその最終的な採否を決定できるとなれば，憲法が定めた権限分配を侵すものとはいえない。カナダにおいては，政府が裁判所に対して勧告的意見を求める「照会制度」が連邦とすべての州において採用されている。日本のとりわけ最高裁判所が同様の「照会制度」を担うには，同裁判官の増員等その加重負担を軽減する機構改革の必要があろうが，現状では最も現実的な案の１つといえるだろう。　　　（山崎友也）

もたないものの，エリート養成校の国立行政学院（ENA）出身者が大半を占める等，日本の内閣法制局と類似点がある。

▷7　**司法積極主義**
⇨ IV-1「裁判所と国会」
▷8　**司法消極主義**
⇨ IV-1「裁判所と国会」
▷9　**裁判官任命諮問委員会**
1947年に一回開催されたのみで廃止された，衆参両院の議長のほか，裁判官，検察官，弁護士，学識経験者からなる15名の委員会。当時の片山哲内閣総理大臣の諮問に対して，最高裁裁判官の候補者30名を答申した。2003年に日本弁護士連合会は，同委員会の復活を提唱している。なお同年，最高裁判所の諮問に応じ，下級裁判所の裁判官の指名の適否について意見を述べる「下級裁判所裁判官指名諮問委員会」が発足し今日にいたっている。
▷10　笹田ほか（2015）参照。
▷11　裁判官の罷免は，①弾劾裁判（憲法64・78条前段），②心身の故障（裁判による認定）（憲法78条前段），③最高裁判官国民審査（憲法79条2項）による場合に限定される。裁判官に対する懲戒処分も，裁判所が行い，行政機関はなしえない（憲法78条後段）。

（参考文献）

笹田栄司・原田一明・山崎友也・遠藤美奈『トピックからはじめる統治制度——憲法を考える』有斐閣，2015年，Unit13〜15。
西川伸一『これでわかった！　内閣法制局』五月書房，2013年。

Ⅳ　裁判所

3　裁判所と国民

▷1　もっとも，近時，弁護士等の呼びかけで，議員定数不均衡の解消に積極的ではない最高裁裁判官を国民審査により罷免しようとする「一人一票実現国民会議」が立ち上がり，その行方が注目されている。

▷2　**裁判員制度**
重罪の被告人に対する刑事裁判（地方裁判所に限る）において，有権者から事件ごとに選ばれた裁判員（原則6名）が裁判官（原則3名）とともに審理に参加し評決を下す制度。2009年に施行され今日にいたる。

▷3　**司法制度改革審議会**
司法制度改革審議会設置法により，1999～2001年までの間，内閣に設置された審議会。裁判所・法務省・弁護士会の各出身者のほか，学識経験者等の計13名により構成。

▷4　**陪審制**
一般市民から無作為で選ばれた陪審員のみによって構成される合議体が評議によって事実認定を行い，量刑判断は職業裁判官が行う，米英由来の制度。戦前の日本で一時期導入されたことがある。

▷5　**参審制**
一般市民から選出された参審員と職業裁判官がともに評議を行い，事実認定および量刑判断を行う，ヨーロッパ大陸由来の制度。

　日本の民主政の過程では，国民の支持を得た国会の多数派が内閣総理大臣を指名し，内閣を構成する。これに対して，すでにみたように，裁判所は政治部門のような民主的正統性を有しない。もちろん，最高裁裁判官国民審査により同裁判官を国民は罷免できるが，これまでのところ実際に罷免された同裁判官はいないし，そもそも国民の司法に対する関心は高いとはいえなかった[1]。このような状況に一石を投じたのが「司法制度改革」の一環として成立した**裁判員制度**[2]である。同制度により，戦後はじめて一般国民が司法に直接参加し司法権を担うことになった。その経緯，意義，限界についてみてみよう。

1　「統治主体」としての国民

　裁判員制度の導入を提唱したのは，「**司法制度改革審議会**」[3]（以下，司法審）である。同審議会意見書（以下，意見書）によれば，同制度は，国民の「健全な社会常識」を反映するために，一般国民が裁判官と責任を分担しつつ，裁判内容の決定に主体的に関与する制度である。意見書に基づき同制度の詳細を定めた裁判員法によれば，同制度の目的は，「司法に対する国民の理解の増進とその信頼の向上」だとされる（1条）。しかし，意見書によれば，同制度は司法への「理解」「信頼」の先に別の目標を設定している。同制度の体験を通じて国民は，主権者である以上，「統治客体意識」から脱却し，「統治主体意識」をもつべきだという。つまり，同制度を通じて国民が主権者としての意識を自覚するようになったとき，「司法の国民的基盤」が確立すると説くわけである。

2　司法審内部の駆け引き

　もっとも，司法審は発足当初から上記のような遠大な構想を抱いていたわけではないようである。もともと日本弁護士連合会（日弁連）は**陪審制**[4]導入に積極的であったが，最高裁・法務省は逆に一般国民の司法参加そのものに消極的であった。2000年に自由民主党の司法制度審議会が**参審制**[5]の導入を提言したところ，最高裁・法務省ともに参審制類似の制度の導入やむなしという立場に変わった。司法審の法曹出身ではない委員もまた，参審制を推す経済界出身委員と，陪審制を推す消費者団体・労働組合出身委員とで意見は分かれた。
　「裁判員」は，この陪審制か参審制かの対立の妥協点を探る中で，参審員でもなく陪審員でもない用語として刑事法学者によって編み出されたものである。

次第に，事実認定にも裁判官の専門家としての見識を反映させた方が好ましいとか，陪審制では許されない事実誤認を理由とする上訴も許容すべきだという意見が大勢を占めるようになる。司法審は，結局，事実認定・量刑の各判断を裁判官と裁判員と共同で行う参審制に近い制度の導入でまとまった。[6]

3 裁判員制度の意義

欧米の刑事裁判は「有罪か無罪かを判断するところ」であるが，日本の刑事裁判は「検察官が有罪と確信したものを『念のため確かめる』だけのもの」と**平野龍一**は述べた。[7] 裁判員制度は，日本の刑事裁判を変えるかもしれない。日弁連が国民の司法参加に積極的で，最高裁・法務省が消極的だったのは，刑事裁判の現状に対する評価の違いにも起因する。

従来の検察官提出の調書中心の裁判ではなく，裁判員裁判では，被告人・被害者の肉声を実際に聞かせたり，一般国民に分かりやすい主張・立証を法曹関係者が行ったりするようになってきたと指摘される。最高裁による裁判員経験者のアンケート調査によると，ここ数年一貫して裁判官との評議は話しやすい雰囲気で充実していたとの回答が全体の8割前後を占めている。[8] また，意見書が指摘するように，裁判員としての体験が主権者としての自覚を促す面があることも否定できない。かつて**トクヴィル**が指摘したように，[9]「犯罪者を裁く人間こそ真に社会の主人である」といえるなら，確かに裁判員制度は国民を「社会の主人」にするための制度だということになる。

4 裁判員制度の限界

しかし，裁判員制度を手放しで称賛するのは禁物である。民主政の本来の出番は，立法府やこれがコントロールする行政府だとする見方もありうる。これに対して，司法は多数派の意向から距離をおいて，少数派の権利自由が不当に侵害されていないかチェックする場であるべきだと考えることもできる。実際，国民の「健全な社会常識」を反映したはずの裁判員裁判も，量刑が重すぎるとして上級審で覆されるケースがみられる。[10] 少なくとも刑事裁判では，「社会の主人」であってもやってはいけないことがあるというわけである。

また，国民が裁判員として「統治主体意識」を養おうとするとき，裁判員に課せられている「守秘義務」はその障壁になるかもしれない。[11] 確かに，他の裁判員の意見を暴露してはならないと定めることは，公正で充実した裁判にとって不可欠かもしれない。しかし，例えば，担当した事件についてその当否を含む感想を裁判員が退任後に記者会見等で発言すれば，裁判に関する公共的な討議のきっかけになろう。国民を「社会の主人」にするため，裁判員制度は今後も不断の検証を経ながら，より良い制度に改善していく必要がある。

（山崎友也）

▷6　ただし，裁判員の任期が当該関与事件の判決言い渡しで終了する点は，陪審制の要素を取り入れたものである。

▷7　平野龍一（1920-2004）
刑事法学者，東京大学名誉教授，東京大学・元総長。

▷8　裁判員等経験者に対するアンケート調査結果報告書（平成27・28年度）参照（裁判所HP）。

▷9　トクヴィル（Tocqueville, Alexis de：1805-59）
フランスの政治思想家，法律家，政治家。

▷10　検察官の求刑の1.5倍の懲役15年の裁判員裁判の判決を維持した高裁判決を量刑が重すぎるとして破棄した最判平成26（2014）年7月24日刑集68巻6号925頁等。

▷11　評議の秘密を漏らしたり，担当した事件の事実認定・量刑の当否を述べたりすると，6月以下の懲役または50万円以下の罰金に処せられる（裁判員法108条）。

（参考文献）

谷勝宏「司法制度改革審議会の政治過程」『法社会学』57号，2002年，153頁以下。

笹田栄司・原田一明・山崎友也・遠藤美奈『トピックからはじめる統治制度——憲法を考える』有斐閣，2015年，Unit16。

第 2 部　入力過程

guidance

　第 2 部では，社会や国際関係の変化など，政治システムをとりまく様々な環境の変化を受けて，市民から政治システムへの要求や支持が寄せられる「入力過程」について検討する。

　まず第Ⅴ章で，選挙や投票外参加について検討する。政治システムへの入力の手段には様々なものがあるが，多くの市民にとって，特に国政レベルの政治については，選挙で投票することが唯一の入力過程への参加になっているのが現実であろう。では，選挙はどのような制度で行われ，国によって様々に異なる選挙制度の違いは，政治過程のあり方にどのような影響を及ぼしているのであろうか。また，有権者はどのようにして投票するか棄権するかを決めたり，どの候補者・政党に投票するかを決めているのであろうか。さらに，最近は，価値観の変化によって，選挙で代表者を選出する「エリート指導的」な政治参加に飽き足らなくなった市民が増え，デモや署名活動など選挙において投票する以外の「エリート挑戦的」な政治参加が増えているという指摘もある。それらの投票外参加の実態はどうなっており，また，市民が投票外参加をするメカニズムはどのように説明できるのであろうか。

　つづく第Ⅵ章では，メディアが政治過程に及ぼす影響について検討する。テレビや新聞などのマスメディアによる世論調査の実施とその公表など，選挙や投票外参加のほかに，様々なメディアも，市民の要求や支持などの世論を政治システムに入力する重要な役割を果たしている。さらには，市民が政治についての意見を形成する際に，政治の現実についての情報を提供したり，周囲の人がどのように考えているのかについての情報を提供するなど，メディアは，市民の意見の形成や，意見の集合体である世論の形成にあたっても重要な役割を果たしている。また，インターネット上で市民を結びつける facebook や twitter などの SNS が，デモや署名活動などの選挙以外の手段による政府への異議申し立てであるカウンターデモクラシーを促すという指摘があるなど，メディアのあり方の変化が入力のあり方に変化を及ぼすという側面もあり，メディアは様々な側面で政治過程に重要な影響を及ぼしているといえよう。

V 政治参加・選挙

政治参加とは何か

なぜ政治参加は重要なのか

　現在，日本に限らず多くの民主国家では，間接民主制が採用されている。間接民主制とは，国家の構成員が選挙などの方法を通じて代表者を選定し，その代表者が議会を構成して政治的な決定を行うシステムを指す。間接民主制では，人々の声を代表者たる政治家や政党として集約し選出する必要があり，その変換システムとして選挙が存在する。選挙では，様々な政党や候補者が，公約やマニフェストと呼ばれる政策を訴え，その主張をもとに有権者は最善と思われる候補者や政党に投票する。また公正な選挙を通じて選出された代表者たる政治家は，有権者の負託を受けているからこそ，種々の政治的権力を行使することができる。さらにいえば，現代において，選挙を抜きに効率的に多くの有権者の声を反映した政治的決定を行うことは実質的に不可能である。

　もっとも，国や地方自治体が，民主的な政治制度（例えば，選挙や住民投票など）を用意したり，政治に参加する権利（例えば，選挙で投票することができる投票権や選挙で立候補することができる被参政権など）を認めたりするだけで民主主義が十分に達成できるわけではない。仮に全有権者が投票に行かなければ（つまり，投票率が０％の場合），選挙が公正に行われていても代議制が成立し得なくなる。言い換えると，代議制民主主義を実質的に成立させるためには，有権者側もきちんと権利を行使している必要がある。近年よく「低投票率」や「若者の政治離れ」といった政治参加率の低下が問題視されるのも，こうした民主主義を成す根幹と深く関わるためである。まただからこそ，政治参加の様態について検討する意義や重要性があるともいえよう。

2 政治参加の形態

　政治参加とは一口にいっても，その方法には実に様々な関わり方ある。例えばS. J. ローゼンストーンとJ. M. ハンセンは，政治参加を「選挙政治参加」と「統治政治参加」の２つに分類して説明する。前者の「選挙政治参加」は，主に選挙での投票参加や，特定の候補者・政党の応援，政治家への陳情などが含まれる。これらの政治参加の方法は，選挙という公式的なチャネルを通じて意見の反映を試みる手段である。他方で後者の「統治政治参加」は，デモや署名，住民運動，自治会などへの参加などが含まれる。統治政治参加は，選挙と

▷１　インターネットを通じた書き込み（政治活動）を政治参加の形態として取り扱うかどうかは議論が分かれるところである。もっとも現状において多くの人々がスマートフォンやパソコンを通じてインターネットを利用できる環境が整備されており，さらに政治家や政党側も，TwitterやFacebookなどのソーシャルネットワーキングサービスやブログなどを活用していることを鑑みると，今後はインターネットを通じた電子空間上での政治的な交流も新たな政治参加の形態として組み入れられるべきであろう。Ⅵ-4「インターネット」，ⅩⅣ-4「ネット社会と政治過程」も参照されたい。

は別の機会を通じて，国や地域のあり方に関する政治的決定に関わろうとするものであり「投票外参加」とも呼ばれる。加えて統治政治参加は，多数の決定となる選挙で抜け落ちてしまう少数派（マイノリティ）の意見をすくい上げる重要な機会でもある。

選挙政治参加は，公式的な制度（選挙）を利用した参加の形態であるため，そこでは何らかの理念を政治的に体現しようとするだけでなく，より包括的で直接的な利益の実現も企図するものである。それに対して統治政治参加は，非公式的なチャネルを利用して意見を反映させようとする点で趣が異なる。例えば，女性の権利向上や反戦デモなど，より望ましい政治規範を政治に反映させるために，新たな世論を醸成しようとする場合に行われることも多い。

3 エリート民主主義と参加民主主義

政治参加には多様な方法がみられる。その中でも投票参加は，参加のためのハードルが低く，最も身近な参加手段である。選挙を通じて，専門的な知識を有する政治エリートに政治を委任することで，効率的な意思決定を可能にし，有権者は自らの私的時間を有効に活用することができる。こうした政治エリートへの委任と分業を重視する政治のあり方は「エリート民主主義」と呼ばれる。

ただし，選挙を通じた民意の反映には限界もある。例えば日本の国政選挙は，衆議院で（最大）4年，参議院で3年ごとにしか行われない。これは仮に一度の選挙で政府が公約と異なる政策を実施したとしても，それを覆すためには次の選挙を待たなければならないことを意味する。あるいは，価値観や利害が多様化した現代社会においては，選挙だけですべての国民の意志を政治に反映することには限界がある。

このように，選挙を通じた政治参加だけで政府をうまくコントロールすることは事実上不可能である。だからこそ，社会的な状況に応じた需要を政府に認識・反映させるための（市民運動などの）直接的な政治参加の役割が重要となる。こうした積極的な市民の参加を重視する政治のあり方は「参加民主主義」と呼ばれる。さらに近年は，参加民主主義から一歩先に進み，身近な市民の間で政治的な話題を議論・熟慮することを重視する「熟議民主主義」の考え方にも注目が集まっている。いずれの民主主義の見方にせよ，市民が何らかの形で政治に参加しなければ，民主政治そのものが機能しないとの点では共通しているといえるだろう。

（秦　正樹）

▷2　実際には，選挙で敗北した側の政治勢力（主に野党支持者）が政府（与党）に対して，種々の異議申し立てを行い，次回選挙までの間でも政府に広い民意を尊重することを訴える場合が多い。Ⅵ-5「カウンターデモクラシーとメディア」も参照されたい。

▷3　熟議民主主義に関しては，ジェイムズ・S. フィシュキン（曽根泰教監修，岩本貴子訳）『人々の声が響き合うとき——熟議空間と民主主義』早川書房，2011年，が詳しい。ⅩⅦ-3「政治過程における熟議の実践」も参照されたい。

参考文献

蒲島郁夫『政治参加』東京大学出版会，1989年。
待鳥聡史『代議制民主主義——「民意」と「政治家」を問い直す』中公新書，2015年。

V　政治参加・選挙

 政治文化と民主主義

1　政治文化とは何か

　現代の民主国家では，最高法規としての憲法や選挙などの制度について多くの共通点を有する一方で，市民と政治との関わり方については国ごとで大きな違いがある。こうした，国ごとに民主政治のパフォーマンスに違いが生じるのはなぜかとの問いについて，**アーモンド**と**ヴァーバ**は，各国の政治文化の違いにその原因を求めた。

　アーモンドらは，政治システム論における「入力」と「出力」の概念をもとに，アメリカやイギリスなど5カ国の市民を対象としてアンケート調査を行った。その結果，入力と出力のそれぞれに対する各国市民の関心の度合いには違いがあり，この相違が異なる政治文化を生み出していることを発見した。アーモンドらによれば，政治文化には大きく分けて以下の3つの形が存在する。

　第1は，多くの国民が入力にも出力にも関心をもたない「未分化型」の政治文化である。未分化型の政治文化において，人々は政治に参加すること（入力）にも政治的決定を評価すること（出力）にも関心をもたない。例えばアフリカの部族社会のように，伝統を重んじる政治体制が挙げられる。

　第2は，政治の「出力」にしか関心をもたない「臣民型」の政治文化である。臣民型の政治文化における市民は政治的決定や政策の執行には関心をもつが，自ら政治に参加しようとしない。臣民型の政治文化は，絶対王政や権威主義体制の国家においてよくみられる。

　第3は，市民が入力にも出力にも関心をもつ「参加型」の政治文化である。参加型の政治文化においては，市民が政治に自ら参加し，また政府の決定に対しても評価を加えようとする。民主主義体制は，参加型の政治文化と強い親和性を有する。その上でアーモンドらは，これら3つの政治文化は理念型であり，実際の政治文化は各国内に混合して存在することも指摘する。例えば，最も「民主主義的」とされるアメリカやイギリスにおける政治文化は，参加型だけでなく，臣民型の要素も混在しており，この参加型 - 臣民型の政治文化が民主主義体制を維持する上で最も効率的な政治文化であると指摘する。

2　脱物質主義化と政治参加

　政治文化は，何世代にもわたって継承されるものであり，だからこそ安定的

▷1　**アーモンド**（Almond, Gabriel A.：1911-2002）アメリカの政治学者。政治文化の類型を提唱し，政治学における実証研究に先鞭をつけた。

▷2　**ヴァーバ**（Verba, Sidney：1932-）アメリカの政治学者。政治文化の類型を提唱し，有権者の政治参加に関する理論を構築した。

▷3　ガブリエル・アーモンド／シドニー・ヴァーバ（石川一雄訳）『現代市民の政治文化——五ヶ国における政治的態度と民主主義』勁草書房，1974年。

▷4　⇨序-1「なぜ政治過程が重要なのか」

▷5　**イングルハート**（Inglehart, Ronald F.：1934-）アメリカの政治学者。戦後社会における価値観の変動を研究し，脱物質主義を提唱したことで有名。

▷6　ロナルド・イングルハート（三宅一郎訳）『静かなる革命——政治意識と行動様式の変化』東洋経済新報社，1978年。

であるとされる。ただし，それは同時に，世代を経るごとに価値観が変わることで，政治文化も同様に変化することを意味している。

イングルハート[5]は，戦争が終結し，工業化の進展が一段落した1960年代後半以降に青年期を迎えた世代は，物質的な豊かさから精神的な豊かさを求める価値観へ変化したことに注目し，この価値観変化を「脱物質主義化」と呼ぶ[6]。戦後生まれの世代は，機械化や工業化の進展によって（かつての世代に比べて）余暇を手にした。また脱物質主義的価値観を備えた新世代は，経済的な利益だけではなく，環境や人権といった，より高次な政策対応を既存の政治エリートに要求することとなる。その結果，特にヨーロッパ諸国では，新たな権利を求めるデモや市民活動が増加した。またそれに呼応するように，環境問題や反戦主義を謳う**緑の党**[7]が影響力を有するようになった。

イングルハートの一連の議論に対しては種々の反論があるものの[8]，現在でも政治文化を考える際の重要な材料として取り上げられる。

③ ソーシャル・キャピタルと政治文化

政治文化を構成する最小単位は，いうまでもなく市民である。より身近な市民社会のあり方の側面から政治文化と民主主義の関係を分析した**パットナム**[9]の議論を紹介したい。

パットナムは，各個人がおかれた身近な地域社会において共有されている規範やネットワーク，信頼関係をまとめて「ソーシャル・キャピタル」と呼び，イタリアの州政府ごとに大きく異なる政府のパフォーマンスの違いをソーシャル・キャピタルの概念を用いて説明した[10]。イタリアでは，1970年代初頭に地方分権改革の一環で20の州政府がおかれた。各州政府を設置した時点での様態や制度は同一であったにもかかわらず，その後のイタリアでは，北部では効率的な統治を行う州政府が多い一方で，南部の州政府は不正や政治腐敗が広がっていた。このような政府のパフォーマンスの違いが生じるのはなぜだろうか。この点についてパットナムは，北部では伝統的に市民間の信頼関係が高く，一方の南部では地域社会における人々のつながりが薄いことに原因を求めた。つまりソーシャル・キャピタルの蓄積が多いイタリア北部では，市民が協調しやすいために，政府は住民にとって真に必要な政策に投資することができるが，その蓄積の少ない南部では，治安維持などに多くの予算を割かざるを得ず，住民の求めに応じる政府のパフォーマンスは低下してしまうのである。さらにパットナムはその後の研究でアメリカでも同様の現象が生じていると警鐘を鳴らすなど[11]，市民社会と政治文化の関係の重要性を提起した。

（秦　正樹）

▷7　緑の党
1972年にオーストラリアにおいて自然保護を謳う政治グループを緒として，世界中に展開された環境政党。その後，西ドイツ，ベルギー，フランス，オランダなどのヨーロッパ諸国でも誕生し，現在では各国レベルだけでなく，EUレベルにおける連携（欧州緑の党〔ヨーロピアン・グリーンパーティ〕）まで行われている。

▷8　例えば，S. フラナガンは，イングルハートが行った類型化（参加や言論の自由を重視する人は「脱物質型」，物価や秩序を重視するならば「物質型」，どちらにも属さない場合は「混合型」）は，それぞれの人が，それぞれの類型のいずれか1つにのみ当てはまるわけではなく（完全に独立しているわけではなく）混在していると批判する。

▷9　パットナム (Putnam, Robert D. : 1940-)
アメリカの政治学者・社会学者。ソーシャル・キャピタルの概念を理論・実証ともに説明した。

▷10　ロバート・D. パットナム（河田潤一訳）『哲学する民主主義——伝統と改革の市民的構造』NTT出版，2001年。

▷11　ロバート・D. パットナム（柴内康文訳）『孤独なボウリング——米国コミュニティの崩壊と再生』柏書房，2006年。

（参考文献）
坂本治也編『市民社会論』
　法律文化社，2017年。

第 2 部　入力過程

V　政治参加・選挙

投票参加のメカニズム

1　人はなぜ投票に行くのか

「政治参加」の手段について尋ねると，多くの人は，まずは選挙での投票参加を想像するだろう。特に日本では**有権者登録**の必要もなく，投票参加は他の参加よりもハードルが低い。一方で，例えば2017年衆院選の投票率は53.68%とその低さがしばしば問題視される。ではなぜ，投票に参加する人と棄権する（参加しない）人が存在するのだろうか。

ライカーとオーデシュックは，「期待効用モデル」として投票に参加するか否かは以下のような公式で表すことができると提唱した。

$$R\,(Reward) = P\,(Probability) \times B\,(Benefit) - C\,(Cost) + D\,(Duty/Democracy)$$

この式のうち，左辺にある R（Reward）は，投票に参加することで得られる**報酬**（これが正の場合は投票，負の場合は棄権）を，右辺の P・B・C・D はそれぞれ参加の可否を説明する「原因」である。以下に詳しく説明しよう。

P（Probability）は，自らの 1 票が選挙の結果に影響を与え得る確率を意味する。例えば，選挙が接戦の場合，ある人が投じる 1 票は，その候補者の当落に相対的に大きな影響を与えるだろう。この場合，P は 1 に近い（高い確率）値をとることになる。逆に，ある候補者の圧勝が予想されている場合を考えてみてほしい。このとき，多くの人は「どうせ自分の 1 票を入れたところで勝敗には影響しないだろう」と考え，P は 0（低い確率）に近くなる。

B（Benefit）は，有権者にとって，政党や候補者から得られる期待効用（得られると予想される利益）の差を指す。例えば，ある選挙で X 党と Y 党の 2 党の候補者が立候補しており，両者ともほぼ同様の政策を訴えていたとしよう。この状況では，X 党が勝っても Y 党が勝っても，実施される政策は同じなのだから，わざわざ投票に行ってまで政党や候補者を選ぶ必要性を感じなくなるだろう。逆に X 党と Y 党が異なる政策を主張しており，その政策によって自らが得られる利益の違いが明確になるならば，投票に行こうという「誘因」は高まる。

ただし，合理的な有権者の場合，仮に「投票するなら圧倒的に X 党がいい」（上記の「B」が大きい場合）と思っていても，X 党の候補者に勝つ見込みがほとんどないと予想される場合は「どうせ負けるのだからわざわざ投票に行っても仕方がない」と考える。逆に「X 党も Y 党も同じようなものだけど，敢えてい

▷1　**有権者登録**
投票権をもつ者が有権者名簿に登録するための制度。例えばアメリカでは，全国的な有権者名簿が存在しないため，投票したい市民は選挙の前までに各居住地の自治体で決められた方法で名簿に登録する必要がある。また有権者登録の方法は，各州で異なる手続きが用意されている。ここからも分かるように，「投票参加」と一口にいっても，各国の選挙管理の方法によって参加にかかるコストは大きく異なる。

▷2　Riker, W. and P. Ordeshook, "A Theory of the Calculus of Voting", *American Political Science Review*, Vol. 62, No. 1, 1968, pp. 28-42.

▷3　ここでの「D」の解釈について，論者によっては，民主主義に対する信念や愛着心（Democracy）の頭文字と理解する場合もある。ただし，いずれの解釈にせよ，選挙や民主主義といった政治規範に対する心性を意味する点で共通している。

えばX党の方がいい」（上記の「B」が小さい場合）くらいにしか考えていなかったとしても，X党の候補者とY党の候補者が接戦の場合では，Y党の勝利を阻止するために投票に行くだろう。つまりPとBは相互に影響しあっており，この相互作用ゆえ上記のPとBはその積として表現される。

C（Cost）は，投票に参加するコストを指す。例えば，投票日当日に雨が降っていたり，投票所まで遠かったりすると投票に行くのが面倒に感じるかもしれない。こうした物理的なコストや心理的なコスト感覚が高くなるほど，棄権する可能性は高まっていくと考えられる。

D（Duty/Democracy）は，投票することが義務であるという感覚（投票義務感）や投票すること自体で得られる満足感や納得感を意味する。投票は市民の義務だと考える人は，投票に参加することで「民主主義に生きる市民としての責務を果たした」と感じ，次の選挙でも投票しようと考えることもあるだろう。こうした投票義務感や参加経験の蓄積は参加する確率を高くする。

以上の4つの要素を加算したとき，0よりも大きい値（正の値）をとるR＞0のとき，参加によって得られる報酬が大きいと考えて投票に参加し，逆に，0あるいは0よりも小さい（負の値）R≦0のときは，参加することで得られる報酬がないまたはマイナスになると考え棄権すると考えられる。

② 投票参加のパラドックス

ライカーらの提示した投票参加の公式は，複雑な要素が絡み合う投票参加のメカニズムを，たった4つの要素（変数）でシンプルに説明するモデルであり，高い**一般性**[4]を有する。しかしこのモデルには，いくつかの「盲点」も存在する。

その1つが，前述の「P」に関する論点である。Pの箇所ではその意味を「自らの1票が選挙の結果に影響を与え得る確率」と説明した。しかし，実際の選挙において，「自分の1票」で選挙の勝敗が決することはほぼあり得ない。例えば，2015年5月の大阪都構想をめぐる住民投票では，得票率0.8％差で否決されたことが大きく報道された。こうしてみると，確かに自らの1票が選挙結果に影響を与える可能性が高いようにも思えるが，得票数でみれば1万741票もの差がある。住民投票で棄権した人がこの得票数差の結果をみて「自分が投票していれば結果を変えられたかもしれない」とはなかなか思えないだろう。このように実際の選挙で誰か1人の1票で選挙結果を左右するような状況は想定しづらく，それゆえに実際の選挙ではP×Bはほぼ0となってしまう。つまりこのモデルが正しいならば，投票者は種々のコストを度外視してでも参加する，義務感に溢れるごく一部の人々に限られるが，実際の選挙での投票率は遥かにそれを上回っている。このズレは一般に「投票参加のパラドックス」[5]と呼ばれる。

（秦　正樹）

▷4　一般性
得られた知見が個別の国などに限定されたものではなく，どのような人にでも普遍的に適用できるメカニズムである場合，一般性が高いといわれる。

▷5　これをうまく解釈するための研究として，例えば，Pで示される確率を主観的なものとみなす研究がある。つまり，客観的に1票差で選挙結果が決まる状況はなかったとしても，主観的には自分の1票で決まり得ることを信じることはあり得る。主観的な確率として捉えれば，Pは0よりも大きくなるため，この式に当てはめることが可能となる。あるいは，J.フェアジョンとM.フィオリーナは，そもそもPの影響力を有権者は考慮しておらず，利益の最大化ではなく，予想される損失（後悔）を最小化することを目的に投票しているとの「最大後悔最小化モデル」を提案した。これら以外にも，投票参加のパラドックスを解消しようと試みる研究は多く存在するが，今のところ完全にこの問題を解消する知見は提出されておらず，選挙研究における今後の大きな課題の1つである。

参考文献

池田謙一編『政治行動の社会心理学——社会に参加する人間のこころと行動』北大路書房，2001年。

第2部　入力過程

V　政治参加・選挙

 投票行動の理論(1)：ダウンズモデル

1　投票行動を研究する意義

　公選制をとる議会では，選挙を通じて有権者に選ばれなければ「議員」になることはできない。また各議員に「政治的権力」の行使が認められているのも，ほかでもない私たち有権者に選ばれているからという点にある。もちろん有権者は，選挙で政治家を選択する権利（選挙権）とともに，（一定の要件を満たせば）自ら選挙に出馬して政治家になる権利（被選挙権）も有する。しかし多くの有権者にとって選挙に出馬することは稀であって，実質的な政府の選択機会は選挙での選択に限られている。それゆえに，有権者が，特定の候補者や政党への投票を決めるメカニズムを検討する投票行動研究の分野は，伝統的に，政治学の中でも重要な位置を占めてきた。

2　ダウンズモデルと投票行動

　ダウンズ▷1が提唱したダウンズモデルは，有権者の投票行動を説明する有力な理論の1つである。

　一般に，どのような政治の争点でも，世論には賛成と反対の両意見が併存している。こうした様々な争点をめぐる政治の対立軸は，しばしば「左派（革新）か右派（保守）か」といった「イデオロギー」として包括的に表現される。

　ダウンズモデルでは，この一次元軸のイデオロギー上にすべての有権者を配置することができると考える。その上で，ダウンズモデルでは，もっぱら，投票者自身の利益を最大化することを目的として投票すると考える。自らの利益を最もよく代弁（実現）してくれる政治家や政党を選択しようとする有権者は，自身のイデオロギーと最も近いイデオロギー位置にいる政党や政治家に投票することが最も合理的である▷2。

　ダウンズモデルによる投票行動の理解は，自分の利益に沿う政治家や政党を選択するというシンプルさが魅力である一方で，このモデルが成立するためには，いくつかの前提条件もある。第1に，投票者自身がきちんと自身の争点への態度（賛成や反対の立場）を認識していること，第2に，自身の争点態度を代表してくれる政党や政治家が立候補していること，第3に，対立する政党や政治家が争点について異なる態度を表明していることである。例えばアメリカでは，共和党は右寄り，民主党は左寄りとみなされており，各党とも往々にして

▷1　**ダウンズ**（Downs, Anthony：1930-）アメリカの政治学者。経済学の観点から投票行動研究を行い，政治学に合理的選択理論を取り入れた。

▷2　ダウンズモデルは，有権者側の投票行動だけでなく，政治家や政党側の戦略も変化させる点でも言及される。例えば，「自民党も民進党も同じような政策しか主張しない」といった批判がしばしば聞かれるが，これはダウンズモデルを利用して説明することができる。日本の世論にはイデオロギー的に中道（右でも左でもない）の有権者が多く，ダウンズモデルにしたがえば，中道層は「中道」な政策を訴える政党に投票するのだから，それに合わせて1票でも多くの票を得たい政党側も政策を中道化させる。このように，多数決を前提とする場合，中道の投票者の支持を獲得するために，どの政党もイデオロギー的に極端な主張を抑えて，より穏健な政策を求めるようになっていく原理を「中位投票者の定理」と呼ぶ。

60

異なる政策的立場をとる。したがって合理的有権者においては、自らが右寄りであれば共和党に、左寄りであれば民主党に投票すると考えられるのである。

③ 近接性モデルと方向性モデル

先述したように、合理的有権者は、自らの利益を最大化しようとする際に、自分のイデオロギーと最も近い政党や政治家に投票することが合理的な選択となる。しかし、何をもって政党や政治家を自らと「近い」と考えるかについては2つの考え方がある。

その1つは、「近接性モデル」と呼ばれる自分のイデオロギーから最も近い位置にある政党に投票する考え方である。他方の考え方は、「方向性モデル」と呼ばれ、自分のイデオロギーと同じ方向にある政党に投票すると捉える。図1をもとに2つのモデルの違いを説明しよう。ここでは、やや保守的なAさん（6の位置）と、政治的立場（イデオロギー）の異なる2つの政党（保守系のX党；9と革新系のY党；4）が存在する世界を考えてみたい。この状況下で、やや保守的なAさんは、X党とY党のどちらに投票すると考えられるだろうか。

もし近接性モデルが正しいとすれば、Aさんの位置（図中6）から最も近いポジションにある政党に投票すると考えられる。この場合、AさんとX党のイデオロギー距離（絶対値）は｜6－9｜＝3、Y党では｜6－4｜＝2なので、(相対的に) 距離の近いY党に投票すると予想できる。しかしやや保守的なAさんにとってみれば、イデオロギー的に異なる革新寄りのY党は個々の政治争点についてAさんとは逆の考え方の政策を進める可能性もある。その点を重視するならば、Aさんにとってみれば、むしろ、同じ方向の保守イデオロギーを共有するX党へ投票するだろう。方向性モデルでは、まさにイデオロギーの方向を重視する。

近接性モデルと方向性モデルのいずれが、現実の有権者の投票行動をうまく説明できるかはいまだ論争的なテーマである。またダウンズモデルそのものに対しても、あくまでアメリカを中心とする二大政党制の国を前提としており、多党制下での投票行動についてはうまく説明できない点への批判もある。こうした批判を踏まえて近年では、前述した3つの仮定を緩める試みや、**数理的方法**に基づいて理論を修正しながら、実証性も高める試みが進められている。

（秦　正樹）

▷3　ここでは、ダウンズモデルの中でも最も基礎的で単純なモデルを想定している。より詳しいモデルの内容については、アンソニー・ダウンズ（古田精司監訳）『民主主義の経済理論』成文堂、1980年を参照されたい。

▷4　日本の有権者に関していえば、近接性モデルの妥当性を主張する谷口尚子（『現代日本の投票行動』慶應義塾大学出版会、2005年）と、方向性モデルを主張する福元健太郎（「書評　近接性理論は方向性理論より有意に優位か？」『レヴァイアサン』43号、2008年、143-151頁）の論争が有名である。

▷5　**数理的方法**
数学的な厳密性をもって理論を記述する方法。フォーマルモデルとも呼ばれる。

参考文献
坂井豊貴『多数決を疑う――社会的選択理論とは何か』岩波新書、2015年。

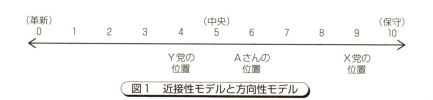

図1　近接性モデルと方向性モデル

第2部　入力過程

V　政治参加・選挙

投票行動の理論(2)：コロンビアモデル

 コロンビアモデルにおける投票行動

　いかなる政党も，党の主張（政策）を訴え，1人でも多くの有権者の支持を得ることにその使命がある。したがって投票行動研究において，「有権者と政党はどのように関係しており，また，投票に結びつくのか」との問いは重要な論点である。この点について本節では，有権者の社会的地位に注目して投票行動を説明する「コロンビアモデル」（あるいは「社会学モデル」とも呼ばれる）について説明する。

　コロンビアモデルの発見は，1940年代まで遡る。コロンビア大学の**ラザースフェルド**を中心とする研究グループは，1940年の大統領選挙において，人々がどのように投票先を決定しているのかを分析するために，オハイオ州エリー郡において世論調査（特にこの調査はエリー調査と呼ばれる）を行った。エリー調査の最大の特徴は，**無作為抽出法（Random sampling）**に基づき，同一人物に対して7回にわたって継続的に面接調査を行った点にある。ラザースフェルドらは同じ人に繰り返して行うパネル調査を行うことで，選挙キャンペーンを経る中で，各有権者が個人単位でどのように態度や意識を変化させ，投票行動とどのように結びついているかを分析した。

　ラザースフェルドらはエリー調査の結果に基づいて，有権者が投票先を決定する際には，各有権者が属する社会集団やネットワークの影響が大きいことを明らかにした。つまり有権者は，自らが所属する**社会経済地位（SES）**や宗教，居住地域などの社会的な属性に基づいて，政党や候補者を選択しているというのである。例えば，社会経済地位が高い有権者は，同質的な社会グループ（SESの高い人々同士）の中で日常的なコミュニケーションを行う。その結果，社会集団の特徴に応じて集合的に政治的な選好が形作られ，それに基づいて個人の投票先も決まると考えられる。

 ソーシャル・ネットワークと投票行動

　コロンビアモデルでは，各有権者の社会・経済的環境や，身近な知り合い（友人や家族など）との個人的な関係（パーソナル・ネットワーク）といった，比較的小規模集団の中でのつながり（ネットワーク）こそが，投票先の決定に重大な影響を与えることを指摘する。このように外部の影響力を重視するのがコロ

▷1　ラザースフェルド
⇒ⅥI-1「ソーシャル・ネットワーク」

▷2　またエリー調査は，現代の投票行動研究でもよく利用される学術的な社会調査のモデルとなる調査としても有名である。

▷3　無作為抽出法（Random sampling）
調査の対象となる回答者の抽出（サンプリング）において，何らかの意図に基づいて行うのではなく，ランダム（無作為）に抽出する方法のこと。十分な対象者を確保した上で無作為抽出を行うことができれば，母集団（調査対象の全体）の傾向と，抽出された標本の傾向が近似することが知られている。

▷4　ラザースフェルドらのこの議論は，メディア研究にも大きな影響を与えている。詳しくはⅥI-1「ソーシャル・ネットワーク」も参照されたい。

ンビアモデルの特徴であり，近年は取り巻くネットワークと個人の関係に注目する研究が多い。特に，こうした家族や社会とのつながりやネットワークのことを「紐帯」と呼び，友人や家族などのきわめて身近な人々との間で交わす政治的な会話は，様々なネットワークの中でも有権者の政治的な選好に強く影響する。

さらにネットワークの影響力の測定に関する研究も進んでいる。例えば，R. ハックフェルトと J. スプラーグの研究は，どのような相手と政治的会話を交わしているかに注目した。ハックフェルトらは，インディアナ州セントジョセフ郡において行った調査（サウスベンド調査）に基づいて，ソーシャル・ネットワークと投票行動との関係について分析した。サウスベンド調査では，**ネームジェネレイター**[7]と呼ばれる方法を用いて，どのような相手と，どの程度政治的な会話を交わしているのかを尋ねた上で，その会話相手に対しても同様の調査をする「スノーボール調査」を試みた。ハックフェルトらによると，投票先の決定に際しては，「強い紐帯」による影響力はさほど強くはなく，むしろ同じような政治的な選好を有する（と認識する）人との「弱い紐帯」の影響力の方が大きいことを実証した。

③ コロンビアモデルの課題と展望

コロンビアモデルは社会と個人のつながりを明らかにするダイナミックな理論である。しかし一方で，現実の場面をうまく説明しきれていないとの批判もある。一般に，社会的な地位や属性はそう簡単に変わるものではない。コロンビアモデルに基づけば，社会的な地位が大きく変わらないほとんどの有権者は，常に決まった政党に投票し続けると考えられるが，実際の政治状況ではしばしば政権交代が発生する。つまり，属する社会集団やネットワークの影響とは独立して，多くの有権者が投票先を変更しているのである。この点よりコロンビアモデルが指摘するような集合単位で投票先が同質的であるという見方は当てはまらず，むしろ各有権者個人の単位の心理的な変化の方が重要ではないかとの批判に晒された。

またネットワークに注目する近年の研究についても，いくつかの課題がある。例えば，多くの有権者が投票先を決する際は，種々の人的ネットワークと同時に，テレビや新聞などのマスメディアの情報なども影響も受けているはずである。ところが，個人とマスメディアの影響を明確に区別して前者のネットワークの効果「だけ」を抽出することは分析上難しい。以上の点は，アンケートでの測定方法や分析手法の発展に基づいて，より精緻な議論が必要とされる。

（秦　正樹）

▷5　**社会経済地位**（SES・Socio-Economic Status）
個人あるいは家庭の，社会において，どのくらいの階層（職業的な地位など）とそれに応じた経済状況（財産や所得など）に位置するかという状態のこと。例えば，医師は一般的に職業地位が高く，保有する財産も多いが，この場合は「SESが高い状態である」と表現される。

▷6　P. F. ラザースフェルド／H. ゴーデット／B. ベレルソン（有吉広介監訳）『ピープルズ・チョイス——アメリカ人と大統領選挙』芦書房，1987年。

▷7　**ネームジェネレイター**
調査の際に「あなたにとってよく政治的な会話をする相手を〇人思い浮かべて下さい」などと尋ねて会話相手を先に特定した上で，会話相手それぞれとの関係や会話内容などを質問する方法。大変な手間のかかる方法ではあるが，ネットワークの内部や構成を詳しく理解することができる。

参考文献

山田真裕・飯田健編『投票行動研究のフロンティア』おうふう，2009年。

第2部　入力過程

V　政治参加・選挙

6 投票行動の理論⑶：ミシガンモデル

1 ミシガンモデルと投票行動

アメリカ・ミシガン大学の研究グループは，投票意図の形成を明らかにする上では，社会集団単位に基づく説明には限界があり，そうではなく個人単位の「心理」に着目することの重要性を指摘した。こうした人々の心理や意識に基づいて投票行動を説明するモデルは，「ミシガンモデル」（あるいは広く「社会心理学モデル」）と呼ばれる。

ミシガンモデルは，各有権者が個別の政党や候補者に対してもつ好嫌や愛着心こそが投票先を決める際に重要であると主張する。より具体的には，「どのような候補者か（候補者要因）」「どのような政策を主張しているか（政策要因）」「どの政党に所属しているか（政党要因）」の3つに関する個人の考えを総合的に判断して投票先を決定する。またアメリカでは伝統的に，民主党と共和党の二大政党制であり，それゆえに有権者が投票先を決定する際には，（相対的に）候補者や個別の政策内容よりも所属政党のウェイトが大きくなるという。これら3つの要因のどれが最も重要かは，各有権者のおかれた政治制度や政治的文脈などで異なるとされるが，ミシガンモデルでは，候補者要因や政策要因よりも，政党要因が圧倒的に重要であると指摘する。

2 政党帰属意識と政治的社会化

ミシガンモデルでは，政党要因を説明する意識を「政党帰属意識（Party Identification）」と名づける。政党帰属意識は，ミシガンモデルの核となる概念であることから，以下ではこの点を詳しく説明する。

アメリカでは一般的に，共和党の支持者は共和党員（リパブリカン），民主党では民主党員（デモクラット）と呼ばれ，日本でよくみられるような〇〇党の支持者といった表現はしない。これはアメリカにおいて，共和党／民主党を支持することは，特定の政党への単なる支持を超えて，自らの存在は政党と不可分で一体的な，まさに「アイデンティティ」として捉えることに起因する。すなわち政党帰属意識は，有権者の中に離れがたく存在する応援政党に対する強い愛着心や一体感を表現している。

では，政党帰属意識はどのようにして形作られるのだろうか。この点についてミシガンモデルは，政治的社会化と呼ばれるメカニズムに基づいて説明する。

▷1　コロンビアモデルを批判し，政党帰属意識を軸とする新たな投票行動であるモデルを提唱した研究グループ。A. キャンベル，P. E. コンバース，W. E. ミラー，D. E. ストークスが所属していたことから，このモデルはミシガンモデルと呼ばれる。

▷2　一方で，日本では政党帰属意識と呼べるほどの愛着心や一体感を特定の政党にもつ有権者はさほど多くはない。この点について三宅一郎（1985）によれば，日本の政党支持は，認知と感情が入り混じっているため，アメリカにおける政党帰属意識とは異なる「政党支持態度」として定義される。

政治的社会化とは，人が幼少期から成長する中で，所属する集団内の政治的な規範や価値観などを学習・獲得していく適応の過程と定義される。特に幼少期から10代中盤までの社会化の過程は「初期社会化」，10代中盤以降は「後期社会化」と呼ばれる。ミシガンモデルでは，初期社会化によって政党帰属意識のほとんどが形作られるとする。特に政治的な考えをもたない幼少期において，親が支持する政党の情報が，家庭や学校・メディアを通じて固定的かつ継続的に与えられることで，その子も親と同じ政党を支持するようになる。また初期社会化によって形作られた政党帰属意識は，人の一生涯にわたって持続し（安定性），あらゆる政治的対象に関する評価や認識が帰属先の政党と一致するようになる（規定性）ことも知られている。

このようにきわめて強固な政党帰属意識は，（基本的には）どのような選挙においても投票先を強く規定する（長期的要因）。しかし実際の選挙では，選挙ごとに争点などにおいて文脈が変化するため，仮に政党帰属意識を有していても，ときとして帰属先政党と異なる投票先を選択することもある（短期的要因）。ただし，投票先と帰属先政党のズレは，あくまで一時的であり，次の選挙では，再びこれまでの政党帰属意識に基づいて投票すると考えられている。こうした一時的な投票先の変更があっても，最終的には帰属意識をもつ政党に戻ってくることは「投票の帰属意識からの独立」と呼ばれる。

❸ ミシガンモデルへの批判

社会化の過程で有権者個人の中に形作られる政党帰属意識を重視するミシガンモデルは，1960年代より，投票行動を説明する有力な説として台頭した。一方で，ミシガングループが調査を実施した1950年代は比較的，政治が安定した時期であったために政党帰属意識と投票先が「たまたま」一致していたにすぎないとの批判がある。実際に，60年代以降の調査結果では，投票先と帰属意識をもつ政党はさほど一致していないとの結果も示されている。あるいは，アメリカでは1970年代後半以降に増加した「政党支持なし層（いわゆる無党派層）」の存在は，そもそも政治的社会化が成立し得ないことを示唆した。もっともこれに対してミシガンモデルの論者は政党帰属意識の「強度」に注目して反論するなど一時は論争的であった。しかし，1980年代以降は合理的選択論の隆盛によって，ミシガンモデルは下火となった。ただし下火になったとはいえ，近年でも政党帰属意識が全く否定されているわけではなく，ミシガンモデルを前提とした投票行動研究は進展している。したがって今後もミシガンモデルの理論の修正や実証的な検証により，より精緻化が図られていくものと考えられる。

（秦 正樹）

▷3 どの年代までを政治的社会化の期間とするかは論者によって大きく異なる。例えば初期社会化についていえば，D. シュワルツらは5歳くらいまでの幼稚園や保育園くらいの時期までを，D. イーストンらやF. グリーンステインは8～13歳頃までを初期社会化として定義する。ただし，いずれの論者においても初期社会化の重要性の点では概ね一致している。また日本では，初期社会化よりも後期社会化の方が強い影響力を有すると指摘されている。

▷4 政党帰属意識には，安定性や規定性以外にも，一次元性や偏在性などの性質があることが指摘されている。一次元性とは，有権者の自己認識の中で，あたかもものさしのように，真ん中を支持なしと置いて，二大政党制における共和党と民主党とを両端（真逆）として捉え，真ん中から両端にいくほど「支持の強度」として測定できることを指す。また偏在性とは，有権者のほとんどがいずれかの政党を支持している状態を指す。より詳しい概念の説明は，三宅（1985：100-102）を参照されたい。

参考文献

三宅一郎『投票行動』東京大学出版会，1985年。

谷口将紀『政党支持の理論』岩波書店，2012年。

第2部　入力過程

V　政治参加・選挙

投票行動の理論(4)：業績評価投票

1　賞罰投票から業績評価投票へ

　これまでみてきた投票行動のモデルは，有権者の「自律性」という側面で2つの分類ができる。最初のダウンズモデルでは，投票先の決定に際して最も重要なのは「自分の利益に合致するかどうか」であるが，コロンビアモデルとミシガンモデルは，明示的な利益よりも，社会集団（ネットワーク）や過去の経験（政治的社会化）を重視する立場であった。しかし現実的にいえば，大多数の有権者は，支持政党はありつつも，友人や家族の意見も鑑み，またその時々の政府の出来具合も勘案して投票先を決定していると考える方が自然であろう。このように，特に政府の業績の良し悪しの判断に基づいて投票行動を説明するモデルを「業績評価投票モデル」と呼ぶ。

▶1　キー(Key Jr., Valdimer O.：1908-63)
アメリカの政治学者。有権者の投票行動に関する包括的なモデルとして賞罰投票を提示したことで有名。

　業績評価投票モデルは，**V. O. キー**▶1が指摘する「賞罰投票」と呼ばれるメカニズムを前提とする。賞罰投票とは，前回選挙から今回の選挙の間に政権を担当した政府（与党）の業績をみて，評価するならば与党に，評価できないならば，与党への罰として野党に投票すると捉えるモデルである。賞罰投票のロジックはきわめてシンプルで分かりやすい。ただし，賞罰投票が成立するためには，日頃から今の政府の業績をきちんと把握していることが前提となるが，政府の業績を知るためには，膨大な政治情報の中から必要な情報だけを取捨選択する能力や時間が必要となる。一般に，これらのコストを払ってまで政府の業績を日頃からチェックするような有権者はさほど多くはない。

▶2　フィオリーナ(Fiorina, Morris P.：1946-)
アメリカの政治学者。賞罰投票モデルを修正し，有権者の合理的な投票行動を指摘する「業績評価投票」のモデルを提示したことで有名。

　フィオリーナ▶2は，賞罰投票の前提を修正した「業績評価投票モデル」を提唱する。フィオリーナは，ミシガンモデルにおける政党帰属意識は，政治的社会化による学習だけでなく，帰属先政党の業績（の累積）の影響も加えられていると主張する。例えば，共和党支持の親の影響（政治的社会化）で強く共和党への政党帰属意識をもったとしても，共和党の政治運営があまりに不甲斐ないと感じれば，共和党への愛着心のレベルは低下するだろう。すなわち，有権者の投票決定において，政党帰属意識は，あくまで自身の期待に沿っている場合に強く機能し，評価できないと感じれば愛着心は低下する。

2　経済投票モデル

　業績評価投票モデルにおける「政府の業績」には，経済や外交など多岐にわ

66

たる政策領域が含まれる。では有権者は，どのような政策領域を業績評価の対象としているのだろうか。フィオリーナの当初の議論では，内政だけでなく外交上の政府のパフォーマンスも評価基準に含まれるとした。しかし実際には，経済政策の評価は身近な状況から容易に判断が可能である一方で，外交や安全保障政策の良し悪しを判断するためには，一定の政治的な能力や知識が必要となる。すなわち，情報コストを嫌う多くの有権者は，経済政策に注目して政府を評価するだろう。こうした政府の「経済政策の良し悪し」に基づいて投票すると考えるモデルは，特に「経済投票モデル」と呼ばれる[3]。さらに経済投票は，「経済評価の対象が個人か国か」「どの時点の経済状況か」の2つの論点に基づき細分化される。

フィオリーナは，有権者は現在の自分の財布や家計の状況から，政府の経済政策の良し悪しを判断していると考えた。これに対して R. キンダーらは，より広い国全体の経済状況（GDP や失業率など）に基づいて判断していると反論する。前者のように身近な経済状況を重視する場合は個人志向経済投票（ポケットブック），国全体の経済状況を重視する場合は，社会志向経済投票（ソシオトロピック）と呼ばれる。

またどの時点における経済政策を評価するのかも重要な論点となる。フィオリーナは，過去の経済政策の成果に基づいて政府を評価すると考えたが，投票決定の際は，過去だけでなく将来に向けて，どの政党がより良い経済政策を提示できているかも考慮するはずである。M. マキュインらは，次の政権期における経済政策への期待に基づいて多くの有権者は投票していると反論した。フィオリーナ流の過去の業績に基づく投票決定のあり方はレトロスペクティヴ型投票，対するマキュインらのように将来期待に基づく投票決定のあり方はプロスペクティヴ型投票と呼ばれる。

③ 業績評価投票モデルの課題

業績評価投票モデルは，1980年代以降，投票行動研究における主流理論の1つとなっている。ただし，業績評価投票のメカニズムについては，国や時代によって異なる場合も多く，必ずしも体系的に説明できているわけではない部分も多い。例えば，連立政権の場合は，業績をどのように政党ごとに分けて見積もるのかといった論点もある。さらに近年の政治状況を考えると，認知負荷が高いとはいえ，外交評価を完全に無視することも非現実的である。業績評価投票モデルのコンセプトは残しつつ，理論の精緻化と一般化が今後の研究上の課題といえるだろう[4]。 （秦　正樹）

▷3　業績評価投票モデルはいってみれば「政府のあらゆる成果」を評価の対象とするのに対し，経済投票モデルは「政府の経済政策のみ」を対象とする点で，厳密には独立した異なるモデルである。ただし実際的には，両モデルとも賞罰投票の理論的コンセプトを共有し，同様の問いを扱っていることから，近年では同一のモデルとしてみなす場合も多い。

▷4　紙幅の関係ですべては指摘できないが，ほかにも，GDP や失業率などの集合レベルのデータ（アグリゲートデータ）で分析する場合と，アンケート調査で個人単位のデータ（ミクロデータ）で分析する場合とでは，業績評価における経済政策の影響力が異なるといった齟齬などもみられる。

（参考文献）

飯田健・松林哲也・大村華子『政治行動論』有斐閣ストゥディア，2015年。
池田謙一編『政治行動の社会心理学——社会に参加する人間のこころと行動』北大路書房，2001年。

第2部　入力過程

Ⅴ　政治参加・選挙

 投票行動と有権者の合理性

 有権者の合理性・政治的能力

　これまで説明してきた投票行動の4つのモデルは，つまるところ，投票選択における「有権者の合理性」に関する仮定（捉え方）の違いに由来する。仮に多くの有権者が何の考えや意図もなく，ランダムに投票先を決しているとすれば，いかによい政府であったとしても，その対価としての得票は得られず，民主政治そのものも立ちゆかなくなる。では有権者はどの程度「合理的」で「自律的」に投票先を決めているのだろうか。

　コロンビアモデルやミシガンモデルは，（相対的に）有権者の合理性を低く見積もる傾向にある。例えばコロンビアモデルは，自分自身というよりも，属する社会集団におけるネットワークやその内部の身近な他者の意見に強く影響される有権者像が想定されている。ミシガンモデルは，コロンビアモデルに比べれば個人の自律性を認めるものの，それはあくまで限定的であり，むしろ親や学校・メディアなどの影響を強く受ける有権者像を想定する。両モデルとも，自分自身を取り巻く環境との相互作用を重視する点で共通する。

　他方で，ダウンズモデルや業績評価投票モデルでは，前の2つのモデルに比べて，（相対的に）合理的な有権者を想定する。前述したように，ダウンズモデルが想定する有権者像は，相当に合理的である。すなわち，もし政党が政治的立場を変更すれば，それに応じて有権者自身も自らの利得を最大化するべく主体的に政党を変更するのである。また業績評価投票モデルでも，その時々の政府の業績を理解し判断することができることを想定するものであり，帰属意識をもつ政党に縛られない有権者像である。

　有権者の合理性をどこまで認めるかは，単に理論的な違いだけでなく，現実の民主政治のあり方を理解する上でも異なる示唆を与える。例えば，ミシガンモデルが考えるように，有権者が「政党帰属意識」に縛られているとすれば，状況に応じて，主体的に政治的判断を下すことができず衆愚政治に陥りかねないことを示唆する。しかし実際にはアメリカ政治で民主主義は機能しており，理論と実際にやや齟齬があるようにも思える。そう考えると実際には，有権者は確かに合理的であるように思えるが，一方で，すべての有権者が政治に関心をもっているわけでなく，実際に様々なレヴェルの選挙で低投票率が問題視されている。こうした事実の中にあっては，有権者が様々な情報を完全に完備し

て，常に合理的に投票先を決めているともいえないだろう。

② 投票行動研究における新たなアプローチ

近年の投票行動研究では，有権者の合理性の有無というよりも，合理性が発揮される条件を探る議論が増えつつある。例えば，有権者は選挙で一度きりの政治的決定を下しているのではなく，過去の選挙での投票経験や，そこでの政党の勝ち負けの経験の累積に基づき「学習」し，政治参加の態度を強化していくと考える議論がある。あるいは，過去の政治参加の経験が他の記憶と結びついた「エピソード記憶」となり，人それぞれに異なる「政治の記憶」が投票行動と関連することを指摘する知見もある。これらは，有権者ごとに異なる個人の経験や政治的な環境の影響を重視するアプローチであるが，より人間の生得的なメカニズムを通じて合理性を捉える研究もある。例えば，経済学における「プロスペクト理論」を有権者の投票行動に援用し，有権者がそもそもリスクに受容的か回避的かによって投票行動が異なることを実証する研究もある。

いずれの研究も，有権者の合理性を所与とするのではなく，それが形作られる背景までも射程とすることで，どのような人あるいはどのような条件下において，有権者の合理的な行動がみられるかを析出しようとする。こうした知見は，投票行動の新たなメカニズムや原因を発見しようとする点できわめて野心的な研究でもある。

③ 投票行動研究と方法論

以上の「新たなメカニズムや原因」の発見は，それを証明するための分析手法（方法論）の発展とも不可分な関係にある。特に投票行動研究は，伝統的に，実証政治学においても方法論の発達が最も著しい分野の１つである。

投票行動研究の分野では一般的に，世論調査データを利用した計量分析が行われてきた。さらに近年では，コンピュータの発達などにより，これまでの方法では検証できなかった様々な投票行動のメカニズムが解明されつつある。実際に，②で示した新たな研究の知見も，**マルチエイジェント・シミュレーション**と呼ばれる手法や，**テキストマイニング**と呼ばれる手法，また社会調査と実験手法を融合した**サーベイ実験**と呼ばれる新たな分析手法を積極的に取り入れることで可能となっている。またそれ以外にも，脳神経科学の方法（機能的磁気共鳴撮像法：fMRI）を用いた有権者の情報処理に関する研究や，遺伝子情報と投票行動の関係の解明など，自然科学分野との融合も図られつつある。新たなメカニズムを実際に証明する手段（方法論）の発展は，より規範的で根源的な問いでもある「有権者の合理性と民主主義」の関係を理解するための大きな手助けとなろう。

（秦　正樹）

▷1　代表的な研究に，荒井紀一郎『参加のメカニズム——民主主義に適応する市民の動態』木鐸社，2014年。

▷2　代表的な研究に，岡田陽介『政治的義務感と投票参加——有権者の社会関係資本と政治的エピソード記憶』木鐸社，2017年。

▷3　代表的な研究に，飯田健『有権者のリスク態度と投票行動』木鐸社，2016年。

▷4　**マルチエイジェント・シミュレーション**
様々な設定（条件）をプログラミングした仮想世界をコンピュータ上で設計した上で，シミュレーションによって複数のエイジェントが相互的に行動した結果を分析する方法。

▷5　**テキストマイニング**
数値ではなく実際の文字データを用いて，単語出現の頻度や単語間の関係について分析する方法。

▷6　**サーベイ実験**
主にインターネットを用いた調査において，回答者をランダムにいくつかのグループ（実験群）に配分した上で，実験群ごとに比較分析することで，特定の条件（原因）が結果に与える効果（因果効果）を検証する方法。

（参考文献）
加藤淳子・境家史郎・山本健太郎『政治学の方法』有斐閣アルマ，2014年。
肥前洋一編『実験政治学』勁草書房，2016年。

第2部　入力過程

Ⅴ　政治参加・選挙

若者の投票行動

1　「若者の投票離れ」は何が問題なのか

　2016年の参院選より，投票権年齢が従来の20歳から18歳に引き下げられた。投票権年齢の引き下げにあたり，18歳の一部には高校生も含まれていることから，政治的判断を行うには未熟だとする否定的意見がありつつも，概ね，より若い時期から政治との関わりをもつことで，若年投票率の向上につながるといったポジティブな見方が多いように思われる。投票率の低下は，選挙を通じた政府の応答性を低下させるだけでなく，民主主義の基盤を揺るがしかねない。だからこそ特に投票率が低い若年層に焦点を当てた政策が必要となる。

　また若年層の投票率低下は，年長世代の投票率が政治に過大に反映され，逆に若者を対象とする政治的な分配が低下してしまう（「シルバー民主主義」と呼ばれる）といった弊害も引き起こしかねない。例えば，政治家は，年金問題には積極的に取り組むが，奨学金や子育てなどの若年層に特有の問題にはあまり本腰をあげようとしない場合などが典型例の1つとしてよく指摘される。

2　若年投票率の推移

　図1は，1960年代以降に実施された衆院選における年齢集団ごとの投票率を示したものである。この図から，31回総選挙を除いて，一貫して20代投票率が最も低い傾向にあることが分かる。あるいは1960〜70年代の20代の投票率は約60％前後を推移しているのに対して，現在の20代は30〜40％前後であり，以前の若者に比べても現在の若者の投票率はやはり低下しており，特に2014年の総選挙では32.58％と戦後最低であった。

　もっとも，投票率低下の傾向は若年層だけではなく，全世代で生じていることも確認できる。例えば，一貫して投票率が最も高い年齢集団である60代の推移をみても，過去に比べて投票率は低下傾向にある。さらに，投票率が大幅に低下した1990年選挙から1996年選挙にかけては，全世代の投票率が同程度に低下している。したがって，長期的にみた場合，投票率の低下は若者に限ったことではなく，日本人全体で生じているといえよう。

3　若年投票率の国際比較

　では，諸外国の若年投票率と比較したときに，日本の若者の投票率はどのよ

▷1　もっとも国際的にみれば，投票権年齢を18歳（18歳未満も含む）とする国の方が，20歳とする国よりも圧倒的に多数を占めている。

[V-9] 若者の投票行動

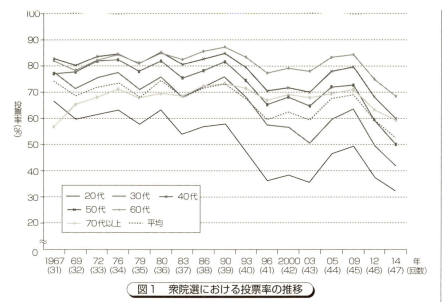

図1　衆院選における投票率の推移

（出典）総務省ウェブサイト（http://www.soumu.go.jp/senkyo/senkyo_s/news/sonota/nendaibetu/）より筆者修正。

うに解されるのであろうか。図2は，民主主義・選挙支援国際研究所（IEDA）が発表しているデータを筆者が分かりやすく修正した上で図示したものである。ここでは国際比較調査をもとに，各国の18〜24歳の平均投票率を25〜50歳の平均投票率で割った値を算出した指標を用いる。つまり，もし若年世代と年長世代の投票率が同じであれば「1」となり，若年世代が年長世代よりも低いほどこの値も低くなる。日本は，義務投票制を採用する国を除いた31カ国中25番目に位置しており，この指標では「0.78」である。▷2 国際的にみても日本の世代間の投票率格差は大きく，若年世代の政治的不活性の問題は他国に比べてもより深刻であることが読み取れる。▷3

こうした若年投票率が低い理由の1つは，投票参加の公式に基づけば，▷4 投票義務感（Duty）が備わっていなかったり，コスト感覚も高く見積もりやすくなる点があげられる。このように考えると，投票率改善のためには，啓発などを通じた意識の醸成だけでなく，例えばショッピングモールや大学に投票所を設置するなどの投票環境の整備も重要となろう。　　（秦　正樹）

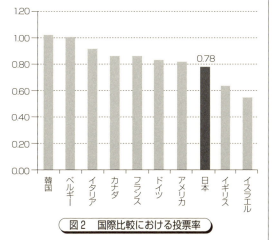

図2　国際比較における投票率

（出典）Society at a Glance 2016：OECD SOCIAL INDICATORS, OECD, 2016, p. 131を基に筆者作成（一部の国を抜粋）。

▷2　図2のデータでは，主に2010年代の選挙データを用いているが，日本については2003年とやや古いデータが採用されている。そこで2014年総選挙時において，明るい選挙推進協会が公開しているデータを利用して筆者が同様の指標を計算したところ，35.3%（20〜24歳投票率）／54.3%（25〜54歳投票率）≒0.65となり，2003年の0.78に比べても世代間投票率の格差が拡大していることが分かる。

▷3　ただし若年層の投票率が低いことの「原因」については，方法論上の問題からそれを特定するのは容易ではない。現在の若年層の投票率が低いことの理由について，単に若いからで年をとれば投票に行くようになるのか（加齢効果），現在の若者世代に特有の影響（世代効果）によるのか，たまたま争点が分かりにくい選挙が続いているだけ（時勢効果）なのか，これら3つの効果を分解して理解することは難しい。こうした加齢・世代・時勢効果を分離することの難しさは「識別問題」と呼ばれる。

▷4　投票参加の公式は，[V-3]「投票参加のメカニズム」も参照されたい。

参考文献

寺島実郎『シルバー・デモクラシー──戦後世代の覚悟と責任』岩波新書，2017年。

Ⅴ　政治参加・選挙

10　投票外参加のメカニズム

1　投票以外の政治参加

　政治参加の手段には，選挙（投票参加）を通じた間接的な関与だけでなく，デモや署名，政治家の陳情やボイコット運動などもある。こうした投票以外の政治活動への参加形態は一般に「投票外参加」と呼ばれる。

　投票外参加は民主主義の基盤を維持する上で重要な機会である。次の選挙が来るまでの間にも，市民の意見を政府に直接訴えることで，しかるべき行政的／政治的な対応が行われる場合もある。そうした前提の下，（一定のルールはあるものの）すべての市民にデモや署名活動などを行う権利が認められている。ただし，実際にこうした活動に従事する者は，ごく一部の市民に限られているのもまた実態である。なぜなら投票外参加は，市民の自発的な動機を基盤とし，投票参加よりも圧倒的に高い物理的／心理的なコストがかかるためである。そこで以下では，どのようにして投票外参加が促されるのかそのメカニズムを説明しよう。

2　シビック・ボランタリズム・モデル

　投票外参加には多様な形態が含まれるが，特にヴァーバらによる「シビック・ボランタリズム・モデル」と呼ばれる3つのメカニズムはよく参照される。そこで以下では，このモデルに注目して説明しよう。

　第1のメカニズムは，そもそも政治に参加することが可能か否かを決定する「資源（リソース）」である。資源とは，各個人が有する時間的・金銭的な余裕に加えて，政治に関するスキル（市民的技術）も含まれる。例えば，デモに参加するためには，仕事や学校を休む必要があるかもしれないが，それに相当する給与等は保障されないだろう。つまり投票外参加を行うためには，時間に余裕がある，あるいは時間に拘束されない職業に就いているといった一定の条件が必要となる。また組織的にデモ活動をする場合は，組織に参加し運営するためのコミュニケーション能力を備えていることが必要となる。加えて，投票参加によって訴える社会的問題は，デモによって訴えることで，現況がどの程度改善するのかなどについても正確かつ適切に理解・認識しておく必要がある。そのための政治的な知識やスキルなども資源の1つとして捉えられる。

　続く2つ目のメカニズムは，参加したいかしたくないかを決定づける「政治

▷1　ただし，政治参加（特に投票外参加）は，政治に関するすべての参加活動を意味するわけではない。蒲島郁夫によれば，学術的な「政治参加」の定義として，①一般市民による活動であること，②実際に影響を与えたか否かは問わないこと，③政府を対象として，政府に影響を与えようとすること，④能動的か受動的かは問わないこと，⑤実際に行われた政治的活動であることの5つの条件を満たしている必要がある。詳しくは蒲島（1988）を参照のこと。

▷2　政治参加に近い概念として「社会運動」がある。ただし社会運動は，政府に対する訴えだけでなく，広く企業や特定の組織や団体に対する活動も含むため，ここでは政治参加とは区別している。社会運動における参加のメカニズムに関しては，ニック・クロスリー（西原和久ほか訳）『社会運動とは何か――理論の源流から反グローバリズム運動まで』新泉社，2009年に詳しい。

▷3　⇒ Ⅴ-3 「投票参加のメカニズム」も参照。

的関与（政治的志向性）」の要因である。政治的関与とは「市民が心理的に政治にどのように関わっているかを表す言葉」として定義される。またその中には，政治的関心・政治的義務感・政治的有力感・政治的信頼・参加のコスト感覚および地域愛着度，政党支持強度などの心理的要素が含まれる。政治的関与が高い人は，政治の出来事を積極的に理解しようとするのだから，投票外参加も活発に行おうとするだろう。この点について蒲島郁夫の分析によれば，投票への参加は「参加のコスト感覚」が強く影響している一方で，選挙運動への参加は「党派性」が強い効果を有していることが指摘されている。[5]

　最後のメカニズムは，政治参加を強く促す効果をもつ「動員」のメカニズムである。組織や団体，あるいは個人的なネットワークからの協力や依頼は，投票外参加を促しうる。例えば，各種の労働組合が行うデモでは，必ずしもふだんから積極的に労働組合の活動に従事しているわけではない人が，組合関係者の依頼に応じて参加している場合も多々ある。また，動員を依頼する側の組織においても無限に人的／金銭的な資源を有するわけではない。したがって効率的に動員を行うためには，相手（ターゲット）を絞って動員を行う必要がある。このように的を絞って動員をかける方法は「限定的動員」と呼ばれる。

3　3つのメカニズムの関係

　最後に，投票外参加を促す3つのメカニズムの関係について整理しておきたい。1つ目の資源のメカニズムであるが，一般に，個人の資源は社会経済的な地位や階層と強く結びついていることを念頭に考えるとイメージしやすいだろう。例えば，しばしば駅前などで行われている署名活動では，若い人よりも，比較的高齢者が行っていることも多い。リタイア後の高齢者は，時間的・金銭的な「資源」が多く，逆に若い人はそれらの資源が少ないことが影響しているだろう。2つ目の政治的関与は，より「政治的な活動」として捉えられる。特に投票外参加は，政府（与党）に対する抗議の意味が含まれている場合も多く，そうすると野党の支持者あるいは与党（政府）を嫌う者の方が投票外参加に積極的になると考えられる。

　最後の動員のメカニズムは，当初から特定の「政治的目的」を達成しようと意図して行われる点で，他の2つのメカニズムとはやや異なる特徴を有する。また一定規模の組織や団体の存在が前提となる動員は，資源や政治的関与の多寡とは無関係に投票外参加を「強制」することが可能となる。

　こうした3つの相互関係は，投票外参加を考える上で重要な論点であるが，日本における研究例が決して多くはなく，今後の知見の蓄積が待たれている。

（秦　正樹）

▷4　S. Verba, K. L. Schlozman and H. E. Brady, *Voice and Equality : Civic Voluntarism in American Politics*, Cambridge : Harvard University Press, 1995.

▷5　蒲島（1988）。

参考文献

山田真裕『政治参加と民主政治』東京大学出版会，2016年。

蒲島郁夫『政治参加』東京大学出版会，1988年。

V　政治参加・選挙

11　日本における投票外参加

1　日本人の投票外参加

　安定的な民主制を維持する上で，市民の積極的な政治参加が重要な役割を担うことはいうまでもない。ただし選挙での投票参加だけでそれが達成されるわけではない。なぜなら，競争的な選挙では敗者（落選候補者）が必ず生まれ，結果的に敗者となった側の候補者や政党に投じた有権者の意志は政治的決定に反映されにくい。また日本の衆議院では半数以上の議員が小選挙区制により選出されるが，小選挙区制では**死票**が生じやすいため，敗者側の意見が反映されにくい傾向はより強くなってしまう。このように敗者側への投票者の意見は，選挙だけでは政治の場に届きにくくなるからこそ，選挙以外のチャネルを通じて，現政府や世論に意思表明をする必要が生じる。投票外参加はあくまでインフォーマルな参加の形態ではあるものの，より多くの人が政治に意思表明をすることで，隠れていた政治的・社会的な問題を顕在化させ，政策的対応を迫ることができる。

　このように投票外参加は，選挙での民意反映の機能を補填する機能がある。実際に諸外国では，日常的にデモや署名，あるいはロビー活動などの政治運動や政治活動が行われ，政府に政策転換を迫ることがよくある。他方で日本人の投票外参加率は国際的にみてもきわめて低いレベルにある。

▷1　⇨ⅥI-5「カウンターデモクラシーとメディア」も参照。

▷2　死票
特に多数代表制（日本では小選挙区制が採用されている）における選挙において，「当選しなかった（敗者）側」への投票は選出結果にはほとんど反映されず切り捨てられてしまう。このように，敗者に対する票は選挙結果に反映されないため，一般に死票と呼ばれる。

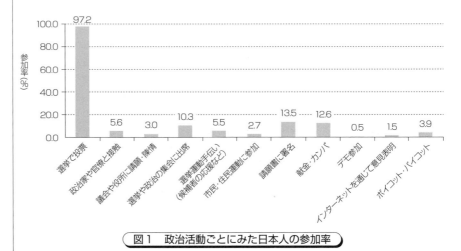

図1　政治活動ごとにみた日本人の参加率

（出典）「変動期における投票行動の全国的・時系列的調査研究（JES Ⅳ-SSJDA 版），2007-2011」第6波（2010年参院選後）より，一部抜粋。

図１は，2010年に実施された全国世論調査の結果より，過去５年以内に参加したことのある政治活動の割合を図示したものである。例えば，候補者の選挙運動の手伝いは5.5％，署名活動は13.5％，デモ参加率にいたっては0.5％と，日本人は投票以外の政治参加にきわめて消極的あることが分かる。

　また図１は，日本人の政治参加に関してもう１つの特徴も示している。前述のように，確かに日本人の投票外参加はきわめて低調であるのに対して，選挙での投票参加だけは突出して高く，投票経験は97％を超えている。つまり日本人の政治参加は，自発的・能動的に行う投票外参加には消極的であるが，いわば受動的な投票には参加するという政治参加の二重構造がみられる。

② 日本人の政治忌避意識

　では，日本では投票外参加に極端に消極的なのはなぜなのだろうか。この点について西澤由隆は，日本に存在する「政治と関わりたくない」という政治文化的な背景に由来することを指摘する[3]。多くの日本人が政治に参加すること自体を拒否する「参加忌避意識」と呼ばれる心理傾向を有しており，特に投票外参加は「そんなことをして良いのだろうか」とその正当性に疑問をもつために投票以外の行動を起こすことに消極的になるとされる。しかし選挙での投票に限っては，国が公式に用意した制度であるために拒否感が薄れて参加する。まさに「政治参加の二重構造」のメカニズムを実証的に明らかにしている。

　同様に平野浩は，参加忌避意識を含む，他の様々な政治意識も含めて投票外参加の規定要因について分析する[4]。平野は，世論調査データの分析より，日本人には先述した「（参加）忌避意識」に加えて「監視意識」の２つの次元（潜在的な傾向）を併せもつことを示し，前者の（参加）忌避意識が高いだけでなく，監視意識が低い場合も投票外参加に消極的となる傾向を明らかにしている。ただし同時に，幼少から青年期にかけて政治的社会化がうまく機能している場合は，投票外参加に積極的になることも示されている。

③ 日本における投票外参加の今後

　冒頭にも述べたように，選挙を通じた参加にのみ依存する民主政治のあり方は，世論において選挙で負けた側の不満が蓄積しやすく，だからこそ投票外参加を通じて常に政府に意見表明することが重要となる。上記で指摘した，日本人の参加忌避意識の高さ・監視意識の低さが投票外参加を抑制しているとの知見は，長期的にみれば，日本の民主政治を脅かしかねないことをも示唆している。積極的な啓発活動によって世論に蔓延する高い参加忌避意識や低い監視意識を改善することの重要性は，まさにこの点に求められるのである。

（秦　正樹）

▷3　西澤由隆「政治参加の二重構造と『関わりたくない』意識──Who said I wanted to participate?」『同志社法学』55巻５号，2004年，1-29頁。ただし西澤は，この性格が日本人にのみ特有といえるかは国際比較調査が必要であるため，「日本の文化である」とまで主張するのは留保が必要とも述べている。

▷4　平野浩「日本における政治文化と市民参加──選挙調査データに見るその変遷」『政策科学』19巻３号，2012年，143-161頁。

（参考文献）

冨永京子『社会運動のサブカルチャー化──Ｇ８サミット抗議行動の経験分析』せりか書房，2016年。

第2部　入力過程

Ⅴ　政治参加・選挙

❶ 選挙制度をめぐる様々な論点

　選挙権や被選挙権の範囲（年齢や居住外国人の扱いなど），任意投票制か義務投票制か，投票の日時や場所，投票手段（自筆で記入する自書式か，○印等をつける記号式か，タッチパネル等による機械式か，インターネット投票かなど）等，様々な点において各国の選挙制度は異なる。

　そして選挙制度は，投票率や，議員による選挙区へのサービスや，議会における社会集団の代表の程度（女性議員の比率など）や，政党組織（政党幹部の力が強い集権的な組織になるかなど）等，各国の政治過程のあり方に重要な影響を及ぼす。なかでも，選挙制度が，二大政党制か多党制かなどの**政党システム**のあり方に及ぼす影響がこれまで特に注目されてきた。政党システムのあり方によって，少数意見が議会の構成に反映されるか，連立政権になるか単独政権になるかなど，その国の政治過程のあり方が大きく変わってくるからである。

❷ 議席決定方式・選挙区定数・投票方式

　政党システムに及ぼす影響という観点から選挙制度を検討する場合，まず，有権者が投じた票をどのように議席に変換するかに関わる議席決定方式が重要となる。議席決定方式は大きく分けて，獲得票数の多い順に当選者を決める方式である「多数代表制」と，政党ごとの得票に比例して議席を配分する「比例代表制」と，両者を合わせた「混合制」の3つに分類することができる。

　次に，議員を選挙する単位である「選挙区」から当選者が何人出るかという選挙区定数が重要である。日本の場合，同じ多数代表制の選挙でも，衆議院の選挙区選挙は定数1で「小選挙区制」であるのに対して，原則として都道府県を単位として行われている参議院の選挙区選挙は定数1から6までまちまちである。

　投票方式も重要である。日本の衆議院や参議院の選挙区選挙のように有権者が候補者に対して投票する方式もあれば，衆議院の比例代表選挙のように政党に対して投票する方式もあれば，参議院の比例代表選挙のようにどちらに対しても投票できる方式もある。候補者に対して投票する場合も，候補者のうちの1名に投票する「単記制」と複数の候補者に投票できる「連記制」があり，連記制も，定数の数だけ投票できる「完全連記制」と，定数に満たない数しか投

▷1　政党システム
⇒Ⅰ-3 「政党システムとその類型」

▷2　参議院の任期は6年で，3年に1回，半数ずつ改選されるので，各選挙区ごとでみた定数はこの2倍となる。

▷3　完全連記制のことを「ブロック投票制」ということもある。

▷4　レイプハルト
（Lijphart, Arend：1936-）オランダ出身の政治学者。アメリカ政治学会の会長も務めた。社会的に分断されている国であっても，少数派に拒否権を与えるなどの「多極共存型民主主義」の方法によって安定した民主主義が可能であるとする主張を展開した。近年は多極共存型民主主義の概念を発展させた「コンセンサス型民主主義」と，「多数決型民主主義」を対比した研究で注目されている。

表1　各国（二院制の場合は下院）の選挙制度

	該当国の数	比率(%)	例
多数代表制（小選挙区・相対多数制）	63	26.8	アメリカ，イギリス，カナダ
多数代表制（小選挙区・決選投票制）	18	7.7	フランス
多数代表制（小選挙区・優先順位制）	4	1.7	オーストラリア
多数代表制（大選挙区・完全連記制）	11	4.7	アラブ首長国連邦，クウェート
多数代表制（大選挙区・単記非移譲制）	3	1.3	アフガニスタン，モンゴル
比例代表制（単記移譲式投票制）	2	0.9	アイルランド，マルタ
比例代表制（政党名簿式比例代表制）	85	36.2	イタリア，オランダ，スウェーデン
混合制（並立制）	33	14.0	日本，韓国，ロシア
混合制（併用制）	7	3.0	ドイツ，ハンガリー，ニュージーランド
その他	9	3.8	
計	235	100	

（出典）ACE Electoral Knowledge Network の Web サイト（http://aceproject.org/　2017年4月26日最終閲覧）。

票できない「制限連記制」と，候補者に順位をつけて投票する「優先順位制」がある。

　以上のように，選挙制度の分類には様々なものがあるが，議席決定方式としての「比例代表制」と，多数代表制で定数1の「小選挙区制」の対比が特に注目されてきた。例えば**レイプハルト**[4]は，比例代表制は，多党制，連立政権，内閣と議会の均衡した関係をもたらすことを通じて，少数意見も含めた広範な意見の一致を目指す「コンセンサス型民主主義（合意型民主主義）」につながり，一方，小選挙区制は，二大政党制，単独政権，議会に対する内閣の優位をもたらすことを通じて，ぎりぎりの過半数に権力を集中して迅速な決定を行う「多数決型民主主義」につながるとし，そのような民主主義のあり方の違いが政府の政策や業績にも大きな影響を及ぼすと主張している[5]。

③　異なる選挙間の制度の相違やタイミング

　選挙制度を検討する際には，個々の選挙の制度を検討するのみならず，一国内での異なる選挙間の制度の相違やタイミングにも注目する必要がある。

　アメリカではほぼすべての選挙が小選挙区制で，ドイツでは逆に比例代表制を原則とした制度でほぼ統一されているのに対して，日本の場合は，衆議院，参議院，地方首長，地方議会の選挙が異なった選挙制度の下に行われていて統一性に欠けており，そのことが政党や政党システムの健全な発育を妨げているという指摘がある[6]。

　また，異なる選挙間のタイミングにも注目する必要がある。同じ時期や近い時期に行われる選挙は，候補者・政党・有権者の行動について連動し，それが得票や投票率に影響するといわれる。例えば，アメリカでは大統領選挙は4年ごと，上院と下院の選挙は2年ごとに行われ，4年に一度は上院と下院の選挙が大統領選挙と同日選挙で行われる。その際は政党や全国的な争点の有権者の投票行動への影響が大きくなり，逆に同日選挙でない「中間選挙」の場合は，候補者や地域的な要因の影響が大きくなるという指摘がある[7]。　　　（岡田　浩）

▷5　アレンド・レイプハルト（粕谷祐子訳）『民主主義対民主主義』勁草書房，2005年。

▷6　河野勝『制度』東京大学出版会，2002年，148-149頁。

▷7　Samuels, David, "Presidentialism and Accountability for the Economy in Comparative Perspective", *American Political Science Review*, Vol. 98, No. 3, 2004, p. 427.

参考文献

選挙制度研究会編『実務と研修のためのわかりやすい公職選挙法（第15次改訂版）』ぎょうせい，2014年。

第2部　入力過程

V　政治参加・選挙

選挙制度(2)：多数代表制

1　小選挙区制と大選挙区制

　議席決定方式の1つである多数代表制は，その選挙区定数によって，定数1である「小選挙区制」と，2以上の「大選挙区制」に分けられる。1947〜93年までの日本の衆院選で用いられていた，定数が2〜6程度の大選挙区制のことを，特に「中選挙区制」と呼ぶこともある。

　小選挙区制はさらに，当選には有効投票総数の過半数の得票を必要とする「絶対多数制」と，過半数に達していなくても他の候補者より多い得票があればよいとする「相対多数制（単純多数制）」に分けられる。

　過半数の得票を求める絶対多数制の場合，候補者が多い場合は票が分散してどの候補者も過半数の票を得られないことが起こりうるので，第1回目の投票の上位の候補者による決選投票制（2回投票制）や優先順位制が用いられる。優先順位制では，有権者は全候補者に順位をつけて投票し，第1位順位の票が過半数に達した候補者が当選となるが，そのような候補者がいない場合は，第1位順位の票が最も少ない最下位の候補者を落選と決定してその票を第2位順位とされている候補者に再配分する。それでも過半数に達した候補者がいない場合は，今度は最下位から2番目の候補者の票を上位の候補者に再配分する。これを過半数の票を得る候補者が出るまで繰り返す。

　相対多数制の場合であっても，単に得票数が1位であればよいというのではなく，当選のために最低限必要な得票数が設定されている場合もある。例えば日本では，衆議院の小選挙区選挙の場合は有効投票総数の6分の1以上の得票が必要であるなど，当選に必要な「法定得票数」が設けられており，これを超える候補者がいない場合には再選挙となる。▷1

　議席率がどの程度，得票率に比例しているかを示す「非比例性指数」が示されている表1をみても分かるとおり▷2，選挙区ごとで獲得票数の多い順に当選者を決める方式である多数代表制は，政党ごとの得票に比例して議席を配分する比例代表制に比べて小政党が議席を獲得しにくい。特に，定数1の小選挙区制である場合はその傾向が強い。複数定数の場合，連記制であれば有権者は自分の支持する政党の候補者名を並べて投票する可能性が高いので大政党に有利となるが，単記制であれば大政党が票の配分に失敗するなどすれば小政党の候補者の当選可能性が高まる。

▷1　例えば，2003年4月の札幌市長選挙で7人が立候補したが，法定得票数である有効投票総数の4分の1に達した候補者がおらず，再選挙となった事例などがある。

▷2　表1ではM. ギャラガーによる非比例性指数が用いられている。計算式は下記のとおりである（全部で n 個の政党があるとして，ある政党 i の得票率を v_i，議席率を s_i とする）。各党の得票率と議席率が全く等しい場合，値はゼロで，大政党が過大代表される度合いが大きくなるにつれて値は大きくなる。
$$G=\sqrt{\frac{1}{2}\sum_{i=1}^{n}(v_i-s_i)^2}$$
Gallagher, Michael, "Proportionality, Disproportionality and Electoral Systems", *Electoral Studies*, Vol. 10, No. 3, p. 40.
有効政党数については，V-15「選挙制度(4)」側注4を参照。

V 19　選挙制度(2)・多数代表制

表1　選挙制度別の非比例性指数および有効政党数

	非比例性指数（%）	有効政党数（選挙）	有効政党数（議会）	該当国の数
多数代表制（小選挙区・相対多数制）	13.56	3.09	2.04	7
その他の多数代表制	10.88	3.58	2.77	5
比例代表制（ドント式など）	5.22	4.35	3.70	32
比例代表制（ドループ式，単記移譲式投票制など）	4.15	3.80	3.29	13
比例代表制（ヘア一式）	1.88	3.62	3.46	12
全　体	5.69	3.94	3.34	69

（出典）Lijphart, A., *Electoral Systems and Party Systems : A Study of Twenty-Seven Democracies 1945-1990*, Oxford University Press, 1994, p. 96.

❷　デュヴェルジェの法則

　選挙制度が政党システムに及ぼす影響については，**デュヴェルジェ**[3]が提唱した「（相対多数・1回投票制の）小選挙区制は二大政党制をもたらし，比例代表制は多党制をもたらす」という「デュヴェルジェの法則」が有名である。小選挙区制が二大政党制をもたらすのは，かなりの得票数をあげたとしても各選挙区でトップをとらない限り当選者を出すことができないために，第3党以下が議席を獲得することが困難であり極端に過小代表されるという「機械的（自動的）要因」，あるいは，有権者が自分の1票を無駄にしないために，ベストだと思うが当選の見込みのない小政党の候補者を見捨てて当選の可能性のある二大政党の候補者のうちで，よりましな方に投票するという「心理的要因」の2つの要因がはたらくゆえであるとされる（有権者が単純に自分の好みにしたがって投票する「誠実投票」に対して，このように自分の1票を無駄にしないために選挙の情勢を考慮に入れて投票することを「戦略投票」という）。確かに表1をみても，比例代表制と比べて小選挙区制は議会における有効政党数が少なく，2に近くなっている。ただし，小選挙区制であっても2回投票制の場合は，小政党に分裂していても決選投票でまとまることができれば不利にならないので，必ずしも二大政党制にならないとデュヴェルジェは主張している。[4]

　この法則を，複数定数で単記**非移譲制**[5]である中選挙区制の場合などにも拡張して，多数代表制の下で選挙区定数を（選挙区の規模〔district magnitude〕の）Mとするとき，その選挙区における有力な候補者数はM＋1になるという「M＋1ルール」も提唱されている。例えば，中選挙区制の下で行われた1947～93年までの日本の衆院選において，定数＋1番目の票を獲得して惜しくも次点で落選した候補者とそれより下位の落選者では得票数に大きな格差が生じていたことが示されている。[6]複数の当選者が出る中選挙区制の場合は，デュヴェルジェが指摘したように有権者の票が当選の見込みのない候補者から当選可能性のある候補者に流れるのとは別に，明らかに当選する候補者から当落線上の候補者に流れることも想定されている。[7]

（岡田　浩）

▷3　**デュヴェルジェ**
（Duverger, Maurice : 1917-2014）
フランスの政治学者。

▷4　また，デュヴェルジェは，小選挙区制の効果によって個々の選挙区レベルで2つの有力政党の争いになったとしても，特定の地域で強い地域政党が存在する場合は，有力政党2つの組み合わせが地域により異なるので，全国レベルでは必ずしも二大政党制にならないということも主張している。モーリス・デュベルジェ（岡野加穂留訳）『政党社会学』潮出版社，1970年。

▷5　**非移譲制**
優先順位制のように次善とされた候補者に票を移譲することをしない制度。

▷6　Reed, Steven R., "Structure and Behavior : Extending Duverger's Law to the Japanese Case", *British Journal of Political Science*, Vol. 29, 1991, pp. 335-356.

▷7　Cox, Gary W., *Making Votes Count*, Cambridge University Press, 1997, p. 102.

Ⅴ 政治参加・選挙

14 選挙制度(3)：比例代表制

① 単記移譲式投票制と政党名簿式比例代表制

　政党ごとの得票に比例して議席を配分する比例代表制は，「単記移譲式投票制」と「政党名簿式比例代表制」に分けられる。

　単記移譲式投票制では，有権者は政党名簿に投票するのではなく個々の候補者に優先順位をつけて投票するが，個々の候補者への投票を可能にしつつも政党ごとの得票との比例性の高い議席配分を実現できるため比例代表制，あるいは半比例代表制に分類される。この単記移譲式投票制では，複数定数の選挙区において各政党は複数の候補者を擁立し，投票者は全候補者に順位をつける。第1順位とされたものを集計して，当選に必要な基数（有効投票総数を定数で割ったもの等）を確保した候補者は当選が決まり，基数を超えた分の当選者の余剰票が次の順位にしたがって再配分される。余剰票によって基数に達する候補者がいれば当選となるが，この作業を繰り返しても定数に満たない場合は最低得票率で落選が決定した候補者の票を他の候補者に移譲する。すべての議席が決まるまでこのプロセスを繰り返す。

　政党名簿式比例代表制の場合，政党は候補者名簿を作って有権者に提示するが，有権者は政党や名簿上の候補者に対して投票し，各政党の獲得票数に応じて当選者数が決定する。名簿上のどの候補者を当選者とするかについては，「拘束名簿式」（日本の衆議院の比例代表選挙はこの方式）では，政党が名簿で指名した順で当選者が決まり有権者が関与できないが，「非拘束名簿式」では名簿内の順位の決定に関与できる。非拘束名簿式を基本として行われている日本の参議院の比例代表選挙の場合，有権者は政党あるいは名簿上の候補者に対して投票し，各政党に投じられた票とその政党に所属する候補者に投じられた票を合計した票数に基づいて決定された各政党の当選者数の枠内において，各候補者が獲得した票数の順に当選者が決まる（一部は政党が事前に決めた順位にしたがって優先的に当選者となる）。「自由名簿式」では有権者の関与はさらに大きく，例えばルクセンブルクでは，有権者は比例代表選挙の選挙区定数分の票をもち，政党は定数分の候補者を立てるが，有権者は特定の政党の候補者たちに一括して投票することもできるが，複数の政党の名簿の候補者に投じたり，1人の候補者に複数（2票まで）投じることも可能となっている（候補者への投票はその所属政党への投票とみなされる）。

▷1　例えば2016年参院選の場合，政党名で投じられた票は74.8%，候補者名で投じられた票は25.2%であった

▷2　三輪和宏「諸外国の下院の選挙制度」『レファレンス』No. 671, 2006年, 88頁。

▷3　各党の得票数を当選基数で割った数に加えて，余り（剰余）が大きい政党から残りの議席を配分していくために最大剰余法という。

▷4　結果として，各党に議席を与えたときの1議席当たりの平均得票数が大きい順に議席を配分していることになるために最高平均法という。

❷ 計算方式と選挙区定数による配分議席の違い

政党名簿式比例代表制は，政党ごとの得票を議席数に変換するときの計算方式によって2つに分けられる。1つ目は，各党の得票数を1議席を獲得するために必要な得票数である一定の当選基数で割った数と余りの大きさに応じて配分する「最大剰余法」(表1を参照)[3]。2つ目が，各党の得票数を1，2，3……などの自然数で順に割っていき，その商の大きい順に議席を与えていく「最高平均法（最大平均法）」である（表2を参照)[4]。

最大剰余法は，当選基数の計算方法によってさらにヘアー式（有効投票総数を定数で割った数を当選基数とする。ニーマイヤー式ともいわれる）やドループ式（有効投票総数を定数＋1で割った数を当選基数とする）等に分かれる[5]。

最高平均法は，1，2，3……などの自然数で割る「ドント式」（日本の衆議院と参議院の比例代表選挙はこの方式），1，3，5……などの奇数で割る「サン・ラグ式」，サン・ラグ式が小政党に有利になりすぎるのを補正するため最初は1ではなく1.4や1.2などで割り，あとはサン・ラグ式と同じく3，5……などの奇数で割る「修正サン・ラグ式」など，いくつかの方式に分かれる。

表1や表2の例や V-13 の表1の非比例性指数からも分かるとおり，同じ比例代表制でもドント式は他に比べて大きな政党に有利である傾向があるなど，計算方式によって配分議席は異なってくる。

また，同じ計算方式をとっていても，定数が少ないと小政党の議席獲得の機会が少なくなるなど，選挙区定数によっても配分議席は異なってくる[6]。

❸ 比例代表制の問題点への対処

選挙区の有権者の多数派を代表する1人の議員のみ選出する小選挙区制が，落選者に投じられて代表されない「死票」が大量に発生し，多様な意見や利益をもった有権者の意思を選挙の段階で大きく集約するのに対して，比例代表制は，死票が少なく，少数意見も含めた民意を議会の構成に比較的忠実に反映するものの，小政党が乱立して議会における多数派形成が困難になるという問題も指摘される。この問題に対しては，5％以上の票を得ない政党は議席を与えられないドイツ下院のように最低得票率についての条項（阻止条項）が設けられることもある。

（岡田　浩）

表1　最大剰余法（ヘアー式）による議席配分の例

政党	得票数	得票数が基数いくつ分か（第1段階の議席配分）	余り	追加の議席配分	全議席配分
A党	60,000	3	0	0	3
B党	28,000	1	8,000	0	1
C党	12,000	0	12,000	1	1
合計	100,000	4	20,000	1	5

（注）有効投票総数100,000票で5議席を配分する場合。基数は100,000÷5で20,000となる。
（出典）Gallagher, Michael, "Proportionality, Disproportionality and Electoral Systems", *Electoral Studies*, Vol. 10, No. 1, 1991, p. 37. を一部改変。

表2　最高平均法（ドント式）による議席配分の例

政党	得票数	÷1	÷2	÷3	÷4	全議席配分
A党	60,000	60,000①	30,000②	20,000④	15,000⑤	4
B党	28,000	28,000③	14,000			1
C党	12,000	12,000				0
合計	100,000					5

（注）有効投票総数100,000票で5議席を配分する場合。丸数字が当選順。
（出典）Gallagher（1991：35）を一部改変。

▶5　ドループ式と同様，有効投票総数を定数＋1で割った数を当選基数とするが，余りの大きさに応じて議席を追加配分するのではなく，各党の議席をさらに1議席，2議席……と追加した場合の各党の1議席当たりの票数が多い順に議席を追加配分する方法を「ハーゲンバッハ・ビショフ式」というが，その議席配分は，結果としてドント式と同じになる。
西平重喜『統計でみた選挙のしくみ』講談社，1990年，68頁。

▶6　日本の参議院の比例代表選挙が全国を単位として50人を選出するのに対して，衆議院の比例代表選挙は全国を11の選挙区（ブロック）に分けてそれぞれから6〜28人を選出する（2018年10月現在）。

第 2 部　入力過程

V　政治参加・選挙

選挙制度(4)：混合制

1　並立制と併用制

　純粋な多数代表制や比例代表制ではなく，混合した選挙制度をとっている国も少なくない。日本の衆議院と参議院の選挙も，多数代表制と比例代表制の混合制である。

　混合制は，「並立制」と「併用制」に分類できる。並立制は，多数代表制と比例代表制の2つの選挙を同時並行的に実施し，両者の選挙結果を合算する制度である。2つの選挙の配分議席は相互に影響しないので「独立型」ともいわれる。

　併用制は，各党への配分議席数を政党名簿式比例代表選挙で決定し，その枠を小選挙区選挙の当選者でまず埋める制度である。残りの議席は政党名簿の登載順にしたがって埋める。小選挙区選挙での当選者の数によって政党名簿からの当選者の数が変わってくるので「従属型」ともいわれる。政党名簿での獲得議席よりも小選挙区での獲得議席の方が多い政党は超過議席を配分され，その分，議会の総定数は増加する。併用制は，超過議席が大幅に発生しない限り各政党の議席は政党名簿への得票数に比例して配分されるために比例代表制に分類されることもある。

2　分割投票

　混合制には，選挙区選挙で候補者に投じられた票を比例代表選挙でのその候補者が所属する政党への票としてもみなす一票制と，有権者が別個に投票する二票制があるが，二票制の場合，有権者が2票を異なった政党（の候補者）に投じる「分割投票」も起こりうる（2票の投票政党が一致している場合は「一致投票」という）。分割投票が起こる理由は，選挙区選挙では支持政党が候補者を立てていない，あるいは立てていても当選の見込みがない，選挙区選挙は政党にとらわれずに候補者で選択する，政権党が必要以上に勝ちすぎないように政権党支持者が比例では対抗政党に投票する（このような投票行動を「牽制投票」という），などである。

3　重複立候補制度

　日本の衆院選やドイツの下院選のように，2つの種類の選挙でともに立候

▷1　三宅一郎『選挙制度変革と投票行動』木鐸社，2001年，190頁。

▷2　日本では小選挙区選挙に候補者を立てることは選挙運動ルール上も有利になっている。公職選挙法では，小選挙区選挙に候補者を立てている「候補者届出政党」は，候補者個人や比例代表選挙用に認められているものとは別に，候補者を立てている都道府県単位で，選挙カー，ハガキ，ビラ，ポスター，新聞広告，政見放送，演説会等で選挙運動をすることができる。例えば，無料で実施できるテレビやラジオでの政見放送について，候補者届出政党は，比例代表選挙のためのものとは別に，政党の政見や候補者を紹介する政見放送をすることができる（150条1項）。

▷3　砂原庸介『民主主義の条件』東洋経済新報社，2015年，65頁。

▷4　有効政党数
選挙あるいは議会に参入している政党の数については，

V-15 選挙制度(4)：混合制

表1 日本の衆院選の有効政党数と非比例性指数の推移

		1996年	2000年	2003年	2005年	2009年	2012年	2014年	2017年
有効政党数（選挙）	小選挙区	3.92	3.81	2.99	2.73	2.65	3.82	3.26	3.47
	比例代表	4.28	5.15	3.42	3.72	3.66	5.79	4.97	4.85
有効政党数（議会）	小選挙区	2.36	2.38	2.29	1.77	1.70	1.57	1.71	1.78
	比例代表	3.84	4.72	3.03	3.15	2.91	4.95	4.14	4.20
非比例性指数	小選挙区	15.79%	15.57%	10.62%	22.99%	22.47%	28.55%	22.61%	22.40%
	比例代表	2.96%	2.49%	4.01%	4.65%	5.87%	3.92%	4.43%	3.67%

（出典）総務省自治行政局選挙部『衆議院議員総選挙結果調』をもとに筆者作成。

補できる「重複立候補制度」が設けられている場合もある。日本の衆議院の比例代表選挙の場合，名簿届出政党は，小選挙区との重複立候補者を名簿の同一順位に並べることもでき，その場合は，小選挙区での当選者を名簿から除いた上で，小選挙区でどれだけ当選者の得票に迫ったのかを示す「惜敗率」（＝その候補者の得票数÷その小選挙区の当選者の得票数）の高い順に，（復活）当選者が決まる。

4 連動効果

混合制の場合，たとえ独立型であっても，候補者・政党・有権者の行動について選挙区選挙と比例代表選挙は相互に影響し（「連動効果」や「汚染効果」といわれる），純粋な多数代表制や比例代表制とは異なるメカニズムがはたらく。

日本では1996年の衆院選から，二大政党による政権交代の可能性を高めるなどのため，それまでの中選挙区制から小選挙区比例代表並立制に変更する選挙制度改革が実施された。しかし，小政党が，勝ち目のない小選挙区にも比例代表選挙での得票増加をねらって候補者を立て，小政党の候補者も惜敗率による比例復活当選を期待して勝ち目の薄い選挙区で立候補する動機をもち，また有権者も比例復活当選を期待して小選挙区では勝ち目の薄い候補者に投票する動機をもつゆえに，小選挙区制の部分でも二大政党への集約が進まず，また小政党間の候補者調整も困難であるために票を食い合い，結果として大政党に有利になっているという指摘がある[3]。確かに，**有効政党数**を[4]，自民党が大勝した2017年衆院選の小選挙区選挙についてみると（表1参照），得票数に基づく有効政党数（選挙）は3.47で，V-13 の表1でみた小選挙区制の平均3.09よりも多い。それに対して獲得した議席数に基づく有効政党数（議会）は，デュヴェルジェのいう「機械的要因」により1.78とかなり少なくなっており，両者のズレの大きさから，また非比例性指数の大きさ（22.40%）からも，大政党（この場合は自民党）に有利になっていることが分かる[5]。 （岡田 浩）

非常に小さな政党を含めずに主要な政党のみを考慮するために下記の計算式に基づく「有効政党数」が考慮されることが多い（全部で n 個の政党があるとして，各政党の議席率あるいは得票率（p）を二乗して合計した値の逆数）。政党間の規模が大きく異なると，有効政党数は実際の政党数よりも小さくなる。また，選挙における有効政党数と議会における有効政党数のズレが大きいときには，その選挙制度は小政党に不利にはたらいているということになる。

$$N = \frac{1}{\sum_{i=1}^{n} p_i^2}$$

Laakso, Markku and Rein R. Taagepera, "Effective Number of Parties : A Measure with Application to Western Europe", *Comparative Political Studies*, Vol. 12, No. 1, 1979, pp. 3-27.

▷5 表1は，総務省自治行政局選挙部『衆議院議員総選挙結果調』をもとに算出した。なお，無所属の候補者と，公職選挙法の候補者届出政党の要件（国会議員が5人以上所属，あるいは直近の衆参の選挙区選挙か比例代表選挙で2%以上の得票率）を満たしていない「諸派」の候補者は除外して算出した。

Ⅵ ソーシャル・ネットワークとメディア

 ソーシャル・ネットワーク

 世 論

　一定の集団に属す人間の意見の集合を，その集団における世論と考える場合，世論調査を実施する以前より世論は存在する。特に，各人にとって重要な集団の範囲が家族・近隣・勤務先など対面的な接触を伴う範囲に限定される場合，調査を実施するまでもなく日常的な交流を通じて世論は体感される。また，インターネット上の交流サイトが重要なコミュニケーションの場である者にとっては，サイト利用者の集団における意見の趨勢が世論であると感じられよう。

　他方，しばしば政府・研究機関・メディアによって大規模な人数を対象とした世論調査が実施される。調査対象者が母集団より無作為に抽出される限り，標本規模が増すほど母集団全体を反映した世論を把握できる。このような世論調査の結果は，新聞・テレビ・雑誌・インターネットなどのメディアを介して公表される。

　政治過程論では，本来は他者から自律的に形成されてよい各人の意見が世論に影響される点に関心を抱く。対面的な接触の有無にかかわらず，人間は身近に存在する他者の意見を無視しがたい。また，人間は意見を形成する際の手がかりを要するので，対面的な接触に乏しい人間であってもメディアの影響を免れがたい。

　ここまでは，その人間が属すとともに当人が重視せざるを得ない集団での多数意見こそ，当人に影響する世論であるとの前提であった。だが，対面的な接触やインターネットでの交信と異なるコミュニケーションの特性をもつマスメディア自体が，特定の傾向を帯びた意見表明や報道の反復によって世論を導く影響力は巨大である。そこで，政治過程論ではマスメディアの世論形成機能に関する研究も蓄積されてきた。以下，本節は対面的な接触を，Ⅵ-2，Ⅵ-3はマスメディア接触を主に扱う。だが，両者の研究が総合的に進展してきた点を踏まえた記述となる。

ソーシャル・ネットワークの影響

　対面的な接触を伴う人間関係をソーシャル・ネットワークと呼ぶ。ラザースフェルドらは，政治過程におけるソーシャル・ネットワークの影響をはじめて実証した。1940年のアメリカ大統領選挙に先立つ7カ月の間，オハイオ州エリ

▷1　ラザースフェルド
(Lazarsfeld, P. F.：1901-76)
アメリカの社会学者。

▷2　⇨ Ⅴ-5「投票行動の理論(2)：コロンビアモデル」参照。

一郡において，ラザースフェルドらは有権者の投票意思の変化，および変化を招いた原因を解明する毎月のパネル世論調査を試みた。その結果，限られた層（リーダー）のみがマスメディアに接触する一方，大半の有権者（フォロワー）は周囲のリーダーの解釈を経た選挙情報を彼らから直接に得ていた。これを「コミュニケーションの2段階の流れ」という。そして，投票先を決めていない有権者が投票行動を決定する際の要因こそ，周囲の人々の意見であると判明した。

　ラザースフェルドらは，ソーシャル・ネットワークが影響力を発揮する理由について，①政治的同質性の強化，②対人的な影響過程の特質，という2点を指摘する。①は，有権者がいくつかの属性（社会経済的地位・居住地・宗派など）に基づく元来の党派性（政治的先有傾向）を帯びる点を前提とする。次に，共通の属性（したがって，共通の政治的先有傾向）を帯びる人々は同一の集団（家族・友愛組織・同好団体など）に所属し，互いに親密な接触をもつ事実を認める。そして，選挙運動の活発化が導く政治を話題とする会話の増加によって，普段は意識されにくい政治的先有傾向が再確認される。この再確認を通じ，政治的先有傾向が強化される。

　②は，マスメディアに認められない一方でソーシャル・ネットワークに認められる4つの影響過程から成る。第1に，党派性を帯びたマスメディアと異なり，他者との遭遇は本人の希望と関わりなく生じ得る。例えば，政治に関する誰かの議論を偶然に耳にする，または知り合いが政治の話題を提起する，などの状況である。第2に，対面ならば本人の主張への同調や反論を通じた説得が可能となる。第3に，賞罰の付与によって本人の意見を変更させ得る。仮に明確な賞罰が存在しない場合にも，周囲との不一致に基づく孤立を恐れる結果として周囲への同調が生じ得る。第4に，信頼する人物や，日頃から自身と意見が類似する人物の意見を参考として，本人の意見が形成される場合も多い。

　以上の4点のうち，第3は賞罰に基づき自身の行為を決定すると考える「強化理論」，第4は未知の環境に対応するために自身と状況の類似する他者の行為を模倣・内面化すると考える「社会的現実理論」の名称の下に社会心理学で解説される過程と類似する。また，情報の収集・分析の手間を省く目的で他者の意見を便宜的に自身の意見として取り入れる面に注目する社会心理学の主張を「主体的認知理論」という。

　ラザースフェルドらの研究はテレビが普及する以前の時期であるため，テレビの普及を迎えて知見の修正を余儀なくされる。だが，政治過程におけるソーシャル・ネットワークの影響力を支える特性を実証に基づき解明した。実際，各国の選挙運動の実態より明らかなとおり，メディアがもたらす浮動票に依存しない確実な得票を目指す上で，メディアの発達にかかわらずソーシャル・ネットワークの重要性は不変である。 （白崎　護）

▷3　オハイオ州エリー郡が調査地に選ばれた理由として，特定の政治意見への偏りがなく，また農村部と都市部を含むために居住地の比較が可能な点を挙げられる。なお，調査は面接で行われたが，全国ではなくパネル調査での面接計画を管理しやすい一定の地域が選ばれた点は重要である。

▷4　リーダーは知識人など特定の階層に限定されておらず，あらゆる階層に存在した。

▷5　与えられた規範の正当性を認め，自身の規範として取り入れることを「内面化」という。「主体的認知理論」における他者の模倣では，内面化が生じないと考えられる。

(参考文献)

P. F. ラザースフェルドほか（有吉広介監訳）『ピープルズ・チョイス——アメリカ人と大統領選挙』芦書房，1987年。
藤原武弘編著『社会心理学』晃洋書房，2009年。

Ⅵ ソーシャル・ネットワークとメディア

マスメディア研究の展開

 限定効果論

　1940年代までは，国民の戦意高揚や戦争協力への呼びかけにマスメディアが利用された事実を背景として，マスメディアが有権者に対して直接に巨大な影響を及ぼすと思われていた。だが，Ⅵ-1 で紹介したラザースフェルドらの研究は，マスメディアが有権者の既存の態度を改変するよりも，むしろ既存の態度を補強する場合の方が多い事実を示した。このように限られたマスメディアの影響力を指して，「限定効果論」と呼ぶ。ここで，「態度」とは対象に対する好悪など情動的な要素を含む評価を指す。

　限定効果論の背景として2点を挙げられる。第1は，Ⅵ-1 で説明した「コミュニケーションの2段階の流れ」である。マスメディアの情報は直接に有権者へ到達せず，リーダーの解釈を経て間接的に有権者へ到達するので，マスメディア情報の送り手の意図した影響が有権者に発現するとは限らない。第2は，有権者が自身の政治的先有傾向に沿うマスメディアにのみ接触する結果として政治的先有傾向が強化されていくという「選択的接触」である。換言すると，政治的先有傾向を改変し得るマスメディアが存在していたとしても，そのマスメディアと接触する機会自体が存在しない。

　マスメディアの直接的かつ巨大な影響力という従来の想定を覆した限定効果論は，一躍脚光を浴びる。だが，その後は理論と実証の両面で批判を免れなかった。第1に，メディアの報道内容をリーダーが拡散しているにすぎないという批判である。第2に，政治問題など有権者にとって疎遠な話題についてはメディアの情報に依存せざるを得ないという批判である[1]。

 再発見されたメディアの強力な効果

　1946年には約1万台にすぎなかったアメリカにおけるテレビの普及台数だが，1960年には人口の約3分の1にあたる約5400万台に達した。ラジオ・新聞・雑誌と比較した場合，メディアとしてのテレビの特性を2点挙げられる。第1に，政治的先有傾向の希薄な者が選択的接触を伴わず漫然と視聴しやすい。この結果，報道事項の認知を介して態度が形成される。ここで，「認知」とは政策や醜聞など対象に対する知識・理解を指す。第2に，政治関心の低い層やソーシャル・ネットワークより疎外された層を含め，リーダーを介さず直接にメ

▷1　この批判については，カッツ／ラザースフェルド（1965）に詳しい。他の批判として，選択的接触が生じない場合が指摘される。第1に，たとえ対象を嫌悪していたとしても，当該対象について知らねばならない場合は情報に接触せざるを得ない。第2に，関心の低い事象については，そもそも接触時の選択が生じない。

ディアの情報が視聴者へ到達し得る。つまり，「コミュニケーションの2段階の流れ」が実現しない場合も多い。

マコームズ[2]らは，新聞・雑誌・テレビニュースを対象とした調査に基づき，有権者におよぼすメディアの強力な影響力の実証により限定効果論を覆した。マコームズらは，1968年のアメリカ大統領選挙において投票先を決めていないノースカロライナ州の有権者を面接調査した。その際，現在の政府が取り組むべき課題を自由に回答させた上，回答を外交・財政・治安などの範疇へ分類した。あわせて，面接の6日前から終了までの間，新聞記事・雑誌記事・テレビニュースの内容を面接調査と同様の範疇に分類した。すると，面接で指摘された各範疇の出現頻度の順位と，メディアの報道内容に関する各範疇の出現頻度の順位がほぼ一致した。つまり，「どのように考えるか」ではなく，「何について考えるか」という面に対するマスメディアの大きな影響力を認めた。これを「議題設定効果」という。この結果は，マスメディアの役割を態度の改変に基づく「説得」と捉える見地から，認知を介した態度の形成を招来し得る「情報提供」と捉える見地への変化をもたらした。

③ 強力なメディア効果の例

議題設定効果以外の強力なメディア効果として，「プライミング効果」と「フレーミング効果」が著名である。「プライミング」は認知心理学の概念であり，先に得た情報が後続する情報の解釈や検索に影響する認知状況を指す。あるニュースが政治的な主体（政治家・候補者・政府など）に関する受け手の判断（能力の評価や評価の基準など）を促したならば，この認知が以後も政治的な話題に関する判断に影響する。これをプライミング効果という[3]。ある候補者を有権者が評価する際，しばしば経歴・業績・人格など多くの情報を入手・分析する能力・時間に乏しい。そこで，報道によって顕出性の高まった側面についてのみ候補者への評価を行うならば，判断の簡略化に伴い情報を入手・分析する手間を省ける。これがプライミングの意義である。

「フレーミング」は社会学の概念であり，多様な解釈が可能な1つの状況に対する特定の解釈の付与を指す。メディアによる政治的・社会的な問題の描写手法が，問題に対する受け手の解釈に影響する。これをフレーミング効果という。例えば，犯罪の増加を取り上げた番組を想定しよう。凶悪犯罪の取締りに対する政府の弱腰が原因であるとの描写を行うならば，視聴者は政府が責任を果たせていない点を問題視する。他方，貧困こそが犯罪増加の根本的原因であるとの描写を行うならば，貧困は社会全体で取り組むべき問題であると考える。つまり，「見せ方」ひとつで受け手の印象は大きく変化し得る。議題設定効果とプライミング効果が「争点の顕出性」と関わる一方，フレーミング効果は「争点の描写方法」と関わる。

(白崎　護)

▷2　マコームズ
(McCombs, M.：1938-)
アメリカの社会学者。

▷3　議題設定効果とプライミング効果が連続で生じる場合もある。例えば，防衛問題に関する報道が頻発すれば，議題設定効果とともにプライミング効果が生じる。すると，外交手腕が政治家など政治主体についての評価項目となる。

（参考文献）

E. カッツ／P. F. ラザースフェルド（竹内郁郎訳）『パーソナル・インフルエンス』培風館，1965年。

竹下俊郎『メディアの議題設定機能——マスコミ効果研究における理論と実証（増補版）』学文社，2008年。

第2部　入力過程

Ⅵ　ソーシャル・ネットワークとメディア

 # マスメディアが報じる世論

1　沈黙の螺旋

　1965年9月におけるドイツ連邦共和国の連邦議会選挙に関して，奇妙な事態が生じた。二大政党であるキリスト教民主同盟／キリスト教社会同盟（CDU/CSU）とドイツ社会民主党（SPD）に対する有権者の投票予定を同年1月より毎月調査していた世論調査機関は，8月の時点で接戦を予想した。調査期間を通じて，投票予定に関する接戦の状況に変化が生じなかったためである。しかし，投票3日前の調査では突如としてCDU/CSUへの投票予定がSPDを10%以上も上回り，そのままCDU/CSUが勝利した。

　同じ期間に行われた勝利政党の予想を問う調査によると，1月の勝利予想は接戦であった。だが，2月から9月にいたるまでCDU/CSUの勝利予想が増え続ける一方，SPDの勝利予想は減り続け，その差は8月の時点で約30%に達した。これは，従来の投票予定にかかわりなく勝利の予想される側への支持が終盤で急騰する「勝ち馬効果（バンドワゴン効果）」が生じた例である。

　一方，劣勢の側へ同情票が集まる現象を「負け犬効果（アンダードッグ効果）」と呼ぶ。日本の選挙運動においても，しばしば候補者は「有権者の皆様のあとひと押しが勝利に必要です」と訴える。これは負け犬効果を狙うと同時に，1票が勝敗に直結すると有権者に思わせることで投票を促すためである。

　1965年のドイツでの選挙を契機として，**ノエル＝ノイマン**は勝ち馬効果が生じるメカニズムを以下のとおり考察した。世間の多数派が支持すると思われる政党を自身も支持する場合，自身の支持態度を人は公然と表明しようとする。他方，世間の多数派が支持すると思われる政党を自身は支持しない場合，自身の支持態度を人は伏せようとする。すると，周辺の様子に基づき人は実勢以上の多数派の優勢を誤って認識してしまう。この結果，優勢の政党を支持する人が自身の支持態度を表明しようとする傾向，および劣勢の政党を支持する人が自身の支持態度を伏せようとする傾向は強化されていく。そして投票日直前には，少数派への所属を不安に感じた層が，勝利の予想される政党の陣営へ大挙して参じる。ノエル＝ノイマンは，このメカニズムを「沈黙の螺旋」と呼んだ。

2　二重の意見風土

　人々が世論の趨勢を同様に認識する点は，沈黙の螺旋が生じる前提の1つで

▶1　CDUはバイエルン州を活動範囲より除く右派政党，CSUはバイエルン州を活動範囲とする同様の政党であり，連邦議会では統一会派を組む。

▶2　Ⅵ-1「ソーシャル・ネットワーク」にみたラザースフェルドらの研究においても，勝ち馬効果が指摘される。

▶3　ノエル＝ノイマン（Noelle-Neumann, E.：1916-2010）ドイツの社会学者。

ある。人々に世論の趨勢を示す情報源は，メディアとソーシャル・ネットワークである。ノエル＝ノイマンらは，1976年10月の連邦議会選挙に関して3月と7月に勝利政党の予測を調査した。すると，テレビの政治報道の継続的な視聴層ではCDU/CSUの勝利予想が8％の減少，SPDの勝利予想が10%の増加をみた。他方，それ以外の層では両勢力の勝利予想に時系列上の変化が生じなかった。また，ジャーナリストに対する7月の調査によると，SPDの勝利予想，および同党への投票予定が，いずれもCDU/CSUを60%近く上回った。ノエル＝ノイマンは，SPDに好意的なテレビの政治報道に基づく世論の趨勢と，CDU/CSUに好意的なソーシャル・ネットワークの観察に基づく世論の趨勢が同時に生じている事実に気づき，「二重の意見風土」と呼んだ。ソーシャル・ネットワークにおける党派性を人が認識する場面として，特定の政党を支持する発言自体を耳にするほか，政党のバッジの着用，車へのステッカーの貼付，窓へのポスターの掲示を目にする場合などが想定される。

3 孤立への恐怖

　沈黙の螺旋が生じる第2の前提として，自身が少数派に属す事実を他者，特に多数派に知られたくない心情を挙げられる。この点を確認するため，ノエル＝ノイマンは「列車テスト」を考案した。人々が世論の趨勢を同様に把握している点を前提として，「列車のコンパートメントで5時間を過ごす際，論争的な話題に関して一方の立場を主張する乗客に話しかけられたとすると，あなたは進んで会話に加わろうとするか」と尋ねるテストである。ノエル＝ノイマンは，政党支持を含む多くの論争的な話題につき，話題に関する多数派と少数派の各々に属す回答者を比べた。政党支持が話題の場合，多数派に属す回答者は少数派に属す回答者と比べ，自身と異なる立場の同乗者を想定した際に会話へ加わろうとする姿勢が強かった。他方で少数派に属す回答者は，自身と同じ立場の同乗者を想定しない限り，会話へ加わろうとする姿勢が弱かった。ただし話題によっては，少数派を支持する態度の表出を沈黙の螺旋が封じるかと思われた最終段階で，少数派を自認しながら自派の主張を続ける回答者の存在も確認された。ノエル＝ノイマンは，この層を「固い核（ハードコア）」と呼んだ。

　列車テストの結果は，孤立への恐怖を示すと解釈された。だが，マスメディア各社が独自の主張を行う場合，またはソーシャル・ネットワークやインターネット上に多様な意見が見出される場合，恐怖心は緩和され得る。つまり，沈黙の螺旋の作動は各人が接するメディア環境やソーシャル・ネットワークに左右される。さらに，秘密投票では実際に多数派の圧力が働かない。したがって，沈黙の螺旋を支える今日の心理的な過程について，さらに追究が必要である。

（白﨑　護）

参考文献

E. ノエル＝ノイマン（池田謙一・安野智子訳）『沈黙の螺旋理論——世論形成過程の社会心理学（改訂復刻版）』北大路書房，2013年。

第2部　入力過程

VI　ソーシャル・ネットワークとメディア

 インターネット

ソーシャルメディアの特徴

　選挙情報の提供の充実と政治参加の促進を目的とする2013年の公職選挙法改正の結果，日本ではインターネットを用いた選挙運動が一部解禁された。電子メールを用いた一般有権者の選挙運動が依然として禁止されるなか，特に注目されるのは，政党や候補者のみならず一般有権者にとっても双方向的な交信が可能となる**ソーシャルメディア**[41]を用いた選挙運動である。

▶1　ソーシャルメディア
Twitter や Facebook など，インターネット上で利用者間の交信が可能なメディア。

　マスメディアと比較する場合，使用者の視点に基づくソーシャルメディアの特徴を8点挙げられる。第1に，検索機能を用いて関心ある情報と選択的に接触する能動性である。この結果，VI-2 に記すとおりテレビの登場に伴い衰退した選択的接触の契機が，テレビ出現以前にも増して決定的な重要性をもつにいたる。第2に，Twitter でのフォロワーや Facebook での友達などの関係に基づく情報への信頼性である。この特徴は，VI-1 に記すソーシャル・ネットワークの影響過程における第4点と類似する。対面であるか否かにかかわらず，日常的な接触に基づき生じる情報への信頼は，報道機関の中立性や取材能力に基づくマスメディア情報への信頼と対照をなす。第3に，情報を送受信できる双方向性である。マスメディアが独占してきた1対多数の送信能力のみならず，受信能力をも発揮するソーシャルメディアによって，政党・候補者はもちろん，ことに一般有権者による選挙運動の範囲が拡大した。第4に，情報を即座に送受信できる即時性である。この結果，必ずしも正確ではない情報であっても，仮に事実ならば迅速な対応を要する場合に柔軟な対応が可能となる。第5に，情報の保存・転送が容易なので，多数のソーシャルメディア利用者を介して情報が広範囲に伝達されやすい拡散性である。この結果，ソーシャルメディアの第1の特徴として挙げた選択的接触により認知されないままとなるはずであった情報とも接する機会が生じ得る。第6に，文書・音声・写真・動画などを扱えるマルチメディア性である。この結果，用途に応じた情報形態の選択が可能となる上，印刷物と比べて送信の費用が大幅に低くなる。第7に，情報量が巨大な場合にも送受信可能であるという時間・空間の非制約性である。この結果，テレビの放送時間や新聞の紙幅に伴う制約が克服される。第8に，アプリケーションソフトの導入に基づきソーシャルメディアの機能を調整・改善できる拡張性である。この結果，各使用者に最適な使用環境を実現するとと

もに，情報の生成・加工・管理が容易となる。

❷ ソーシャルメディアと政治意識

政治過程論では，ソーシャルメディアの第１の特徴として挙げた選択的接触の結果として生じ得る，社会での政治意見の分極化にしばしば注目する。VI-1 の知見に基づけば，特に選挙運動を通じた政治的先有傾向の強化が予想される。今世紀初頭，アメリカの状況に警鐘を鳴らしたのは**サンスティーン**[2]である。サンスティーンによると，自身と同じ意見に対してのみ繰り返し接触することで意見の分極化が生じ，自身と意見の異なる他者への排斥を強化する。アメリカでの実証分析をみても，保守または革新の党派性を帯びたブログやSNSは，リンク先や交信相手として同じ党派性を選ぶ場合が大半であるため，サンスティーンの主張を裏づける。日本に関する実証研究は少ないが，複数の研究がTwitterの交信者間における政治的な傾向の類似を示唆する。

❸ 日本での世論調査に基づく知見

2016年６月の参議院選挙の公示直前となる６月15日からの７日間，メディアが政治的な意識へおよぼす影響を解明する目的で全国世論調査が行われた[3]。

まず，「政治に関する情報源として最も役立つメディア」を尋ねたところ，「新聞」（21.1%）・「テレビ」（47%）・「インターネットのポータルサイトニュース」（11.8%）・「政党や政治家のHP・ブログ・SNS」（1.8%）・「日本政府や自治体政府のHP」（0.5%）・「その他のインターネットサイト」（5.1%）が，各々に示す割合で挙げられた[4]。つまり，インターネットが普及した現在においても政治に関する情報源としてのメディアに占めるマスメディアの割合は圧倒的である。加えて，インターネットに限定するとポータルサイトニュースの利用が大半を占めた。無論，年代によって傾向は異なる。上記のメディアを新聞・テレビ・インターネットの３種に区分した場合，34.3%を占める30代までの世代では新聞（15.7%）・テレビ（39.3%）・インターネット（24%）であるのに対し，40代以上の世代では新聞（24%）・テレビ（51%）・インターネット（16.5%）であった。したがって，加齢に伴い利用対象がインターネットからマスメディアへ変化するのか，または幼少期よりインターネットを利用する世代は加齢によってもインターネットの利用を維持するのか，今後の動向を見守る必要がある。

続いて，政治的意見の分極化を探る手がかりとして，最も保守的な立場と最も革新的な立場を各々10と0とした際の自身の位置づけを尋ねた[5]。すると，2以下または8以上の値を示す割合は，上記の利用メディアを新聞・テレビ・インターネットの３種に区分した回答者に関して新聞（28.9%）・テレビ（30.3%）・インターネット（36%）であった[6]。したがって，インターネット利用者における一定の意見の偏りがみられる。

（白崎　護）

▷2　**サンスティーン**
(Sunstein, C. R.：1954-)
アメリカの公法学者。

▷3　筆者が実施した「平成28年度参議院議員選挙に関する有権者インターネット調査」である。「NTTコム オンライン・マーケティング・ソリューション」に対して，インターネットでの調査を委託した。調査対象者は，同社の世論調査一般に対象者として登録した18歳以上の有権者である。調査票配信数は２万3221，回収数は1792である。IV-4，IV-5 の研究に関して，二十一世紀文化学術財団より2015～16年度の学術奨励金を得たので，ここに謝辞を記す。

▷4　割合を算出する際，役立つメディアとして「その他のメディア」および「わからない」という回答を全体に含める。

▷5　平均は5.2，標準偏差は2.5であった。

▷6　この分析において上記の利用メディアを新聞・テレビ・インターネットの３種に区分した場合の回答者の数は，新聞（273）・テレビ（607）・インターネット（247）である。

（参考文献）

C. R. サンスティーン（石川幸憲訳）『インターネットは民主主義の敵か』毎日新聞社，2003年。
西田亮介『ネット選挙——解禁がもたらす日本社会の変容』東洋経済新報社，2013年。

第 2 部　入力過程

Ⅵ　ソーシャル・ネットワークとメディア

 カウンターデモクラシーとメディア

▷1　ロザンヴァロン
(Rosanvallon, P.：1948-)
フランスの歴史学者。

▷2　この定義にしたがえば，暗殺やテロなど暴力や破壊を伴う活動もカウンターデモクラシーに含まれる。本節では暗殺やテロへ言及しないが，考察対象に含む革命において暴力や破壊は避けがたい。なお，カウンターデモクラシーは Ⅴ-10 ， Ⅴ-11 の「投票外参加」で扱う政治参加の一形態である。

▷3　放送法4条および公職選挙法151条3項は，報道の中立性に関する規程であると考えられてきた。他方，政治権力を含めた外部からの干渉に対する中立こそ，制定過程の議論に鑑みた場合の放送法4条の趣旨であるとの説も有力である。

▷4　他者の行動に触発されて自身も決定を下す個人が連鎖していく状況を「情報カスケード」と呼ぶ。

1　カウンターデモクラシーとは

ロザンヴァロン[▷1]は，非政府組織やメディアによる政府の監視，そしてデモなど選挙以外の手段による政府への異議申し立てをカウンターデモクラシーと呼んだ。間接民主主義が機能する状態においては，選挙に基づき代表の正統性が確保される。他方で次の選挙までの期間，選出された代表に対して民意を反映した行動を維持するように求める行為をカウンターデモクラシーと呼べる。また，独裁など民主主義が損なわれた状態においては，権力者に対して民意を反映する制度の確立や，民意を尊重した行動を求める行為をカウンターデモクラシーと呼べる。論者によって，カウンターデモクラシーの定義は異なるが，本節では選挙以外の場面で市民の意見を政治へ反映させようとする活動のうち，陳情や献金など政府・代表に対する個別の接触を除く活動であり，かつ，政府・代表に対して異議を申し立てる活動をカウンターデモクラシーとして扱う[▷2]。

2　メディアの役割と限界

Ⅵ-4 の世論調査のとおり，政治に関する情報源としてインターネットよりもはるかに多くの利用者が存在するとともに，政府への監視を期待されるマスメディアだが，この監視能力が限られる場合も多い。独裁国家に限らず政府が公営メディアを統制する場合はもちろん，報道の政治的中立性を求める公的な規制が存在する場合や，非協力的なメディアの取材を政府要人が拒否する場合，政府に不利な報道を行いがたい。加えてメディア自身が，時間的な制約，経費・人材など経営資源の制約，また報道の中立性などの自主規制に服す[▷3]。

翻って， Ⅵ-4 に記す特徴をもつソーシャルメディアがカウンターデモクラシーに対して寄与し得る場面を3点挙げられる。第1に，デモや集会を企画・運営する際，運営組織による情報提供や参加者間での情報交換に要する時間・費用・手間を軽減し得る。この点に付随して，運動への参加や寄付の呼びかけが容易となるほか，デモや集会の参加者に対して，弾圧からの逃走方法など実践的な情報を適宜提供し得る。第2に，カウンターデモクラシーを支持する他者の意見・行動がソーシャルメディアを通じて随時確認できる状況は，政治の現状に不満を抱きつつも孤立・抑圧を恐れて沈黙していた層の参加を導き得る[▷4]。第3に，ソーシャルメディアを介した交流の積み重ねにより，参加者に

連帯感や活動理念への共感が生じ得る。この点に付随して、たとえカウンターデモクラシーが停滞期を迎えたとしても活動へのアイデンティティが維持されるならば、運動に適した社会環境の出現とともに速やかに活動を再開し得る。

前段に記す第1・第2の点を裏づける事例は、2010年以降の「アラブの春」や「ウォール街占拠[6]」に関しても報告される。他方、以下2点の理由に基づきソーシャルメディアの役割を否定的に捉える事例も報告される。第1に、ソーシャルメディアは運動組織に属していなかった層が参加する契機となり得るにせよ、ソーシャルメディアの運用を含め運動を企画・運営する堅固な組織を要する。換言すると、組織をもたないカウンターデモクラシーにおけるソーシャルメディアは、前段の第1から第3の利便性を十分に発揮できない。特に、弾圧など参加に伴う危険が予想される運動では、組織外の市民に参加を決断させるほどの効力をソーシャルメディアが発揮しがたいと指摘される。

第2に、政府によるソーシャルメディアの監視について3点の懸念が指摘される。まず、政府への批判や直接行動への呼びかけなど政府にとって不都合な情報の削除、またはインターネット接続自体の切断が行われる。次に、ソーシャルメディアの情報に基づく活動家の逮捕、および政府による誤報の書き込みなど活動家のソーシャルメディアを利用した攪乱があり得る。最後に、ソーシャルメディア企業に対する政府の圧力に基づき、企業が政府へ利用者情報を提供する、または扇動的な内容の書き込みを削除する企業の自主規制が働く。

③ 日本での世論調査に基づく知見

VI-4 と同じ世論調査では、過去3年間における「抗議活動（市民運動・住民運動・デモ）」と「請願書への署名（署名を求める場合と署名に応じる場合の両方を含む）」への参加の頻度を尋ねた[7]。すると、抗議活動は「不参加」（87.9%）・「1～3回ほど」（3.7%）・「4～6回ほど」（0.9%）・「7回以上」（0.8%）、署名は「不参加」（80.2%）・「1～3回ほど」（10.9%）・「4～6回ほど」（1.2%）・「7回以上」（0.8%）であった。したがって、まだカウンターデモクラシーが一般的でないといえる。

VI-4 で取り上げた「政治に関する情報源として最も役立つメディア」と抗議活動および署名への参加経験との関連をみた。すると、最も役立つと指摘されたメディア別に、抗議活動では新聞（4%）・テレビ（5.3%）・インターネット（6.5%）、署名では新聞（14.7%）・テレビ（12.5%）・インターネット（15.8%）を挙げた回答者において、各々に示す割合の者が最低一度の抗議活動への参加経験を認めた[8]。したがってマスメディアと比較した場合、インターネットの利用とカウンターデモクラシーへの参加との関連は若干強いようだが、VI-4 の最後にみたインターネットの利用と意見の偏りとの関連よりも不明確である。

（白崎　護）

▷5　アラブの春
2010～12年にかけて北アフリカ・中東諸国で生じた自由主義・民主主義を求める一連の騒擾を指す。ことに、エジプト・リビアでの体制の変革を招き、世界に衝撃を与えた。

▷6　ウォール街占拠
一部の層による富の独占を許す制度に反発した市民による、2011年の抗議運動を指す。若年層を中心として、ウォール街でのデモ・座り込みを行った。治安当局により鎮圧されるが、運動は全米の主要都市へ拡大した。

▷7　割合を算出する際、「わからない」という回答を全体に含める。

▷8　前段および本段の分析において、利用メディアを新聞・テレビ・インターネットの3種に区分した。この場合における回答者の数は、新聞（273）・テレビ（607）・インターネット（247）である。

参考文献

P. ロザンヴァロン「熟議できない議会代表制民主主義に松葉杖が必要だ」『朝日新聞』2015年4月1日。

山田真裕『政治参加と民主主義』東京大学出版会、2016年。

第3部 出力過程

guidance

　第2部でみてきたプロセスを通じて政治システムに入力された社会の様々な声は，具体的な政策にどのように変換され，その政策はどのように決定・実施され，その後のフィードバックに向けてどのように評価されるのであろうか。第3部では，政策への変換と政策の決定・実施・評価等をめぐるプロセス──本書では「出力過程」と呼ぶ──に焦点を当てる。出力過程を描出するにあたり，本書がとりわけ注目するのは，どのような政治制度の下でどのようなアクターが政策の出力に関わっていくのかという点である。

　第Ⅶ章は，出力過程をめぐる一般的な捉え方──段階モデル──を概説することから始める。段階モデルでは，出力過程は，いくつかの段階を順に進むプロセスとして描かれる。次に，このプロセスの第一段階ともいえるアジェンダ設定に目を向ける。すなわち，社会が直面する問題が政治過程における審議の対象（アジェンダ）となるプロセスである。第Ⅷ章は，政策が決定される段階を取り上げる。間接民主主義においては，政治の中心に議会が位置づけられるが，その議会の中でどのように個々の法案等が検討され，最終的な選択にいたるのかという問いに取り組む。第Ⅸ章では，政策実施のプロセスに着目する。今日の政策実施をめぐる重要な論点は，決定を行う議会と実施を担う行政機関との関係性に加えて，中央（国）と地方との関係性や行政機関と民間団体との関係性にも関わっていることを踏まえて，本書では，こうした多面的な視点から政策実施を検討する。第Ⅹ章は，実施された政策に対して評価が行われるプロセスを明らかにする。政策実施と同様に，国と地方という2つのレベルでの政策評価をみると同時に，評価を受けた政策が次のニーズにフィードバックされるプロセスと，その政策が終了となるプロセスに着眼する。

　政策が出力されるプロセスと聞くと，多くの人々は，政策が議会で決定されるプロセスを真っ先にイメージするかもしれない。こうした捉え方に対して，第3部は，少なくとも以下の2点を強調していく。第1に，すべての社会問題が政治の中で取り上げられるわけではなく，ごく一部の問題しか「問題」視されないという点である。第2に，政策は議会で決定されたらお終いということはなく，個々の政策は，政策実施を通じて1人ひとりの生活に影響を及ぼすと同時に，政策評価によって政策の改善に向かうという点である。

第3部　出力過程

Ⅶ　課題設定

 # 政策過程の段階モデル

1　政策と政策過程

　政治社会における政策とは，社会次元の調整を超える争点ないし紛争に対して統治活動を施すことによって，その一応の解決を図る手段であり，この意味で社会の安定に関係づけられる統治活動の内容であると定義される▷1。また，公共的問題に対する解決の方向性と具体的手段であると示される▷2。政策過程には，こうした公共的課題を解決するといった目的を達成するために行われる意思決定と，その実施に関わる一連の行為のすべてが含まれる▷3。
　政策過程の分析は，様々な角度から接近しうるが，伝統的なアプローチとしては，政策段階によるものがある▷4。

2　政策段階モデルの各段階

　政策を段階的に捉える考え方は，政策志向という言葉で政策科学の道をひらいた**ラスウェル**まで遡ることができる▷5。ラスウェルは，政策に関する7つの機能を示し，それらが決定過程を構成しているとする。7つの機能とは，調査，助言，規定，援用，適用，評価，終結である。調査では情報収集や予測や計画，助言では政策選択肢の提案，規定では一般規則の制定がされ，援用では規定に照らした行為の暫定的な判断，適用では規定に照らした行為の最終的な判断，評価では政策の成功・失敗の評価，終結では一般規則とその枠組みの中で加えられた取り決めが終了される。このラスウェルによるモデルが，今日の政策段階論の原型とされており，図1のような段階に沿って政策が進む▷6。
　①問題の認識・アジェンダ設定▷7
　まず，社会の中に政策による解決が求められる問題が存在していると認識されなければならない（これが，社会問題の確認，言い換えると，問題の定義化である）。問題が認識されるとその解決に向けて，政府に要求が表明される。しかし，すべての問題が政府による検討の対象となるわけではない。なぜなら政府の資源（能力・労力，資金，時間など）は限られているからである。そこで，多くの問題の中から選ばれ，政府として取り組むアジェンダ（議題・議事日程）にのる，つまり，課題として問題に対処すると決められる必要があり，それには，政府から注目され，政府が対応する必要があると判断されることが重要である。問題の中には，政府が対応すべき問題として適さないと判断され，アジェンダ

▷1　大森（1981：130）参照。

▷2　秋吉（2015：4）

▷3　宮川（2002：207）

▷4　各段階をまとめて政策サイクルと定義される。

▷5　ラスウェル
　⇨序-3「政治過程における権力」側注1

▷6　各段階の詳細は次節以降。

▷7　⇨Ⅶ-2「アジェンダ設定」

▷8　⇨Ⅷ章「政策決定」

▷9　⇨Ⅸ章「政策実施」

▷10　⇨Ⅹ章「政策評価」

設定されないものもある。これは取り組まないという決定，つまり，非決定と呼ばれる。

②政策形成と政策決定[8]

問題がアジェンダとして設定されると，その解決のための様々な案が作成される。複数の政策案が形成されたのち，そのうち1つの政策提案が選択され，議会で審議され，立法等の形で政策案が決定される。これを政策決定と呼ぶ。政策案が決定されるためには，それに対する政治的支持を取り付ける必要がある。

③政策実施[9]

決定された政策は，政府などにより実施される。公共財や公共サービスを提供する政策は，政策決定の段階では，大まかな内容・方向性が示され，この実施段階で具体的な細部が決定される。官僚の裁量が働く余地が大きい。

④政策評価・政策終了[10]

政策が実施されたのち，当初の政策目的に対してどれほど問題への対処が進んだのか，政策の対象となる集団やそれ以外の集団にどのようなインパクトを与えたのかなどが評価される。評価結果を受け，政策目的を達成するために，そのままの形で継続が必要な場合や，政策の目的が達成されておらず，政策の修正や政策の再形成を経て継続が必要な場合には，フィードバックがされ，政策サイクルが継続する。これに対し，目標を達成した場合，あるいは，社会の変化により政策の意義が失われた場合には，政策終了が提案される。しかし，いったん始めた政策は継続されることが好まれ，政策終了は容易ではない。[11]

3 政策段階モデルへの批判と可能性

以上の政策段階モデルについて，批判も存在する。中心的なものは，モデルは分析的なものであり，ほとんど現実に一致していない，異なる段階が重なっており明確には区分できないというものや，政策プロセスの順序で必ずしも進行するものではないといったものである。[12]

このような指摘があるとはいえ，政策の段階モデルを通じて，政策を静態的にではなく，動態的に捉えることができるようになり，他国との比較も可能である。批判により，政策分析のツールの1つとしての有効性が否定されるものではないと考えられる。

（三田妃路佳）

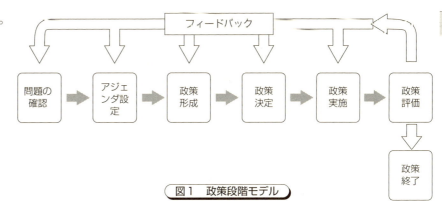

図1　政策段階モデル

▷11　ドレオンは，政策終了が困難となる6つの障害として，中止への心理的回避，制度の耐久性，保守的傾向，反中止連合，法的障害，高い初期コストを挙げている。DeLeon, Peter, "A Theory of Policy Termination", in Judith V. May and Aaron B. Wildavsky, *The Policy Cycle*, Beverly Hills/London, Sage Publications, 1978, pp. 279-300.

▷12　例えば，政策の再形成は実施のさなかに起こるかもしれない。ある段階は飛ばされるかもしれないということである。

参考文献

大森彌「政策」日本政治学会編『政治学の基礎概念』岩波書店，1981年。

宮川公男『政策科学入門（第2版）』東洋経済新報社，2002年。

縣公一郎・藤井浩司『コレーク政策研究』成文堂，2007年。

秋吉貴雄，伊藤修一郎，北山俊哉『公共政策学の基礎（新版）』有斐閣，2015年。

第3部　出力過程

Ⅶ　課題設定

 アジェンダ設定

1 前決定・アジェンダ設定への着目と非決定権力

　アジェンダとは，（政府）組織，メディア，国民などに議論され，行動される事柄，課題のリストである。会議次第，議題と訳される。アジェンダ設定とは，特定の問題が，国民や政府の人々の注目を得て，政策の公式決定者によって検討を要する課題として認識され顕在化される過程を意味する。解決すべき問題の存在を出発点として政策立案，立法という過程が中心的に論じられるのに対し，そこにいたる以前の過程を分析するのがアジェンダ・アプローチである。アジェンダ設定に至る過程は，従来の決定過程に対して，前決定過程ということになる。時間や財源が限られているため，すべての課題がアジェンダとなるわけでない。ある課題についてアジェンダとして設定しない，アジェンダにのせない操作を非決定という。

▷1　詳細は序-3「政治過程における権力」。

2 アジェンダ設定へのメカニズム

　では，ある問題が争点に拡大し，アジェンダへと変化するのは，どのようなメカニズムによるのだろうか。これについては，**コブ**と**エルダー**による前決定過程研究がある。彼らによれば，前決定過程は2段階のアジェンダ形成過程，すなわち，第1段階の「システムアジェンダ（systematic agenda）」と第2段階の「公式アジェンダ（formal agenda）」で構成される。

　システムアジェンダは，国民の注目に値すると認識されると同時に，既存政府の正当な管轄権内で重要であると認識される争点である。

　公式アジェンダとは，権威的意思決定者による積極的かつ真剣に考慮すべき対象として明確になった一連の項目とされる。より特定的，具体的で，数的にも制限された項目である。この段階に入ると対応策が具体的に検討される。ある争点が，公式アジェンダに発展する条件としては，政府の対応を望む団体が，政策決定者（政策コミュニティ）へのアクセスの機会を多くもつことが重要となり，その機会において有力な政策決定者グループの支持を一定数以上獲得することにつながる。

▷2　争点
地位や資源の配分に関わる手続き的あるいは実質的事象をめぐって2つ以上の一体的集団間に生じる紛争事項。

▷3　コブ（Cobb, Roger W.）
アメリカの政治学者。政治的紛争を専門とする。

▷4　エルダー（Elder, Charles D.）
アメリカの政治学者。政策分析，政治参加を専門とする。

3 争点の創出

　アジェンダの形成の出発点となるのが争点の創出であり，そこでの重要な存

在としてコブとエルダーは発案者（initiator）の役割を挙げる。発案者と契機となる装置との相互作用が争点の創出となるとする。

発案者は目的によって4つに分類される。1つは，再調整者であり，これまで不利益を被ってきた集団が新たな資源の配分を求めて争点を提起する。2つは，私的利益者であり，私的利益を求めて争点を提起する。3つは，環境反応者であり，予期しない出来事に反応して問題を提起する。4つは社会改革者であり，私的利益のためではなく，自ら公益を信じることを主張する。発案者は目的を達成するために，コストを負担し，政治的調整も行う。彼らのこうした行動の契機となるものとしては，自然災害・人災・暴動，航空機過密など技術革新に伴う新たな問題，人口問題など社会生態学上の変動，市民運動などの現実社会の不均衡やバイアスの顕在化，政治状況の変化（政権交代や与野党勢力の変化）があり，国外の分野では，軍事技術の革新や，国際関係のパターンの変化などが挙げられている。

❹ 政策決定者，政策決定過程から排除されている集団・アクターの場合

政策決定者（政策コミュニティ）に近い集団ではなく，決定から排除されている集団の場合，容易には，コブとエルダーのいう公式アジェンダに争点を乗せることはできない。そのような状況を乗り越える方法について，コブとエルダーは，「争点拡大戦略」として以下の2つを挙げている。

第1に，争点再定義である。争点の状況は，関わっている集団の数を意味する「範囲」と，相容れない立場で論争する人々の関わりの程度を示す「強度」，民衆とのつながりを意味する「明白性」の3次元によって決まる。

個別の問題を争点化して拡大していくには，多くの人々の注目を集める必要がある。それには，争点は個別的，特殊性のあるものではなく，具体的である「明確性」のほか，争点に関係する人の範囲を意味する「社会的重要性」，長期的・多元的な意義があるという「時間的関連性」があることや，複雑で技術的な争点をどこまで単純なものにしていくかという「複雑さ」，争点がカテゴリーの中でどの程度明確な優先権をもっているかを意味する「カテゴリー上の優先権」といった5つの視点を踏まえて訴える必要である。これらを満たせば，異議を唱える人が多くなり，争点は拡大していく。

第2に，シンボルの利用である。問題を訴えようとするアクターは喚起（arousal），挑発（provocation），諫止（dissuasion），示威行為（demonstration），断言（affirmation）といったシンボル操作の5つの戦略を用いる。特に喚起と挑発ではマスメディアの果たす役割は大きい。すなわち，マスメディアを利用したシンボル操作などで外に向けて人々の注目を喚起し，関心を集め，内部に向けて団結を強化する。 （三田妃路佳）

▶5　このほか，バウムガードナーとジョーンズは，アジェンダ設定を行う場合に制度の役割を指摘する。彼らはアメリカの政治制度における多様な政策の場（Policy Venue）は，変化を抑制するものとなるだけでなく，特定のアクターによる政策独占の状況を壊すための機会となると述べている。Baumgartner, Frank R. and Bryan D. Jones, *Agendas Instability in American Politics*, 2nd ed., University of Chicago Press, 2009.

参考文献

笠京子「政策決定過程における『前決定』概念（一）（二）」『法学論叢』123巻4号，124巻1号，1988年。

早川純貴・田丸麻利・田丸大・大山礼子『政策過程論』学陽書房，2004年。

Cobb, Roger W. and Charles D. Elder, *Participation in American Politics : The Dynamics of Agenda-building*, 2nd ed., Johns Hopkins University Press, 1983.

第3部　出力過程

Ⅷ　政策決定

 # 行政国家と議会

① 民主主義と議会

　議会は民主主義国における基幹的制度である。民主主義を国民の意思に基づいて国家統治を行うことと捉えるならば、国民を直接代表する議会の役割はきわめて大きい。すなわち、民主主義においては、国民から直接選出された議員によって構成される議会こそが国政を主導すべきであると考えられており、そこでは、議会が自ら公共政策を企画・立案した上で決定し、それを行政各部が忠実に執行するというモデルが想定されている。また、政治学においても議会が行政部、より具体的には官僚制に対して、どれだけ民主的統制を加えることができているかが重要な研究課題とされている。

　ところが、日本のみならず、強力な連邦議会をもつアメリカにおいてさえ、「議会政治の危機」が叫ばれて久しい状況にある。以下では、先進民主主義諸国における議会の位置づけを歴史的に振り返るとともに、現代の政策過程において議会が一般にどのような影響力を行使し得るのかについて考察する。

② 行政国家化の進展

　17～18世紀にかけての市民革命を経て近代国家が成立した当初、議会の力は強大であった。イギリスでは、議会が君主から統治権を徐々に奪っていく過程において、ついには「議会主権」が確立し、議会はその他の国家機関よりも優位な立場にあった。また、イギリスから独立したアメリカにおいても、マディソンやハミルトンをはじめとする憲法制定者たちは議会の多数派による専政を危惧して、きわめて権力分散的な統治システムを構築した。

　その当時、議会が国政を主導することができた背景には、それが革命において果たした役割もあるが、政府の活動範囲が相対的に限られたものであったことも考慮されなければならない。近代国家は市民の私的領域に介入した絶対王政を打倒することによって成立したために、その役割は国防や治安維持などに限定されていた。そうした「小さな政府」では、その言葉のとおり、政府の規模自体が小さく、例えば、建国当初のアメリカの連邦政府は国務、財務、国防の3省を備えるのみであった。議会が公共政策を主体的に決定し、それを行政部が忠実に執行するという統治が実現したのは、このような状況下であった。

　しかし、市場経済の発達は政府のあり方を劇的に変化させる契機となった。

▷1　政官関係に関しては第Ⅲ章「行政機関・官僚」、Ⅸ-2「政治家によるコントロールと執行水準」参照。

▷2　マディソン(Madison, James：1751-1836)
第4代アメリカ合衆国大統領（1809～17年）。アメリカ合衆国憲法の制定に大きく貢献し、その批准を各邦に求めるために書かれた『ザ・フェデラリスト』の著者の1人でもある（A. ハミルトンとJ. ジェイとの共著）。

▷3　久保文明・砂田一郎・松岡泰・森脇俊雅『アメリカ政治（新版）』有斐閣、2010年、124頁。

それは国の工業化を飛躍的に進展させる一方で，経済問題，労働問題，環境問題，富の偏在など，様々な社会経済問題を惹起した。その中でも，不況の長期化および深刻化は多くの失業者を生み出し，資本主義体制の根幹を揺るがした。特に，1929年10月のニューヨーク証券取引所の株価大暴落を引き金として大恐慌が発生すると，政府は従来からの市場経済に不介入の立場を保つことが許されない状況となった。

　大恐慌に対して，アメリカでは**フランクリン・ローズヴェルト**[4]大統領がケインズ主義的な**ニューディール政策**[5]を実施して，国民生活の救済や経済復興などにあたった。それが一定の成果を得てからは，市場経済を採用する国においても政府がマクロ経済に積極的に介入し，その安定を図ることがいわば常識となった。また，20世紀に勃発した2つの世界大戦も，それが職業軍人のみならず，一般国民をも動員する総力戦の形態をとったために，政府が国民生活に直接介入するきっかけとなった。

　このように，急速に国家の役割とそれに対する国民の期待とが増大する中で，公共政策は著しく複雑化，専門化していった。議会は多くとも数百人規模の構成員しかもたず，また皆が政策のスペシャリストとは限らないため，その変化に十分対処することが不可能であった。一方で，国家が経済問題や社会問題にも積極的に関与する「大きな政府」へと変貌してゆくのにしたがって，その行政部は拡張されていき，アメリカでもローズヴェルト政権下で大統領直属のホワイトハウス・オフィスが整備されるとともに，現在の中央省庁体制の基礎が形成された。また，官僚制がその専門的技能や組織力を活かして政策執行だけでなく，政策の立案や利害調整なども担うようになり，政策過程において果たす役割を増大させた。そうした中で，行政部が議会に対して相対的に優位に立っている国家のことを「行政国家（administrative state）」と呼ぶようになった。

3 議会の制度的権力

　第二次世界大戦後，先進民主主義諸国において一般にみられた行政国家化の進展は，確かに国の政策過程における行政部の影響力拡大をもたらす一方で，議会がそこで直接的な役割を果たす余地を狭めたといえる。しかし，そのことは議会が国政において影響力を失ったということを必ずしも意味しない。

　国によって異なる議会の権力を一括りに評価することは難しいが，議会が政策立案などを官僚に譲ったとしても，一般的に予算や法案などに関する議決権をもつことには重要な意味がある。つまり，議会はそれによって自らが望まない政策の実現を拒むことができるのみならず，その拒否権を背景として，行政部に自らの意向を忖度した行動をとらせることができる[6]。この観点からは，行政国家化の進展に伴って，議会はその影響力行使のあり方を，明示的なものから黙示的なものへと変化させたといえるだろう。 （松浦淳介）

▶4　フランクリン・ローズヴェルト（Roosevelt, Franklin D.：1882-1945）第32代アメリカ合衆国大統領（1933〜45年）。第二次世界大戦時の大統領でもある。

▶5　ニューディール政策
大恐慌に対して，1930年代にフランクリン・ローズヴェルト大統領によって打ち出された一連の社会経済改革のための政策。

▶6　憲法学においても，現代国家では議会が決定し，政府がそれを執行するという「決定 − 執行」イメージよりも，むしろ政府が政策を立案し，議会の同意を得て執行するという「統治 − コントロール」イメージの方が現実を正確に反映しているという議論が存在する。詳しくは，高橋（2006）を参照。

（参考文献）

岩井奉信『立法過程』東京大学出版会，1988年。

高橋和之『現代立憲主義の制度構想』有斐閣，2006年。

真渕勝『官僚』東京大学出版会，2010年。

第 3 部　出力過程

Ⅷ　政策決定

 大統領制と議院内閣制

1　権力の分立

　絶対権力に対する抵抗を通じて成立した近代国家においては，市民の人権を保障する上で，いかに国家権力の暴走を防ぐかということが重視された。そのために考え出されたのが国家権力を分割するとともに，それぞれの権力を別々の独立した機関に担当させ，互いに牽制させることで権力の抑制と均衡（checks and balances）を図るという権力分立の概念であった。その最も一般的な形態が国家権力を立法権，行政権，司法権の3つに分割した上での三権分立であり，現在，民主主義体制を採るほとんどの国においてそれを前提とした統治システムが構築されている。

　ただし，それぞれの権力を担当する機関の間の関係は一様ではなく，権力の運用は民主主義国の中でも大きく異なる。特に権力関係において重要であるのは立法権を担当する議会と，行政権を担当して行政各部を指揮監督するとともに，国政を主導する執政長官（行政府の長）との関係である。具体的には，権力分立の考えに忠実に議会と執政部とを分立させて牽制させるか，それとも権力分立の原則からは逸脱するが，両機関を接近させて統治を協同させるかによって，国家の運営は大きく異なることになる。以下では，権力の分散と融合という観点から大統領制と議院内閣制を捉えることによって，それぞれの特徴を浮き彫りにするとともに，日本の首相のリーダーシップについても検討する。

2　大統領制

　大統領制は古典的な権力分立の考えのとおりに国家権力を分立させることによって，権力の濫用を防ぐために企画された政治制度である。そこでは，行政府の長たる大統領と議会とが別々の選挙によって選出され，両機関の間に信任関係が存在しないことが大きな特徴となっている。

　大統領制を採用する代表的な国であり，またその歴史も古い国としてアメリカ合衆国がある。アメリカにおいては，大統領は連邦議会の意思にかかわりなく国民によって間接的に選出される一方，上下両院からなる連邦議会の議員もまたそれぞれ国民によって選挙される。大統領と連邦議会はともに国民の意思を代表する機関であるため，大統領は連邦議会に対して解散権を行使することができず，また連邦議会も原則として大統領を解任することができない。その

▷1　三権分立論の古典として，1748年に出版されたモンテスキュー『法の精神（上・中・下）』（岩波書店，1989年）がある。

▷2　アメリカ大統領は国民の直接投票に基づいて州単位で選出される大統領選挙人の投票によって決定される。そのため，2000年大統領選や2016年大統領選のように，国民投票総数で敗れた候補が大統領選挙人の獲得数で逆転し，大統領に選出される場合がある。

▷3　ただし，アメリカには大統領弾劾制度があり，大統領は反逆罪や収賄罪などで下院から弾劾訴追を受け，すべての上院議員が裁判官となる弾劾裁判において3分の2の多数によって有罪になると罷免される。これまでのところ，弾劾裁判によって罷免された大統領は存在しないが（2018年9月時点），ニクソンは民主党全国委員会本部への侵入事件に端を発するウォーターゲート事件において，直接的な関与や，もみ消し工作などを疑われて弾劾訴追を避けることができなくなり，1974年に辞任した。

間に信任関係は存在せず，両機関は分立的に国家の統治を担うことになる。

　アメリカの大統領については，しばしば強いリーダーシップを行使して国政を動かしているとイメージされるが，もともと大統領には議会多数派の専政を抑止するという役割が期待されていた。そのことは議会が可決した法案に対して，大統領が拒否権をもつことにも表れているが，一方でそれは議会が立法権を占有する中での例外的な措置であり，法案の提出権や審議権はあくまでも議会の側に独占され，大統領にはその提出権すら認められていない。また，アメリカでは予算も法律の形式をとっており，議会によって立案，決定される。

　したがって，大統領が大規模な改革に取り組む際にはもちろんのこと，日常的な政権運営を行う上でも議会との協調が不可欠となる。しかし，議会の信任に基づかない大統領を議会が支える保証はなく，しかも大統領の所属政党が上下両院の一方，もしくは両方において過半数の議席をもたない「分割政府（divided government）」の状況では，大統領が議会の支持を調達することはますます困難となる[15]。ここに大統領が政治的なリーダーシップを行使することを困難にする構造的な要因をみることができる。

③ 議院内閣制

　大統領制に対して，議院内閣制においては権力を融合させることによって，効率的な統治が志向されている。そこでは議会の信任の下に首相を長とする内閣が成立し，その存立が議会の支持に依存していることから，両機関の間に信任関係が存在している。また，国民から直接付託を受けた議会が内閣を組織し，内閣が行政各部を指揮監督して統治を担うという権力の委任の連鎖がみられることも議院内閣制の大きな特徴である。

　議院内閣制を採用している日本では，国会が国会議員の中から首相を指名し，その首相が大臣を任命することによって合議体としての内閣が組織される。通常，首相には国会における多数党の党首が選ばれるため，首相は国会多数派の支持を背景に強いリーダーシップを行使することが可能になる。しかし，ここで問題となるのは，なぜ日本の首相の在任期間は短く，リーダーシップを振るうことができなかった首相も少なからず存在するのかということである。

　その要因としては，第1に政党の凝集性の低さがある。特に自民党単独政権期においては自民党内に派閥が割拠しており[16]，一致結束して党首である総裁，すなわち首相を支えるということにはなっていなかった。第2に第二院の強さがある。VIII-6 でみるように，日本の国会は衆議院と参議院という2つの議院によって構成されており，第二院としての参議院は内閣によって解散されることがない一方で，強い立法権限を行使してその重要法案の成立を阻むことが可能になっている。その意味で，日本は権力融合的な議院内閣制の中に権力分散的な制度を内包させているといえる。

（松浦淳介）

▷4　ただし，大統領は自身の政策に賛同する議員に対して，その実現に必要となる法案を議会に提出するように求めており，それは事実上の大統領提出法案とみなすことができる。

▷5　戦後のアメリカでは大統領の所属政党が上下両院で多数を占める「統一政府（unified government）」の時期よりも分割政府の時期の方が長く，第79議会から第114議会まで（1945〜2016年）の36議会期（1議会期は2年間であるため72年間）のうち，22議会期（44年間）が分割政府である。

▷6　例えば，1970年代には自民党内に田中派，大平派，福田派，中曽根派，三木派の五大派閥（それぞれの派閥領袖から一字をとって「三角大福中」と呼ばれる）が存在した。

参考文献

飯尾潤『日本の統治構造——官僚内閣制から議院内閣制へ』中央公論新社，2007年。

建林正彦・曽我謙悟・待鳥聡史『比較政治制度論』有斐閣，2008年。

待鳥聡史『代議制民主主義——「民意」と「政治家」を問い直す』中央公論新社，2015年。

第3部　出力過程

Ⅷ　政策決定

 議会類型論

議会の類型

Ⅷ-1 でも触れたように，議会は民主主義を実現する上で欠かすことのできない政治制度である。また，議会は国民を直接代表する国家機関として，政治過程において主要な役割を果たすことが期待されている。しかし，議会の成り立ちは国によって多様であり，またその機能は憲法や議会関連法など，議会の活動を規定する諸ルールや，選挙制度や執政制度などの議会内外の政治制度との関係によって異なるものとなる。

ここでは，議会がどのような役割を果たしているのかについて，**ポルスビー**[1]の類型論に触れておこう。ポルスビーは議会を大きく変換型とアリーナ型とに分けて論じる。

まず，変換型とは，議会が社会における多様な要望を吸い上げ，それを政策とした上で法律に変換するという機能を果たす。議会はまさに「立法の府」として立法を主導しており，その典型として，アメリカの連邦議会が挙げられる。Ⅷ-2 で述べたように，アメリカの大統領制は権力の分散を特徴としており，大統領には法案の議会提出権すら認められておらず，議会がほぼ独占的に立法権を行使する。そのため，アメリカではすべての法案が議員提出（議員立法）であり，法案は分野別に設けられた常設の委員会において審査され，そこではとんどが不成立となり[2]，成立する法案も修正は免れない。

次に，アリーナ型とは，議会が与野党による政策論争の舞台となって，有権者に政策的な争点を明らかにするという機能を果たす。そこで立法を主導するのは内閣であり，議会は立法府というよりも「言論の府」としての側面を強くする。その典型として挙げられるのが，権力の融合を特徴とする議院内閣制を採用するイギリスの議会である。そこでは，議会多数派によって組織される内閣の各大臣が法案を議会に提出し，与党の支持をもとにそれを効率的に成立させる[3]。それに対する野党は通常，数で与党に劣っているために，法案の成立を妨げることは難しい。それよりも野党は議会での論戦を通じて，内閣の法案の問題点を指摘したり，対案を提示したりするなどし，次期選挙に向けて有権者の支持を獲得しようとする。議会はさながら与野党が次の政権の座をめぐって，競い合う闘技場（アリーナ）となっているのである。

▷1　ポルスビー（Polsby, Nelson W.：1934-2007）アメリカの議会研究者。

▷2　近年，アメリカにおける法案の成立率は5％を下回っており，特にオバマ政権期においてそれは3％前後で推移した。

▷3　イギリスでは，本会議で法案を審議する読会制が採られている。日本の帝国議会も同様であった。

2 日本の国会の位置づけ

　2つの議会モデルを踏まえて，日本の国会をどう位置づけるべきかについて検討しよう。日本はイギリスと同様に，議院内閣制を採用しているために，その国会はアリーナ型の要素を多分に含んでいる。具体的には，日本でも内閣が積極的に立法を推進しており，$\boxed{\text{Ⅷ-5}}$ で述べるように，内閣提出法案（閣法）が提出件数，成立件数ともに議員立法を大きく上回っている。また，野党は国会での審議を最大限に利用して，政府を厳しく追及している。

　しかし，日本は敗戦後，アメリカを中心とする **GHQ** の統治下において新憲法や**国会法**を制定し，議会を帝国議会から国会に転換させた。そのため，日本の国会には，アメリカの連邦議会にみられるような変換型の機能も少なからず組み込まれている。まず，常設の委員会が設置されて，本会議中心主義から委員会中心主義となった。国会に提出された法案は原則，委員会において実質的に審査されてから，本会議に上程される。また，内閣が国会の議事運営に直接関与することが厳しく制限された。内閣は国会に法案を提出することはできても，ひとたび国会へ提出したのちはそれを自在に修正したり，撤回したりすることも許されない。

　その結果，日本の国会はアリーナ型の議会と比較して，高い自律性を有することになった。これが閣法の成否に及ぼす影響については慎重な検証が必要となるが，イギリスの政府法案の成立率は基本的に9割を超えるのに対して，日本の閣法の成立率は平均して8割半ばとなっており，同じ議院内閣制の国と比べて相対的に低い結果になっている。

3 国会改革の方向性

　最後に，近年の国会改革の方向性に触れておこう。日本では，特に1990年代以降，政治改革が大きく進展した。具体的には，選挙制度改革として，1994年に小選挙区制が導入されるとともに，内閣機能強化の一環として，1999年に内閣官房の権限が拡大され，2001年には首相直属の行政機関として内閣府が新設された。そうした一連の制度改革はいずれも首相の権限を強化することに貢献しており，その下における国会はアリーナ型としての色を強めている。

　他方，同時期に進められた国会改革の中には，そうした流れに沿うものもあれば，逆にそれに反するようなものもある。まず，1999年に国会審議活性化法案が成立し，日本でもイギリスのクエスチョン・タイムに倣って，首相と野党党首による党首討論が導入された。これはアリーナ型の要素である争点明示機能を強化することにつながるであろう。それに対して，1993年の国会法改正によって導入された政策担当秘書制度は議員立法の促進が念頭におかれており，変換型の要素である立法機能の強化を志向するものだといえる。　（松浦淳介）

▷4　**GHQ**
連合国軍最高司令官総司令部を意味し，日本は1945年8月の敗戦後，1952年4月にサンフランシスコ平和条約が発効するまでその間接統治下におかれた。

▷5　**国会法**
国会の組織やその運営などを規定しており，1947年5月に第1回国会（特別会）が召集されるのに先立って制定された。

▷6　国会法は，内閣が本会議または委員会のいずれかにおいて議題となった議案を撤回または修正しようとするときは議院の承諾を得なければならないと規定している（59条）。

（参考文献）
大山礼子『国会学入門（第2版）』三省堂，2003年。
加藤秀治郎・水戸克典編『議会政治（第3版）』慈学社出版，2015年。
川人貞史『日本の国会制度と政党政治』東京大学出版会，2005年。

Ⅷ　政策決定

 日本の国会(1)：国会の権能と立法過程

1　国会の権能

日本国憲法はその前文において，「日本国民は，正当に選挙された国会における代表者を通じて行動」すると宣言し，国会を「国権の最高機関」に位置づけている（41条）。国会がその他の国家機関よりも上位に位置づけられているのは，国会が主権者たる国民を直接代表しているという正統性の高さに由来するものであり，実際，国会にはそれに相応しい権能が付与されている。

まず，国会は行政部の権力行使に正統性を付与する。Ⅷ-5 でも指摘するように，国会で成立する法案のほとんどは内閣によって提出された法案（閣法）であるが，その成立には「国の唯一の立法機関」（41条）としての国会の議決が不可欠となる（59条）。また，国政を担う内閣には，予算の作成権（73条5号）や条約の締結権（73条3号）が付与されているが，国会は予算の議決権（86条）と条約締結の承認権（61条）を行使して，それらに民主的な統制を加える。

次に，国会は執政部を形成する。具体的には，国会は国会議員の中から首相を指名することを通じて（67条），内閣を生み出すとともに，衆議院が内閣に対して法的効果を伴う不信任決議権をもつことによって（69条），内閣を実質的に統制する。このように，内閣の存立が国会の信任に依存することが議院内閣制の重要な要素となっている。そのほかにも，国会には**国政調査権**（62条）や**弾劾裁判所**の設置権（64条），**憲法改正**の発議権（96条）など，国政に関わる重要な権能が備えられている。

2　日本の立法過程の特徴

国会は立法府とも呼ばれるように，法律を制定することがその主たる役割の1つとなっている。しかし，衆議院および参議院の議員だけが法律案を国会に提出できるのではなく，内閣にもそれが認められている。衆議院議員提出法案（衆法）と参議院議員提出法案（参法）を併せて議員立法，内閣提出法案を閣法とそれぞれ呼ぶ。なお，議員立法については，衆議院では20名以上（予算を伴う法案については50名以上），参議院では10名以上（同じく20名以上）の賛成がそれぞれ必要とされる。

一般には，法案が国会に提出されてから立法過程がスタートすると考えられているが，日本の立法過程にはその前段階として，法案が国会に提出されるま

▷1　**国政調査権**
国政調査権は両議院がそれぞれ独立して行使する議院の権能であり，国政に関する調査を遂行するために，証人の出頭や証言，記録の提出などを求めることができる。

▷2　**弾劾裁判所**
裁判官訴追委員会から罷免の訴追を受けた裁判官を辞めさせるかどうかを判断する裁判所。国会に設置された常設の機関であり，両議院から選出された各7名の議員によって構成される。

▷3　**憲法改正**
憲法改正には，①国会が各議院の総議員の3分の2以上の賛成でそれを発議し，②国民が国民投票において過半数の賛成で承認することが必要とされている。

VIII-4 日本の国会(1)：国会の権能と立法過程

での国会前過程が存在し，そこが法案の成否に大きく関係している。閣法の場合，通常は政策分野ごとに所管の省庁によってその原案が作成される。所管省庁は法案に関係している他の省庁や国会議員などとの調整を通じて原案を完成させる。関係者間の利害調整が終わって原案ができあがると，それは**内閣法制局**[4]によって，条文の表現や現行法制との整合性などに関して，立法技術的な観点から審査される。こうした行政部内の手続きを終えても，閣法にはまだ大きなハードルが待っている。閣法は内閣の閣議決定によって国会に提出されるが，それに先立って与党による審査を受けることになっているのである（事前審査制）。これは自民党長期政権下において確立したといわれる制度的慣行であり，閣法は与党たる自民党の政調部会，政調審議会，そして総務会の了承を得た上でようやく閣議に付される[5]。このことは，与党が法案に同意しなければ，内閣はそれを国会に提出できないことを意味し，与党は法案に対する拒否権を背景に，その内容にも実質的な影響を及ぼすことができる。

③ 国会審議と国対政治

閣法は省庁間調整，内閣法制局審査，与党審査などを経たのち，内閣によって閣議決定され，国会に提出される。ここからの立法過程を国会前過程に対して，国会内過程という。内閣は衆議院，参議院のどちらに法案を提出してもよいが，予算に関連する法案（予算関連法案）や重要法案のほとんどは衆議院を先議院として国会に提出されている。先に法案を審議する議院の議長はそれを所管の委員会に付託する。委員会での法案審査は基本的に趣旨説明，質疑，討論，採決の順に進められる。また，法案によっては**公聴会**[6]や参考人からの意見聴取などが実施されることもある。委員会を通過した法案は本会議に上程され，委員長報告や討論を経て採決に付される[7]。本会議で可決された法案は後議院に送付され，そこでも先議院と同様の審議過程を辿ることになる。後議院においても可決されると法案は成立し，天皇によって公布される。

こうした国会における法案の審議日程や議事手続きは，各議院の議院運営委員会によってそれぞれ決定されるが，実質的にはそれに先立って行われる各政党の国会対策委員会（国対）による折衝が重要となる。そこでは，閣法の早期成立を図ろうとする与党国対と，それを阻もうとする野党国対とが激しい「日程闘争」を繰り広げる。国対政治に対しては，その交渉過程が議事録などに残されないために，不透明なやりとりが行われているのではないかという批判や，それが法案の中身よりも，その審議日程をめぐる争いに重点がおかれているのではないかという批判が向けられている。しかし，依然として国対が重要な役割を果たしている背景には，裏舞台での交渉の方が与野党双方にとって政治的な駆け引きを行いやすいという側面があることも無視できない。　　（松浦淳介）

▷4　内閣法制局
⇒ IV-2「裁判所と内閣」

▷5　例外的に与党の了承を得ることなく国会に提出された法案として，小泉内閣が2005年の通常国会に提出した郵政民営化関連法案がある。その国会審議では与党の自民党内から多数の造反が生まれ，法案は同年8月に参議院本会議において否決された。これを受けて，小泉首相は衆議院の解散を断行した（郵政解散）。

▷6　公聴会
委員会が重要な案件について，利害関係者や学識経験者から意見を聴くために開く会議。

▷7　ただし，各議院は委員会において審査中の案件について中間報告を求めることができ，それを聴取した後は本会議において審議することができる。

（参考文献）

大山礼子『日本の国会──審議する立法府へ』岩波書店，2011年。

奥健太郎・河野康子編『自民党政治の源流──事前審査制の史的検証』吉田書店，2015年。

中島誠『立法学──序論・立法過程論（第3版）』法律文化社，2014年。

第3部　出力過程

Ⅷ　政策決定

 日本の国会(2)：国会に対する評価

1 国会は機能しているか

　日本の国会は主権者たる国民を直接代表する機関であり，また憲法によって「国権の最高機関」に相応しい権能を制度的に付与されている一方，国会がそれに応えるだけの機能を実際に果たしているのかについては疑問が投げかけられている。特に，でみたように，行政国家化の進展に伴って，政府の役割が複雑化，専門化している中，政策の素人である政治家がその専門家集団たる官僚制を適切に指揮監督して，立法を主導できているのかという疑念がもたれているのである。また，近年，マスメディアなどを通じて，政局の裏舞台や政治家をめぐるスキャンダルが次々と明るみになっていることも，国会に対する評価を下げる大きな要因となっている。本節では，国会の立法データに基づいて，国会が立法過程においてどのような役割を果たしているのかを，いくつかの学説を紹介する中で多角的に考察する。

2 国会無能論

　日本では一般に中央官僚が国政全般を主導していると広く認識されている。また，学説上も国会は官僚が作成した閣法に「お墨付き」を与えているにすぎないという国会無能論（ラバースタンプ論）が根強く，それは官僚主導（優位）論と表裏をなしている。

　そうした国会無能論の根拠は以下のようにまとめられる。まず，国会に提出される法案の多くは，各省庁の官僚が原案を作成し，内閣が提出する閣法である。第1回国会（1947年）から第195回国会（2017年）までの間，新規に国会に提出された閣法は9908件であるのに対して，議員立法は5699件となっている。また，国会において成立する法案の大半は閣法である。具体的には，国会に提出された閣法のうち，8432件が国会を通過して成立し，その成立率は85.1%であるのに対して，国会に提出された議員立法のうち，成立したのは1552件であり，その成立率は27.2%に留まっている（いずれも，提出された国会の会期内に成立した法案の件数を集計している）。しかも，国会で成立した閣法のほとんどは原案のとおり国会を通過しており，衆議院が修正を加えた閣法は1435件（国会に提出された閣法の14.5%），参議院が修正した閣法については481件（同じく4.9%）にすぎない。

▷1　近年では，国会のウェブサイトからもその立法活動に関する情報を得ることができる。例えば，衆議院ウェブサイトの「法律案等審査経過概要」には，第148国会（2000年）以降の法案の審議経過が掲載されている（2018年9月19日最終閲覧）。

▷2　参議院議事部議案課「議案審議表」（第1回国会〜第195回国会）を基に集計。以下，同様。

これらを根拠として，国会無能論は国会が期待された役割を果たしていないと批判し，議員立法の活性化や国会改革などを求めている。

3 国会機能論

通説的な地位を占めていた国会無能論に対して，特に1980年代以降の国会研究では，国会が立法過程において大きな影響力をもっていることを強調する国会機能論が主流になる。

その代表的なものの1つに，粘着性論（ヴィスコシティ論）がある。それはそもそも日本の閣法の成立率を高いとは捉えない。むしろ，議院内閣制を採用している日本では内閣を支え，その政策を推進する立場にある与党が基本的に国会において多数の議席を占めているはずであり，すべての閣法が国会を通過しても不思議ではない。にもかかわらず，自民党長期政権下（1955～93年）においてさえ，約2割の閣法が不成立に終わっていることを問題とするのである。その観点からは，国会は容易に閣法を通過させてはおらず，政府に対するチェック機能を十分に果たしていることになる。このことは国会において通常，数で劣る野党が大きな影響力をもっていることを意味しており，粘着性論はその理由を次のように説明する。すなわち，国会は会期が比較的短く区切られている上に，「会期中に議決に至らなかつた案件は，後会に継続しない」（国会法68条）という「会期不継続の原則」があることを指摘し，これが野党による審議拒否や採決の引き延ばしなどの抵抗を有効なものにしているという。[3][4]

また，粘着性論以外にも近年では多数主義論が有力である。それは国会の意思決定ルールが基本的には多数決であることを重視し，議事運営における全会一致の慣行は「紳士協定」にすぎず，しばしばそれが多数決によって反故にされていることを指摘する。その上で，法案をいつ審議し，どのタイミングで採決するかという議事運営を掌握する国会の多数派が立法過程において強い影響力をもつと主張する。また，多数主義論は官僚が法案を成立させるために，多数派の意向を忖度して原案を作成し，それに反するものについてはそもそも議題にすら上げないとして，多数派が官僚による法案作成段階にまで影響力を行使していると考える。ではなぜ，与党が国会の多数派になっていることが通常であるのに，国会を通過しない閣法が少なからず存在するのであろうか。これに対して，多数主義論はそれを多数派の戦略的な行動の結果として解釈する。すなわち，多数派は論争的な法案を強行採決などで成立させることによって得る利益と，それによって生じる有権者の反発などの代償とを比較し，後者の方が大きいと判断すれば，法案の成立を断念することもあるというのである。

このように，粘着性論と多数主義論との間にも，閣法の成立率をめぐる解釈に大きな差異があるものの，国会機能論は国会の制度的権力に着目し，それが効果的に機能していることを主張している。　　　　　　　　（松浦淳介）

▷3　ただし，本会議の議決に基づいて委員会において閉会中審査を行った法案については，後会に継続することができる。

▷4　マイク・モチヅキは日本の国会に時間的な制約を課す制度として，会期制以外にも，①二院制，②委員会制，③議事運営における全会一致の慣行を挙げている。詳しくは，Mochizuki Mike, "Managing and Influencing the Japanese Legislative Process: The Role of the Parties and the National Diet", Doctoral Dissertation, Harvard University, 1982.

参考文献

川人貞史『日本の国会制度と政党政治』東京大学出版会，2005年。

福元健太郎「立法」平野浩・河野勝編『アクセス日本政治論（新版）』日本経済評論社，2011年。

増山幹高『議会制度と日本政治——議事運営の計量政治学』木鐸社，2003年。

第3部　出力過程

Ⅷ　政策決定

日本の国会(3)：二院制と「ねじれ国会」

二院制と参議院の存在理由

　日本の国会は衆議院と参議院という2つの議院によって構成されている。このように，議会を2つの会議体によって構成させることを二院制（bicameralism）というのに対して，1つの会議体のみで議会を成り立たせることを一院制（unicameralism）という。日本は1890（明治23）年に衆議院と貴族院から成る帝国議会を開設したときから二院制を採用しているが，現在，議会を有する国の多くは一院制を採っており，二院制は全体の約3分の1を占めるにすぎない。

　第一院とともに議会を構成する第二院に対しては，その存在理由を問う声が古くから存在するが[1]，それは第二院の参議院に関しても例外ではなく，むしろ諸外国の第二院よりもその存在に厳しい目が向けられている。通常，第二院は以下の2つのタイプに該当する。第1は身分制社会における貴族院型である。貴族を代表する貴族院は普通選挙に基づく庶民院が「暴走」したとき，それに歯止めをかけることを目的として設置された。イギリスの貴族院がその代表である。第2は連邦制国家における上院型である。連邦制は州（state）に大幅な自治権を認める一種の国家連合であるため，全国民を代表する下院とは別に，州の利害を代表する上院が必要とされた。アメリカの上院がその代表である。

　それに対して，現代の日本は憲法によって貴族制を否定しているとともに，連邦制のように分権的な中央・地方関係になっているわけでもない。また，憲法が衆議院と同じく参議院を「全国民を代表」する議院として位置づけていることも（43条），その独自性を不明確にし，衆議院の「カーボンコピー」と揶揄される遠因となっている。しかし，後述するように，参議院の立法権限は基本的に衆議院と対等であり，法案の成立には衆議院だけでなく，参議院の同意も欠かせないことを考慮すれば，参議院は国家の意思決定を一院制の場合よりも慎重なものにすることを制度的に担保しているとみなすことができる[2]。

2 両議院関係

　日本の衆議院と参議院の権力関係については，一般に「衆議院の優越」として衆議院の方が参議院よりも強い力を有していると理解されている。確かに，日本国憲法は①首相の指名（67条2項），②予算の議決（60条2項），③条約締結の承認（61条）に関して，参議院が衆議院と異なる議決を行った場合，一定期

▷1　例えば，フランス革命期に活躍したシェイエスは「第二院が第一院と一致するのであれば無用であり，一致しないのであれば有害である」として二院制を批判したことで有名である。

▷2　それに対して，福元健太郎は，両議院における法案の審議過程を量的に比較して，両議院の法案審議は相互補完よりも重複が圧倒的に多いことを示し，現状の国会は二院制である必要はないと主張している（福元 2007：第2章）。

間内に両院協議会においても意見の一致をみなければ，衆議院の議決を国会の議決とみなすと規定している。また，内閣に対して法的効果のある不信任決議を行うことができるのは衆議院に限定されている（69条）。

しかし，法律の制定に関しては，憲法はあくまでも両議院における可決を原則とし（59条1項），仮に衆議院の可決した法案を参議院が否決した場合，衆議院の再可決によってそれを成立させるには，出席議員の3分の2以上の特別多数を求めている（59条2項）。このことは，衆議院においてその多数派が形成されない限り，参議院が立法上の拒否権をもつことを意味する[3]。また，立法における両議院の対等関係は予算と条約に関する衆議院の議決の優越規定を実質的には意味のないものにする。すなわち，実際に予算を編成し執行するには，**赤字国債**[4]を発行するための特例公債法案など，その裏づけとなる予算関連法案の成立が不可欠であり，条約を発効させる上においても国内関連法の整備が必要になる。

したがって，現代日本の統治ルールにおいては，衆議院の多数を確保して内閣を組織したとしても，参議院の多数をも確保しなければ，国政運営に大きな支障が生じることになる。

❸ 「ねじれ国会」の下の国会政治

参議院の強さは，近年の「ねじれ国会（divided Diet）」の発生を契機として誰の目にも明らかとなったといえる。ねじれ国会（分裂議会とも呼ばれる）とは，衆議院において多数を占める党派と参議院において多数を占める党派とが異なる国会状況として定義されるが，衆議院の多数は通常，与党が占めるため，その本質は内閣を支持しない野党が参議院の多数派となることにある[5]。

2007年7月の参議院選挙によって発生した自公政権下のねじれ国会では，政府が提示した日銀総裁の人事案を参議院が2度にわたって否決したことでそのポストがしばらく空白となり[6]，また，2010年7月の参議院選挙によって発生した民主党政権下のねじれ国会では，特例公債法案の成立が大きく遅れるなど，国会政治の混乱が目立った。しかし，ねじれ国会の発生が必ずしも国政の停滞を招くとは限らないことに注意が必要である。例えば，現行憲法下の閣法の平均成立率は85.1%であるが（Ⅷ-5参照），自公政権下のねじれ国会（2007〜09年）で83.3%，民主党政権下のねじれ国会（2010〜12年）でも69.9%の閣法が国会を通過している[7]。また，後者のねじれ国会の下では，消費税率の引き上げを柱とする社会保障・税一体改革関連法案のような重要法案も国会を通過している。これらはねじれ国会において政府および与党が参議院の多数を占める野党に配慮した法案準備や国会運営を行っていることを示唆しており，その意味では，ねじれ国会を，与野党協調を構造的に促進する政治環境として捉えることができる。

（松浦淳介）

▷3　なお，現行憲法の下で単独で衆議院の3分の2以上の議席を有した政党はこれまでに存在しない（2018年9月時点）。

▷4　**赤字国債**
公共事業費以外の歳出にあてる資金を調達することを目的に，特別の法律を制定して発行する国債。

▷5　日本は1947年5月の参議院の開設以降，5回にわたってねじれ国会を経験している。具体的には，①1947年5月〜1956年11月まで，②1989年7月〜1993年8月まで，③1998年7月〜1999年10月まで，④2007年7月〜2009年9月まで，⑤2010年7月〜2013年7月までの期間がそれにあたる。

▷6　国会同意人事に関しては，衆参両院の同意が必要とされている。なお，両議院の議決が異なった場合に意思の一致を図るための手続きは定められていない。

▷7　松浦（2017：第2章）

参考文献

竹中治堅『参議院とは何か　1947〜2010』中央公論新社，2010年。

福元健太郎『立法の制度と過程』木鐸社，2007年。

松浦淳介『分裂議会の政治学――参議院に対する閣法提出者の予測的対応』木鐸社，2017年。

第3部　出力過程

IX　政策実施

 政策実施の理論

政策実施研究のはじまり

　どんなに素晴らしい内容の政策が決定されても，実施されなければ意味をなさない。例えば，「下水道の普及を通じて，公衆衛生の改善や水質保全を図る」という政策目的は，実際に，各地域に下水道の管渠が敷設され，汚水処理施設が整備されなければ，一向に実現されない。「実施なくして政策の意味なし」といっても過言ではないのである。

　しかし，実施過程への関心は，1970年代初頭までは必ずしも高くなかった。すなわち，「決められた内容がそのとおりに執行される」という暗黙の前提の下，「よりよい内容の政策案を作成し，決定するにはどうすればよいか」という点にばかり関心が向けられていたのである。

　こうした状況に大きな変化をもたらしたのが，プレスマンと**ウィルダフスキー**[1]による『インプリメンテーション』[2]の公刊（1973年）であった。

　彼らの問題関心は，「ワシントンでの大きな期待は，いかにしてオークランドで挫折していくか？　あるいは，連邦プログラムがうまくいくことがなぜ驚きなのか？」というそのサブタイトルに端的に表されている。彼らが注目したのは，1966年4月に発表された，ある政策の帰結であった。その政策は，カリフォルニア州オークランド市で行われる公共事業に対して，総額2328万9000ドルの補助金および貸付金を提供するとともに，160万ドルの事業融資も行うというものであった。当時のオークランド市の失業率は，全米平均の約2倍，8.4%であり，失業対策が重要な課題であった。この政策は，3000人分の新しい職を生み出し，オークランド市の失業者を救済し，市の経済を立て直すとともに，黒人暴動などの社会不安を一掃しようとするものであった。このプログラムが発表されてからの約2年間は，全米に評判が広まり，その成功が確実視されていた。しかし，3年後の1969年3月に経済開発局がオークランド市議会に提出した報告書によると，3年間に投資された資金はわずか108万5000ドルにすぎず，それによって生み出された職はわずか43人分だったのである。

　これは一体どういうことなのか。皆が「素晴らしい」と高く評価していたはずの政策がなぜ失敗したのか。これが彼らの問いであり，"政策を実施していく中で必要な「クリアランス・ポイント（Clearance Points）」の数の多さがその原因ではないか"というのが，彼らの回答であった。ここで，「クリアラン

▷1　**ウィルダフスキー**
（Wildavsky, Aaron：1930-93）
アメリカの政治学者。予算編成研究，文化理論，リスクマネジメント論などで有名。

▷2　その後改訂されている。最新版は，Pressman, Jeffrey L. and Aaron Wildavsky, *Implementation*, 3rd. ed., University of California Press, 1984。

▷3　**サバティア**（Sabatier, Paul A.：1944-）
アメリカの政治学者。「唱道連合モデル」で有名。
XII-4「断絶均衡モデルと唱道連合モデル」を参照のこと。

▷4　この論争については，今村都南雄「政策実施研究の再検討と課題」『行政学の基礎理論』三嶺書房，1997年および真山（1991）を参照のこと。

ス・ポイント」とは，①決定が必要な機会（Decision Points）の数と，②そこに参加する，合意を要する関係主体の数との関数である。これが多ければ多いほど，成功確率は低くなるというのである。彼らの研究は「なぜ失敗するのか」という問題意識に表れているように，悲観的トーンを帯びていた。

② 政策実施研究の隆盛と衰退？

　プレスマンらが明らかにしたのは，「どんなに素晴らしい政策が決定されたとしても，不十分にしか実施されないどころか，当初の政策目的とはかけ離れた結果に帰着することすらある」という事実であった。当初の政策目的と実施結果との間には，一定の乖離——「実施のギャップ（Implementation Gap）」——が常に存在しうるのである。

　では，「実施のギャップ」はなぜ生じているのか。どのようにすれば，それを解消できるのか。悲観的トーンから脱却し，より前向きにそうした点を体系的に明らかにしようとしたのが，「第二世代」の政策実施研究者であった。政策パフォーマンスの規定要因をより客観的に把握するための分析枠組みを提示し，政策実施の成否条件を明らかにした**サバティア**とマツマニアンの研究は，その代表例である。

　1980年代に入ると，「トップダウン・アプローチ」をとる研究者と「ボトムアップ・アプローチ」をとる研究者との間で華々しい論争が展開された[14]。前者は，特定の法律あるいは公式の政策を足がかりに関連諸制度の内容を見定め，それと現実とのギャップを諸変数によって説明するといった分析スタイルをとるものである。後者は，現実に生じている具体的な問題に着目し，関連する諸利害・関心をもつアクターの考察からスタートして，それを取り巻く関連制度に遡って分析を行い，政策実施の制約要因を明らかにしたり，**第一線職員**に焦点を当て対象者（市民）との相互作用を分析したりするものである。

　しかし，両アプローチは，それぞれに一長一短があり[16]，いずれか一方が正しいというよりは，むしろ相互補完的な関係にある。それゆえ，両アプローチの「統合」が大きな課題となり，例えば，類型論によって両アプローチに適合的な考察対象を特定し，棲み分けを図るなどの方向が模索された。

　ところが，政策実施研究は，1990年代以降，急速にかつての勢いを失うことになる。事例研究による命題の一般化に関する不可能性の認識が広がったこと，各アプローチの「統合」枠組みをめぐる理論研究も飽和状態に陥ったことなどがその要因として考えられる。一方で，「ネットワーク」や「ガバナンス」という名目の下で，その後も実質的な政策実施研究は継続しているともいわれる。仮にそれが正しいとしても，こうした名目の下で研究が行われることにより，「実施のギャップ」を問うという政策実施研究の特有の観点が埋没してしまっていないかどうか，吟味してみる必要がある。

（嶋田暁文）

▷5　**第一線職員**
⇨ IX-6「政策実施と第一線職員」

▷6　トップダウン・アプローチをとることで，例えば，政策目的の曖昧さ，財政的資源の不十分さ，政策の前提となっている因果関係の誤りの有無など，政策実施の成否を左右する要因を体系的に論じることができる。その知見は，政策（制度）の再設計の際に活かしやすい。しかし，現場レベルで行使される裁量の意義が適切に評価されにくい等の短所がある。他方で，ボトムアップ・アプローチをとることで，例えば，①政策の実施者と対象者との間の継続的な相互作用がもたらす「協調的法執行」（ IX-5「規制行政の執行過程」参照）の存在を明らかにできたり，②複数の政策・制度の交錯・矛盾などを明らかにすることができる。しかし，現場の裁量の重要性や第一線職員の自律性が強調される一方，政策・制度の重要性が軽視されることが珍しくない。

（参考文献）

嶋田暁文「執行過程の諸相」大橋洋一編著『政策実施』ミネルヴァ書房，2010年。

真山達志「政策実施の理論」宇都宮深志・新川達郎編著『行政と執行の理論』東海大学出版会，1991年。

森田朗『許認可行政と官僚制』岩波書店，1988年。

伊藤修一郎「公共政策の実施」秋吉貴雄ほか『公共政策学の基礎（新版）』有斐閣，2015年。

Ⅸ 政策実施

 政治家によるコントロールと執行水準

1 政治家によるコントロール

前節の**トップダウン・アプローチ**に基づけば，**政治家**が政策を決定し，行政機関がそれを実施する。政治家は，実施過程を通じて「**実施のギャップ**」ができるだけ生じないよう，また，行政活動の「執行水準（政策目的の実現のためにどこまで実施活動を行うかについての水準）」が国民の期待からかけ離れないよう，行政機関をコントロールしようとする。その手法には様々なものがあるが，紙幅の都合から，ここでは，特に重要と思われるものに絞ってみていこう。

まず，政策目的の実現のために必要な権限を付与するとともに，「～は，Aのときに，Bできる（しなければならない）」といった「要件－効果」を定めることで行政機関の行動を制御するというのが，「法律によるコントロール」である。ただし，いかなる事態の発生に対しても対処しうるような詳細かつ網羅的なルールを作るのは不可能である。そのため，多様な状況にも対応できるよう，条文は抽象的な表現に留めざるをえない。それは行政機関に一定の裁量を与えることを意味する。実際，行政現場での専門的判断や柔軟な対応に委ねた方が好ましいことも多いのであり，これはこれで健全なことである。「法律によるコントロール」により，行政機関の行動を一定の範囲内に収めることまではできるが，そこから先は，他の手法を通じてコントロールする必要がある。

他の手法の1つが「予算によるコントロール」である。行政機関にとって，予算は「活動の源泉」である。行政機関にとって自らが望む施策を展開できるかどうか，人員も十分に確保できるかどうかは，予算次第である。だからこそ，政治家は予算の編成や議決を通じて行政機関をコントロールできるのである。

「人事を通じたコントロール」も用いられる。最も典型的なのは，**政治任用**である。これによって政治家は自らの意向に忠実なエージェントを行政機関の中枢に得ることができる。政治任用でなくとも，政治家が人事権を持続的に保持する場合，昇進を期待する行政職員はその意向にしたがおうとするであろう。

さらに，政策目的の実現にとってより直截なコントロール手法として，「計画策定や**政策評価**等を通じて行政機関に目標を設定させ，途中および事後にそれをチェックする」という手法がある。「法律によるコントロール」が，行政機関による政策実施活動を「許可」，「行政調査」といった個別行為（要素）に切り分けた上で，行為（要素）ごとの要件と効果の設定を通じてコントロール

▷1 トップダウン・アプローチ
⇒Ⅸ-1「政策実施の理論」

▷2 政治家
執政機能を担う政治家（総理大臣，大統領，自治体首長等）と議会の議員（国会議員，地方議員）とに分けられるが，ここでは便宜上まとめて取り扱う。なお，Ⅰ-9「政治家」も参照のこと。

▷3 実施のギャップ
⇒Ⅸ-1「政策実施の理論」

▷4 政治任用
⇒Ⅲ-2「行政機関・官僚と政党・政治家」

▷5 政策評価
⇒第Ⅹ章「政策評価」

するものであるのに対して,「目標設定・チェックを通じたコントロール」は,そうした切り分けをせずに,政策実施活動の結果に着目し,目標を達成したかどうかをチェックすることで行政機関をコントロールするものである。

政治家たちは,これらの手法の存在をベースにしながら,行政機関に睨みをきかせる。ただし,その前提として,政策実施の実情を把握し,問題が生じていないかどうかを監視できていなければならない。政治家が直接的にそれを行うのは容易ではない。それを補うのが,市民団体,利益集団,マスコミなどによる問題発見と問題提起であり,政治家はこれを手がかりとすることができる。

❷ 執行水準

上記政治家によるコントロールの下,行政は政策目的の実現を目指すことになる。しかし,その完全な実現を行政機関が追求することは通常はない。「犯罪ゼロ社会」の実現にかかる費用の大きさを想像すれば分かるように,「完全執行」には莫大な費用がかかってしまうからである。

執行水準を高めていくと,ある段階で,「費用対効果」が逆転してしまうことに留意しなければならない。例えば,税滞納者に納税してもらうには,税務担当職員が滞納者の家を訪ね,説得するなどの手間がかかる。その手間を担う職員の人件費(=執行活動に必要な費用)が当該滞納額(=執行活動によって得られるプラスの効果)を上回ってしまえば,差し引きでマイナスになってしまう。マイナスとならないようにするためには,一定額以上の滞納者にターゲットを絞る必要がある。要するに,「ある執行活動を行うことによって得られるプラスの効果」とそれに必要な「費用」との比較考量を行うわけである。

しかし,そうした比較考量に基づいてしまうと,一定額以下の税滞納者は野放しになってしまう。その結果,「少額なら滞納しても大丈夫」という意識が国民に広がってしまうと,納税する者がますます減り,税収を十分に確保できなくなる。税をめぐる公平性に疑問が生じ,信頼が失われ,税制の根幹が揺らぎかねない。そのような事態に陥らないためには,「ある執行活動をしないことによって生じるマイナス効果」をも合わせて比較考量する必要がある。

もっとも,実際には,上記のような比較考量に基づいて厳密に執行水準が設定されることは決して多くはない。執行水準は,政治家や世論の期待の高さに応じて,「受容可能な水準」に設定されることが多い。一般的にいえば,政策が人々の健康や安全に関わるものである場合には,「受容可能な水準」は,高水準となる。逆に,優先順位が低い政策の「受容可能な水準」は,低水準となることが多い。また,執行水準は変動しうる。例えば,何らかの問題が生じた場合に,批判の矛先が行政に向けられると,行政機関は,執行水準を高め,自らの積極的な対応姿勢をアピールすることで事態の鎮静化を図ることがある。

(嶋田暁文)

▶6 政策評価における目標設定については,それによって政策実施に歪みが生じる危険性があることに十分に留意しなければならない。例えば,就労支援に関して,「年間,就職決定者数○件以上を目指す」といった成果目標が設定されると,能力があって就労できそうな見込みのある者のみに十分な時間が割かれ,そのままでは就労できそうにない,真に行政の支援が必要な者が後回しにされてしまうという現象が生じる。いわゆる「クリーミング(優先的すくいとり)」という問題である。

参考文献

クリストファー・フッド(森田朗訳)『行政活動の理論』岩波書店,2000年。

嶋田暁文「政策実施とプログラム」大橋洋一編著『政策実施』ミネルヴァ書房,2010年。

手塚洋輔『戦後行政の構造とディレンマ』藤原書店,2010年。

曽我謙悟『現代日本の官僚制』東京大学出版会,2016年。

第 3 部　出力過程

IX　政策実施

政策実施と「中央 – 地方」関係

1　中央省庁による自治体に対するコントロール

　日本の場合，ほとんどの政策は，中央 – 地方関係を通じて実施されている。中央省庁は，自らの意図にしたがって想定どおりに政策実施が行われることを望むが，自治体がそうした期待に応えるとは限らない。そこで，中央省庁は，自治体に対し，様々な手段を通じてコントロールを試みてきた。

　第1に，法令による義務づけである。個別政策に関する計画策定を自治体に義務づけ，数カ年にわたる当該政策に係る事業の推進目標を設定させることで，着実な事業量の確保を図ってきたのはその一例である。

　第2に，通達の発出を通じた，法律の運用方針や法解釈に関する省庁の見解の伝達である。法制定・改正時に作成された想定問答や従前の通達の内容等をベースに解説書やマニュアルが作成され，販売もしくは配布されることもある。

　第3に，会議での説明を通じた意向伝達である。法改正が行われた際など，所管省庁が，全国単位もしくはブロック単位で都道府県の担当課長等を集めた会議を開催し，資料配布・口頭説明を通じて，その内容を伝えることが多い。

　第4に，補助金を通じた誘導と型はめである。省庁は，補助金をエサに，自らの所管事業を自治体に行わせることができる（＝誘導）。同時に，補助要綱に記載された各種要件を充足しなければ補助金は与えないとすることで，省庁は，自らの想定どおりの実施活動を行わせることもできる（＝型はめ）。

　第5に，自治体幹部としての出向を通じたエージェントの配置である。出向官僚は必ずしも出身省庁からの明確な命令を受けているわけではないが，その考えを踏まえた行動をとるため，出向先の自治体の判断は制御されることになる。例えば，県の農業部門の部長職に農水省の官僚が就いている場合，いずれ同省に戻ることが予定されている彼（女）が同省の意向に反した法律の運用を許容することは考えにくい。自治体がそうした国からの出向を受け入れてきた背景には，省庁とのコミュニケーション・ルートを確保し，補助金や情報を得やすくしたいとの思惑があった。なお，自治体から国への出向も，各省庁の発想を身につけた自治体職員の育成を通じて，省庁の意向の浸透につながる。

　以上のような中央省庁によるコントロールがどの程度利いてきたのかについては，研究者の間でも見解が分かれている。一方に，「コントロールは有効に機能し，自治体はがんじがらめになってきた」とする見解がある。他方に，

▷1　通達は，法令とは異なり，省庁内部（本省と出先機関）でのみ通用するものである。したがって，国から独立した法人格を有する自治体に対してそれが発出されるのは当たり前のことではない。しかし，かつては機関委任事務制度（本節❷）が存在していたために，自治体は国の下部機関として扱われてきた。自治体は機関委任事務を執行する場面では国の下部機関に組み込まれるので，通達の内容にしたがう必要があると考えられてきたのである。

▷2　十分な財源に乏しい自治体にとって，自己負担少なくして大きな事業ができるのは，大きな魅力である。例えば，公共施設を建設する場合，補助率50％の補助金を得られれば，自治体の自己負担5000万円で，1億円の施設を作ることができるからである。

▷3　ここで「政治」とは，「その地域特有の利害関係を反映した各種団体の圧力行動や地域住民の意見表明，および，それを背景とした首長や議会の行動」のことを指す。

「自治体には独自の『政治』[3]が作用するのであり，自治体は中央省庁の意向に必ずしもしたがわず，独自の判断を行ってきた」とする見解がある。

結論からいえば，どちらも物事の一面をみるものであった。中央省庁が常に自治体の独自判断を否定してきたわけではない。しかし，自治体の独自判断を許さない場面は多い。どちらに光を当てるかで評価は異なることになる。

ただ，一般的には，コントロールが強く作用してきたという側面の方が強調されてきた。そうした認識に基づいて行われたのが，いわゆる「第一次分権改革」である。

❷ 分権改革で自治体による政策実施のあり方は変わったか？

第一次分権改革とは，1995年に成立した地方分権推進法に基づいて推進された改革を指し，その成果は，関係法律475本の改正をその内容とする地方分権一括法（2000年4月1日施行）に集約された。その内容は多岐にわたるが，最大の成果といわれているのが，機関委任事務制度の廃止である。従前，機関委任事務として行われていた事務は，**自治事務**[4]と**法定受託事務**[5]のいずれかに振り分けられた。

機関委任事務制度とは，自治体の長等を国の下部機関に位置づけ，これに国の事務を委任し，実施させる仕組みのことである。この仕組みがあったがために，自治体は本来したがう必要のないはずの通達に拘束されてきたのであった。これが廃止されたということは，端的にいって，「通達からの解放」が実現したことを意味する[6]。法律・政令・府省令は遵守しなければならないが，その文言は抽象的であり，解釈の余地は少なくない。従前，国の見解を示すことで裁量の余地を縮減してきたのが通達であった。それから解放されたのである。

実は，分権改革はその後も継続して行われている。そうした背景には，「自治体独自の裁量的判断を認めた方が，より地域の実情に合った政策実施が可能になる」という認識がある。では，機関委任事務制度の廃止を中心とする一連の分権改革によって，自治体の政策実施のあり方はどの程度変わったのであろうか。残念ながら，せっかく改革が行われたにもかかわらず，分権改革前とほとんど変わっていないというのが大方の見方である。その原因はいろいろと考えられるが，おそらく，そもそも「政策実施のあり方を変更すべき」という認識自体が自治体現場では欠如しているというのが実情であろう。仮に変更すれば，それによって影響を受ける人々から不満・抵抗が生じることが予想される。そうした「勘」が働くがゆえに，「余計な面倒は抱えたくない」と考える職員にとって，裁量行使のインセンティブは働きにくいのである。

皮肉なことだが，自治体の「政治」は，集権下では，自治体の自律的行動の源泉として作用してきたが，分権下では，その動向への配慮が働くがゆえに，自治体職員が動かない原因にもなりうるのである。

（嶋田暁文）

▷4　**自治事務**
地方公共団体が処理する事務のうち，法定受託事務以外のもの。

▷5　**法定受託事務**
「第1号法定受託事務」と「第2号法定受託事務」とがある。前者は，「都道府県，市区町村が処理する法令上の事務のうち，国が本来果たすべき役割に係るものであり，国においてその適正な処理を特に確保する必要があるもの」である。後者は，「市区町村が処理する法令上の事務のうち，都道府県が本来果たすべき役割に係るものであり，都道府県においてその適正な処理を特に確保する必要があるもの」である。

▷6　ただし，これはあくまで自治事務についての話である。自治事務の場合は，従前の通達（現在は「通知」と呼ばれる）は，したがう必要のない「技術的助言」という位置づけになったのに対し，法定受託事務の場合は，それがしたがう必要のある「処理基準」という位置づけとなったためである。すなわち，法定受託事務については，現在も中央省庁の意向を無視することができず，自治体の自由度は制約されている。

参考文献

嶋田暁文「政策実施とプログラム」大橋洋一編著『政策実施』ミネルヴァ書房，2010年。

村松岐夫『地方自治』東京大学出版会，1988年。

北村喜宣編著『ポスト分権改革の条例法務』ぎょうせい，2003年。

第3部 出力過程

Ⅸ 政策実施

 政策実施と「行政－民間」関係

▷1 「人口千人当たりの公的部門における職員数の国際比較（未定稿）」（内閣官房HP「国の行政機関の定員」http://www.cas.go.jp/jp/gaiyou/jimu/jinjikyoku/satei_02.html　2017年9月12日最終閲覧）。

▷2 具体的に日本についていえば，国レベルでは，独立行政法人および特殊法人等が，自治体レベルでは，地方特定独立行政法人の職員数が計上されている。

なお，独立行政法人とは，公共性の高い事務・事業のうち，国が直接実施する必要はないが，民間の主体に委ねると実施されないおそれのあるものを実施する法人である。①業務の効率性・質の向上，②自律的業務運営の確保，③業務の透明性の確保を図る点に特徴をもつ。「特殊法人の改良版」とでもいうべき存在である。

特殊法人とは，特別法によって政府が直接的に設立するものである。特殊法人に類似した存在として，認可法人が存在する。これは，あくまで民間の発意による任意設立を建前とする点で，特殊法人とは異なる。

▷3 例えば，「（中央省庁の場合）『遅い昇進制（組織成員が特殊的技能を蓄積するまで昇進・昇格上の差異をつけない制度であり，誰が有能かの情報は昇進・

 業界団体との関係：国レベル

わが国において政策実施を担っているのは果たして誰なのであろうか。公務員が政策実施の中核的な担い手であることは間違いない。しかし，日本の場合，公務員以外の主体もまた政策実施機能の一部を担ってきた。

そのことと密接に関係しているのが，日本の公務員数の相対的少なさである。内閣官房の資料によれば，2016年データに基づく日本の人口1000人当たりの公務員数（国防関係職員を除く）は34.6人であり，諸外国のそれと比べて圧倒的に少ない（ちなみに，同年で比較すると，イギリス66.0人，フランス85.4人，ドイツ56.8人である。なお，これらの数字には，「政府企業等職員」の人数も含まれている）。

「日本の場合，他国と比べて行政の活動量が少ないから，公務員数も少ないのではないか」と思われるかもしれない。しかし，日本の行政の活動量は他国のそれと比べて遜色ない。そこで，「それだけの活動量をこなしながら，なぜ公務員数が少なくてすんできたのか」という疑問が生じることになる。その答えはいくつか考えられるが，「行政以外の主体が政策実施機能の一部を担ってきたからこそ，公務員数は少なくてすんできたのではないか」という回答が最も説得的である。

国レベルにおいて，政策実施機能を担ってきた行政以外の主体の代表は，業界団体である。業界団体の多くは，**公益法人**などの法人格をもち，**指定法人制度**や委託などを通じて，試験，検査検定，調査研究，登録，講習研修，助成，促進啓発などの事務を担ってきた。また，業界団体は自主規制ルールを作るなどして，行政による規制機能を代替してきた。中央省庁がそれを促してきた面もある。

業界団体は，このように中央省庁の「手足」として機能する一方で，業界の意向を中央省庁に伝える役割も担ってきた。中央省庁としても，業界団体に依存しているがゆえに，その意向は尊重せざるをえない。両者の関係は，本来一線を画すべき関係でありながら，相互浸透的な関係にある。行政内部でしか流通しないはずの通達が中央省庁から業界団体宛に発出され，業界団体を通じて各企業に対して通達内容の周知徹底が図られてきたのは，その証左である。

また，業界団体は，政治献金の割り当て・徴収，族議員などとの交渉，選挙の際の応援活動などの政治機能も担ってきたがゆえに，政治家との関係も密接

である。かくして，いわゆる「政・官・業（財）の鉄の三角形」といわれる強固な関係性が形成されてきたのである。

2 公務遂行主体の民間化と準市場：自治体レベル

「公務員以外の主体が政策実施機能の一部を担う」という実態は，「公務遂行主体の民間化」によっても生じてきた。特に，それは自治体レベルで顕著である。具体的にいえば，民間委託（アウトソーシング）を行えば行うほど，公務員数は少なくてすむ。1970年代以降，ごみ収集や学校給食などを主な対象として積極的に推進されていった。町内会・自治会に広報誌の配布等を委託している例も珍しくない。

あらゆる公務を民間委託の対象にできるわけではない。特に「公権力の行使」を伴う公務は対象にできないと考えられてきた。しかし，こうした限界を突破する動きが1990年代末から生じた。地方自治法改正による**指定管理者制度**の導入，競争の導入による公共サービスの改革に関する法律による**市場化テスト**の導入などがそれである。

民間化の流れとは別に，介護保険のように，政府が構築した「準市場（官製市場）」の下で民間事業者がサービス提供をする仕組みも整備されてきた。

かくして，「政策実施の主体＝公務員」という「常識」は，これまで以上に実態にそぐわなくなっている。一方，公務遂行主体の民間化の進展に対しては，「効率一辺倒で，考慮すべき多様な価値が損なわれてしまったり，民主的コントロールが十分に及ばなくなってしまうのではないか」と危惧する声もある。

3 ガバナンス：多様な主体による問題解決のネットワーク

政策実施への民間主体の関わりをめぐっては，公務遂行主体の民間化とは様相の異なる，もう1つの動きも注目されている。それは，NPOや企業等と行政とが連携・協力して様々な問題の解決を図るという動きである。こうした多様な主体による問題解決のネットワークは，「ガバナンス」と呼ばれている。

例えば，ここに1人の生活困窮者がいるとしよう。その人は職に就けず，十分な収入を得ていないだけでなく，アルコール依存症や対人スキルの不得手といった問題も抱えている。そうした場合に，生活保護，職業訓練，職業紹介といった行政による個別対応だけでは，その人の社会復帰を実現することは難しい。アルコール依存症の克服や対人スキルの向上を支援するNPOなどとの連携・協力が不可欠なのである。

このように，今日，解決すべき政策課題の多くは，多様な問題が複雑に絡み合って生じている。その解決のためには，政策実施にガバナンスの視点を組み込むことが不可欠になっているのである。

（嶋田暁文）

昇格するまで本人に与えられない人事制度。長期間にわたる高いモティベーションの維持に資する）』等により，効率性が高いのではないか」といった議論が考えられる。

▷4 **公益法人**
公益法人制度改革の前後（公益法人制度改革関連3法が施行された2008年12月1日の前後）で根拠法が異なるが，公益目的の事業を行う民間の法人のこと。

▷5 **指定法人制度**
特別の法律に基づき行政庁が指定し特定の業務を行わせる仕組み。

▷6 ⇨ XII-1 「鉄の三角形と政策帰結」

▷7 民間委託されたからといって，行政サービスでなくなるわけではない。「あくまで行政サービスではあるけれど，その提供の業務を民間主体に委ねる」というのが，民間委託のポイントである。

▷8 **指定管理者制度**
住民団体や民間企業などを指定し，公の施設の管理・運営を担わせる仕組み。

▷9 **市場化テスト**
一定の公共サービスにつき，官民競争入札を通じて，その担い手を決めるという仕組み。

参考文献

稲継裕昭『日本の官僚人事システム』東洋経済新報社，1996年。

真渕勝『行政学』有斐閣，2009年。

前田健太郎『市民を雇わない国家』東京大学出版会，2014年。

伊藤大一『現代日本官僚制の分析』東京大学出版会，1980年。

第3部　出力過程

IX　政策実施

 # 規制行政の執行過程

1　法律との乖離

IX-2で述べたように，法律は，それ自体が政策を具体化したものであると同時に，政策目的を実現し，「実施のギャップ」を縮減するための手段でもある。では，実際の執行活動は，法律にどの程度忠実なものなのであろうか。

結論からいえば，日本の規制行政の実態をみると，執行活動は必ずしも法律どおりには行われていない。法律上，改善命令等の**行政処分**[▷1]を行うことが予定されている場面でも，行政機関は，行政処分を行うことは稀で，**行政指導**[▷2]を繰り返す傾向にある。その理由は，以下のように整理することができる。

第1に，多くの場合，行政指導でも満足のいく程度に違反が是正されるためである。行政機関にとっては，行政指導で是正されるなら，わざわざ行政処分を出す理由はない。被規制者側にとっても，行政指導の段階でしたがっておいた方が，得策である。行政処分を受けてしまうと，直接的な行政上の不利益だけでなく，報道などを通じて，社会的な制裁を受ける危険性もあるからである。

第2に，それと裏腹だが，行政指導にしたがわない者の多くは，したがう意思や資力が欠けていると考えられることから，行政処分を出してもしたがわない可能性が高いからである。そうした場合に行政処分を出すと，行政のメンツがつぶれるし，「インフレ」になって行政処分の権威・価値が低下してしまう。

第3に，行政処分の発動要件が抽象的である場合，行政機関は，自信をもって判断できないからである。特に，「公益上著しく支障がある場合」といった具合に，「著しく」という厳格な条件が加わっているような場合には，行政機関は行政処分の発動にいっそう慎重にならざるをえない。被規制者からの反発・異論が予想され，訴訟リスクを背負うことになるからである。行政職員の専門能力が高ければ，そのハードルを乗り越えることができるが，それだけの専門能力を有した職員は決して多くはない。

第4に，非難やマイナス評価を回避するためである。違反行為に対して不作為でいることは問題になるが，ともかく何かしていれば議会や世間からは批判されないことから，行政指導を行うのは，行政機関にとって理にかなっている。一方，行政処分を出すことは，被規制者をうまく説得できず，状況を改善できなかったとして，自治体内部でマイナスに評価されてしまうことがあるため，消極的にならざるをえないのである。

▷1　**行政処分**
行政機関が法律上の根拠に基づき，意思表示を通じて，権利や義務を形成するもの。法的拘束力があり，したがわない場合には，罰則等が課せられる。ここでは，違反行為に対する「改善命令」や「許可の取り消し」などを念頭においてこの語を用いている。

▷2　**行政指導**
法的拘束力のない「お願い」や「説得」のこと。

第5に，執行対象との「距離」が近い場合，厳しい対応をすることによって生じるであろう影響への配慮が働くからである。例えば，ある中小企業に対し，改善命令を出した場合，数百万円の施設改修費用がかかることが分かっているとしよう。このとき，行政担当者は，当該企業が資金確保に行き詰まってしまうことを危惧して，権限行使に消極的になってしまうのである。

第6に，円滑な行政指導ができるよう，被規制者との関係の悪化を避けたいとする意識が働くからである。

2 協調的法執行と民主的コントロール

上記からみえてくるのは，行政指導を通じて被規制者の協力を得ながら法執行を進めるという「協調的法執行」の実態である。「協調的法執行」は，行政処分に伴う文書作成コストなどを回避できる点で有用である。被規制者と行政との間に「**情報の非対称性**」が存在する場合，被規制者の自発的協力・遵守に頼らないと，そもそも，規制行政の業務を遂行するために必要な情報を収集することもままならない。自発的な協力・遵守を促すには行政指導を通じて被規制者と良好な関係を維持した方がよいのである。

しかし，行政機関が「協調」する価値があるのは，被規制者側がそれに応じた真摯な対応をしてくれる場合に限られる。例えば，行政指導が行われるたびに改善をするが，ほとぼりが冷めるとすぐに違反を繰り返すような悪質な被規制者に対して「協調」することは，相手を助長させるだけである。

「違反しても，行政はどうせ行政指導に終始するのであり，行政処分を出すことはない」と被規制者に思われてしまえば，行政指導の効果もなくなってしまう。そうなれば，行政指導にしたがってきた被規制者までもが，同様に違反を繰り返すようになるだろう。そうした行動をとる者が増えると，「正直者がバカをみる」事態に陥り，誰もルールを守らなくなってしまう。

そうした「負のスパイラル」に陥らないよう，悪質な被規制者に対しては，正面から行政処分を出し，厳しく対応する必要がある。行政処分は，悪質な被規制者への「制裁」として作用するだけでなく，「行政指導にしたがわないなら，本当に行政処分を出すぞ」という「威嚇」のシグナルとして，被規制者全体に対しても作用する。毅然とした対応は，行政指導の効果も高めるのである。

ただし，上記第2から第6の理由からすると，毅然とした対応が求められる場面で，実際にそれが行われるかどうかは定かではない。執行情報の公開を進め，民主的コントロール（「外部の目」による監視）を強めれば，毅然とした対応が促進されるのかもしれない。しかし，そうした外部からのプレッシャーが高まると，協調的法執行が難しくなり，費用対効果のバランスが崩れてしまう可能性も出てくる。「民主的コントロールは強めれば強めるほどよい」という単純な話ではないのである。

（嶋田暁文）

▷3 情報の非対称性
⇨ Ⅲ-2 「行政機関・官僚と政党・政治家」側注9

参考文献

北村喜宣『行政執行過程と自治体』日本評論社，1997年。

北村喜宣『行政法の実効性確保』有斐閣，2008年。

北村喜宣『自治体環境行政法（第8版）』第一法規，2018年。

嶋田暁文「執行過程の諸相」大橋洋一編著『政策実施』ミネルヴァ書房，2010年。

第3部　出力過程

Ⅸ　政策実施

 政策実施と第一線職員

 ストリートレベルの官僚制論

　政策実施研究の中で，独自のトピックスとして論じられてきたのが，ストリートレベルの官僚制論である。そこでは，外勤の警察官，学校の先生，生活保護のケースワーカーといった第一線職員に焦点が当てられ，彼（女）らに共通した行動特性とそれに伴う問題点が論じられてきた。

　第一線職員には，①「教化」や「優遇的対応」による対象者の「取り込み」と，②サービス打ち切りなどの「制裁」もしくは「制裁のほのめかし」とを通じた「対象者支配」という共通した行動特性がみられる。それは，多くの場合，「それが対象者本人のためになる」という第一線職員の善意に基づいているが，対象者本人の自己決定権を損ない，自尊心を傷つけることにつながりやすい。

　そうした行動特性の共通性は，第一線職員の職務構造が類似していることに起因する。第1に，予算や人員の不足に起因した多忙な業務環境である。学校の先生を例にとれば，授業はもとより，給食の準備，ホームルーム，テスト・宿題の採点，翌日の授業の準備，部活動，保護者対応，学級会や運動会の準備，家庭訪問，遠足，PTA，教員会議など，実に多くの業務を担っている。第2に，目標の曖昧さである。例えば，生活保護のケースワーカーは，「生活の保障」と「自立の助長」という容易には両立しがたい2つの目標の中でジレンマに直面する。第3に，第一線職員の職務遂行が上司から物理的に離れた場所で行われるため，その実態は，上司の目に触れにくい。第4に，多くの場合，対象者にとっては他に選択肢がなく，サービスを受けるためには，第一線職員と向き合わざるをえない。こうした構造の下で職務を行うからこそ，第一線職員は，対象者をカテゴリー化し，「支配」を行いがちになるのである。

　ただし，傷つきうるのは，必ずしも対象者だけではない。真面目な第一線職員ほど，「忙しさ」の中でもベストを尽くしたいと願い，「目標の曖昧さ」の中で自分自身の役割の不明確さに悩む。そして，「ジレンマ」の果てに心身疲労に陥り，ときとして，手抜きやサボリをしたり，人を人とも思わない冷酷な態度をとるようになる。いわゆる「バーンアウト（燃え尽き症候群）」である。

 第一線職員が有する大きな裁量

　第一線職員は，官僚機構の末端に位置するにもかかわらず，大きな裁量を有

▷1　面接相談
面接を通じて，生活困窮者の事情を聴き，申請できるかどうかについての相談に対応する業務。この段階で困窮者を追い返すことで生活保護の申請自体を防ぐというのが「水際作戦」であり，これにより生活保護を受給できなかった者が餓死したとされるケースもある。

▷2　資格審査
生活保護の受給申請が行われた後，受給資格を満たすかどうかについて，金融機関等への照会を通じて調査する業務。

122

する存在である。裁量のタイプは，主として３つに分けることができる。

第１に，「各対象者に対する対応方針をめぐる裁量」である。既述のように，第一線職員は対象者の態度や事情等を勘案して対応を変化させる。

第２に，「法適用の裁量」である。これは，「事実の認定を通じて，適用すべき法令を選択する裁量」であり，「法令の個別の文言をどのように解釈するか」に関する「法解釈の裁量」とは異なる。法令そのものを解釈するのではなく，対象者の現況を認定して適用すべき法令を選ぶのである。「法適用の裁量」が興味深いのは，その増大メカニズムにある。普通に考えると，関係法令が増えれば増えるほど，第一線職員の裁量は減少するように思われる。ところが，異なる状況に対応した法令が増えれば増えるほど，逆に，第一線職員にとっては，多様な法令の中から都合のよいものを選びとる自由が増えるのである。

第３に，「エネルギー振り分けの裁量」である。外勤の警察官を例にとれば，住民からの通報への対応，駐在所や派出所での電話対応や来訪者対応，町中の巡回パトロール，各家庭への巡回活動など，各種業務のいずれを重視し，それぞれにどのくらいの時間を割くのかという点についての裁量ということになる。

➌ 第一線職員は本当に自律的な存在なのか？

第一線職員は，厳格な官僚制コントロールに服している他の行政職員と比べて，大きな裁量を有する自律的な存在とみなされてきた。しかしながら，第一線職員を，常に自律的な存在とみなしてよいのだろうか。

この点，生活保護の**面接相談**と**資格審査**を題材とした近年のある研究は，第一線職員は必ずしも自律的な存在ではないことを明らかにしている。それによれば，厚生労働省は，状況に応じて実施要領や監査方針などのルールを変更する。財政危機の時期や不正受給の実態がマスコミ等で問題となった際には「濫給」防止の方向に，一方，餓死事件等が生じ，「非人道的」といった批判が高まった際には「漏給」防止の方向に舵を切るのである。第一線職員がこれらのルールに反した形で裁量行使を行うことは著しく困難である。また，首長の政策方針や，自治体内部の財政部局の意向，議員の口利きなども，第一線職員の裁量行使を制約する。第一線職員は，「ストリートレベルの官僚制論」が語ってきたほどには自律的な存在でもないのである。

とはいえ，中央省庁や首長等によるコントロールは，第一線職員が有する幅広い裁量の一部を制約するに留まり，それ以外の広範な裁量が第一線職員に残されるのも事実であろう。その意味で，第一線職員が，他の行政職員の場合と比べ，相対的に自律的な存在であることには変わりはない。「その自律性を過大評価すべきではない」というのが上記研究から得られる知見なのである。

(嶋田暁文)

▷3　濫給
受給要件を満たしていない者（保護を与えるべきでない者）に保護を与えること。

▷4　漏給
受給要件を満たしている者（保護を与えるべき者）に保護を与えないこと。

▷5　「第一線職員の自律性を過大評価すべきではない」というのは，あくまで「第一線職員は従前言われてきたほどには自律的な存在ではない」という意味である。つまり，それは実証（事実）の次元の話であり，「第一線職員はより高い自律性を保障されるべきか否か」といった規範的次元の話と混同しないよう注意する必要がある。ただし，規範的な問いに対し適切な回答を得るには，それに関する具体的な事実を踏まえることが肝要である。

参考文献

マイケル・リプスキー（田尾雅夫訳）『行政サービスのディレンマ』木鐸社，1986年。

畠山弘文「ストリート官僚論再訪」新川敏光編著『現代日本政治の争点』法律文化社，2013年。

田尾雅夫「第一線行政職員の行動様式」西尾勝・村松岐夫編『講座行政学第５巻　業務の執行』有斐閣，1994年。

関智弘「組織人としてのケースワーカー」『年報行政研究』49号，2014年。

第3部　出力過程

X　政策評価

　政策評価の概念

1　ロジックモデル

　政策評価は，政策の社会への介入のあり方やその効果の発現状況に焦点を当て，これを分析または説明しようとするものである。政策評価のうち，特に事後評価は，政策実施過程と表裏の関係にある。この政策実施過程を説明しようとするのが，「プログラムセオリー」である。

　プログラムセオリーには複数の種類がある。プログラムセオリーのうち，政策評価で用いられているものが，「ロジックモデル」である。ロジックモデルは，プログラムを「インプット」「諸活動」「アウトプット」「アウトカム」の4要素によって説明しようとするものである（図1）。

　「インプット」には予算・人員など，プログラムに投入される諸資源が含まれる。また，「諸活動」とは行政機関等の具体的な活動を，「アウトプット」は政府活動の直接的な結果・産出物（法令や各種の報告書など）を意味している。最後の「アウトカム」は，社会に顕在化する政策効果（経済効果や社会的影響）のことである。政策評価は，ロジックモデルの構成要素のうちどの部分を対象とするかによっていくつかの種類に分かれる。政策評価の定義にかえて，これら政策評価の種類についてみてみよう。ここで取り上げるのは「政策分析」「プログラム評価」「業績測定」の3つである。

2　政策分析（policy analysis）

　「政策分析」▷1は，ロジックモデルのうち，「インプット」のあり方に重点をおくものであり，同時に，意思決定時点からみた「アウトカム」を予測しようとするものである。政策分析は，どれくらいの「費用」が，どの程度の「アウトカム」を生み出しているかに関心を寄せる。政策分析では，費用とアウトカムとの関係は**費用便益分析**▷2などの形で示される。費用便益分析が用いられる領域は，主に公共事業，研究開発，政府開発援助，規制などである。

　上記の諸事業は，いずれも一旦開始すると途中で止めることが難しい。例え

▷1　政策分析は経済学者等によって主張されてきた。経済学以外にも，オペレーションズリサーチ（OR）やシステム分析，工学分野なども関連する。これらの論者をまとめて「分析学派」と称する。

▷2　**費用便益分析**
費用便益分析は，社会的便益が社会的費用よりも大きくなることを計算によって求めるものである。費用便益分析を行うためには，社会的便益を金銭的価値に置き換えて表現しなければならない。例えば道路整備では，この便益は，「走行時間短縮便益」「走行経費減少便益」「交通事故減少便益」などを軸に算定される。費用便益分析は主に公共事業や規制などの分野における補助事業の選定の際に参考情報として活用されており，便益の計算方法については，分野別のマニュアルが整備されている。

| インプット | ⇒ | 諸活動 | ⇒ | アウトプット | ⇒ | アウトカム |

図1　ロジックモデル

124

ばこれらの事業は，そもそも費用が巨額であったり，もしも途中で中止しよう
とする場合には投下した資金が無駄になったりすることが懸念される。した
がって，これらの事業を決定する前にはできる限り入念な調査を行っておくこ
とが望ましい。

　1960年代のアメリカ合衆国連邦政府では，費用便益分析の手法を連邦政府の
予算査定に応用しようとする**計画事業予算制度（PPBS）**が登場した。しかし，
1970年頃にはこの取組みは「失敗」とみなされるようになった。その理由は，
政策決定前に政策効果を完全に予測することが難しいという点にあった。

❸ プログラム評価（program evaluation）

　「プログラム評価」は，ロジックモデルのうち，特に政策実施後の「アウト
カム」に注目するものである。プログラム評価は，政策が実施され，一定の時
間が経過した後に，政策効果を多面的に検証しようとするものである。1970年
代のアメリカでは，連邦議会の補佐機関である**会計検査院（GAO）**の機能強化
が展開する中で，プログラム評価が積極的に取り組まれるようになった。A.
シックは，この政策分析からプログラム評価への変化を「事前評価から事後評
価へ」と表現している。

　プログラム評価は「評価研究（evaluation research）」や「応用社会科学（ap-
plied social sciences）」などとも呼ばれる。実際に，政策実施後の政策効果を精
査しようとする場合，経済学的な分析，社会調査の手法，法学・政治学的な観
点など学問分野を超えた様々な手法が動員されることとなる。

❹ 業績測定（performance measurement）

　「業績測定」は，ロジックモデルのうち，「アウトプット」に注目するもので
ある。もっとも，業績測定は「アウトカム」にも関心を寄せる。このことは，
「アウトカム志向」とも表現されている。

　業績測定は，ごく簡単にいえば，民間企業における目標管理の手法を，公的
部門に応用しようとするものである。業績測定は，計画等であらかじめ設定さ
れた定量的な数値目標（アウトプット指標やアウトカム指標）に対し，「どの程度
の達成度があったのか」を事後的に検証・測定しようとするものである。業績
測定は公的部門での実用性を重視して開発されたものであり，公的部門にとっ
ては簡易で導入しやすいという特徴がある。

　アメリカではクリントン政権下の1993年に，連邦政府政策評価法（GPRA：
Government Performance and Results Act）が制定された。同法は業績測定を基
礎とした評価制度であり，これは後述の日本の評価制度のモデルでもある。

（南島和久）

▷3　**計画事業予算制度**
（PPBS：Planning, Prog-
ramming, and Budgeting
System）
R. マクナマラによって
1961年に国防総省に導入さ
れた。PPBS は当初，プロ
グラム・バジェッティン
グ・システム（事業と予算
とをリンクさせる方法），
として考案されたが，国防
総省に導入される際にはこ
れにプラン（計画）が加え
られた。

▷4　**会計検査院**（GAO：
General Accounting Office）
1921年の予算会計法で設置
された立法府の機関。1970
年代には立法府の改革とと
もに GAO の機能強化が図
られ，その際，PPBS の廃
止に伴い，そのスタッフが
GAO に合流し，プログラ
ム評価が業務の中心を占め
るようになっていった。な
お，2004年に GAO は名称
が変更され，Government
Accontability Office となっ
ている。

▷5　「事前評価」と「事
後評価」は，意思決定の前
に評価を行うのか，それと
も意思決定の後に評価を行
うのかを区別する用語であ
る。

（参考文献）
西尾勝『行政学の基礎概
　　念』東京大学出版会，
　　1990年。
山谷清志『政策評価の理論
　　とその展開』晃洋書房，
　　1997年。
山谷清志『政策評価』ミネ
　　ルヴァ書房，2012年。

第3部　出力過程

X　政策評価

自治体の評価

1　事務事業評価と時のアセスメント

日本での政策評価は，まず自治体において取り組まれてきた。ここでは，自治体評価に関連するいくつかのトピックを取り上げる。ここで紹介するのは，①初期の自治体評価の取組み，②マニフェストの評価，③事業仕分け，④KPIとPDCAサイクルの4つである。

第1に，初期の自治体評価の取組みについてである。これについて最も有名なのは三重県の「事務事業評価システム」である。1995（平成7）年に三重県知事となった北川正恭は，「生活者起点の行政運営」を目指し，「**さわやか運動**」の中で事務事業評価システムに取り組んだ。三重県の事務事業評価システムは，個々の事務事業に「目的・目標の明確化」を求め，活動状況や成果に関する「数値目標の設定」を要求し，これを予算査定に活用しようとするものであった。この手法は，「**行政評価**」とも呼ばれ，全国の自治体に普及している。

同時期に登場したのが北海道の「時のアセスメント」であった。これは，1995（平成7）年に北海道知事となった堀達也が，大規模公共事業を対象として取り組んだものである。時のアセスメントは，長期間着手されていないなど，停滞がみられる事業を対象とする，公共事業の見直しの方策であった。

2　マニフェストの評価

第2に，2000年代前半に流行したマニフェストとその評価についてである。自治体評価で注目されたのは制度や手法面であった。しかし，自治体評価において重要であったのは，実は政策責任や政治的リーダーシップであった。「マニフェスト」はこれを象徴する存在であった。

マニフェスト選挙では，具体的な「数値目標」「期限」「予算・財源」「工程」を明確化する点が，従来とは異なるとされていた。そして，マニフェストを掲げて当選した候補者は，「公表」「実行」「評価」という「マニフェスト・サイクル」を確立すべきであるとされていた。この中の，「マニフェスト評価」は，政治主導のあり方を検証できないかという関心からいわれていたものである。ただしそこでは，自治体政策とマニフェストとの関係のあり方，あるいは，自治体評価とマニフェスト評価との間の関係の整理などが課題とされていた。

▷1　さわやか運動
「サービス」「分かりやすさ」「やる気」「改革」の頭文字を取ったもの。

▷2　行政評価
Performance Measurementの訳語として広まった（上山信一『日本の行政評価』第一法規，2002年）。なお，学術用語としては「業績測定」が定訳である。

▷3　山口二郎は北海道の取組みについて，「『時のアセスメント』は全国的な注目を集めたが，これは厳密な意味での政策評価ではなく，長期間停滞した公共事業についてのサンセット手続きの適用という捉え方が妥当である」と述べている（山口二郎「北海道における政策評価システムの検討」『会計検査研究』20号，1999年，65-81頁）。

▷4　岩渕公二『外部評価の機能とその展開』（第一法規，2007年）および金井利之『実践　自治体行政学』（第一法規，2010年）を参照。

126

3 自治体の事業仕分け

第3に、2000年代に注目された「事業仕分け」についてである。その提唱者は、民間シンクタンクである「構想日本」であり、最初の事業仕分けは2002（平成14）年の岐阜県の取組みであった。その後、自民党の無駄撲滅プロジェクトチームの取組みや民主党等連立政権での取組み等の中で、国レベルでの取組みが注目を集めるようになっていった。

事業仕分けの本質は、事務事業に対する「公開型の予算査定」であるという点にある。事業仕分けは、従来、行政内部で行われてきた事務事業に対する予算査定を、外部の市民や有識者等が参加しつつ、ときに事業の中止・休止・廃止に関わる判定にまで踏み込み、行政の外部に公開しようとするものである。そこには、事業廃止をめぐる判定について、市民・有識者の判定結果と政治的判断が乖離した場合、どちらの意見に従うべきかという論点が潜んでいる。従来、市民・有識者がみえなかったところにまで行政の透明性が高められた点は積極的に受け止められるだろう。

4 KPIとPDCAサイクル

第4に、2010年代に登場した **KPI（Key Performance Indicator）**[5] と **PDCA**[6] サイクルについてである。これらは自治体評価において普及しているが、その契機は、2014（平成26）年以降の国の「地方創生」政策にあった。

国の地方創生は、「**増田レポート**」[7] に端を発する地方消滅論を踏まえ、地方の活性化・人口問題の解決を目指す政策パッケージとして登場した[8]。地方創生においては、「アウトカム指標を原則とした重要業績評価指標（KPI）で検証し、改善する仕組み（PDCAサイクル）」が重視された。その後、ほとんどの自治体において、国の方針に基づく地方版総合戦略が策定されるようになり、その際、国と同様にKPIやPDCAサイクルの確立が自治体側にも求められるようになった[9]。

KPIもPDCAサイクルも、自治体評価の普及とは異なる時期に登場したものであった。ところが、地方創生が登場して以降、短期間のうちに、KPIやPDCAサイクルは自治体評価にも組み込まれていった。

なお、KPIについては、より分析的なエビデンスベースド（evidence-based：科学的知見または根拠・証拠に基づくアプローチ）であることが求められている。科学的あるいは合理的な政策のためには、業績測定にとどまらず、より厳密な評価の方法も必要となる。自治体における政策責任の観点から、今後の課題の1つに数えておきたい。

（南島和久）

▷5 KPI（Key Performance Indicator：重要業績評価指標）
しばしばKGI（Key Goal Indicator：重要目標達成指標）とともに用いられる。KGIは目的目標を表現し、KPIはそのプロセスを評価する。国の地方創生では、これらのうちKPIが、PDCAサイクルとともに活用することが推奨されている。

▷6 PDCA
「計画（Plan）」「実行（Do）」「評価・点検（Check）」「改善・処置（Act）」の頭文字を取ったもの。特に品質管理の手法として製造業等で定着している。

▷7 増田レポート
日本創成会議人口問題検討分科会の人口推計に基づく試算を内容とするもの。同レポートでは、2016年段階で2040年までに、全国約1800の自治体の約半数（896）が「消滅可能性都市」と指摘されていた。

▷8 根拠法は「まち・ひと・しごと創生法」（2014〔平成26〕年法律第136号）。

▷9 「まち・ひと・しごと総合戦略」（2014〔平成26〕年12月27日閣議決定）。

参考文献
金井利之『実践 自治体行政学』第一法規、2010年。
佐藤竺監修、今川晃・馬場健編著『市民のため地方自治入門（新訂版）』実務教育出版、2009年。
増田寛也編著『地方消滅』中央公論新社、2014年。

X　政策評価

行政改革と評価

1　行政改革会議と評価制度

　国の行政機関において，政策評価が導入されたのは，中央省庁等改革（2001〔平成13〕年1月6日）である。その出発点は，1997（平成9）年12月3日に提出された行政改革会議の最終報告であった（以下「最終報告」という）。最終報告では，「従来，わが国の行政においては，法律の制定や予算の獲得等に重点が置かれ，その効果やその後の社会経済情勢の変化に基づき政策を積極的に見直すといった評価機能は軽視されがちであった」と指摘されていた。

　行政改革会議では，橋本龍太郎内閣総理大臣を会長とし，①21世紀における国家機能の在り方，②それを踏まえた中央省庁再編の在り方，③官邸機能の強化のための具体的方策の3点が，検討課題とされていた。

　具体的な最終報告の構成は，「行政改革の理念と目標」「内閣機能の強化」「新たな中央省庁の在り方」「行政機能の減量（アウトソーシング），効率化等」「公務員制度の改革」「その他」であった。このうち，「新たな中央省庁の在り方」において府省の政策評価の仕組みが，「行政機能の減量（アウトソーシング），効率化等」において独立行政法人制度とその評価がそれぞれ提案された。これらを踏まえつつ，政策評価と独立行政法人評価という2つの評価制度が導入されることとなった。

2　官僚制の逆機能の克服

　中央省庁等改革において，「肥大化・硬直化し，制度疲労のおびただしい」とされた「戦後型行政システム」とは何か。最終報告は，戦後型行政システムについて，「個別事業の利害や制約に拘束された政策企画部門の硬直性」「利用者の利便を軽視した非効率な実施部門」「不透明で閉鎖的な政策決定過程と政策評価・フィードバック機能の不在」「各省庁の縦割りと，自らの所管領域には他省庁の口出しを許さぬという専権的・領土不可侵的所掌システムによる全体調整機能の不全といった問題点」の4つを指摘していた。これらは「官僚制の逆機能」と呼ばれるものを含むものであった。

　「官僚制の逆機能」とは，官僚制の効率を高めるはずの様々な特徴が生じさせてしまう，諸種の病理現象のことである。こうした病理現象の中でも特に行政改革会議が関心を払っていたのは，「各省庁の縦割り」と表現される，セク

▷1　橋本龍太郎（1937-2006）
首相在任期間は1996（平成8）年1月から1998（平成10）年7月まで。

▷2　行政改革会議の最終報告では，改革のポイントは，「肥大化・硬直化し，制度疲労のおびただしい戦後型行政システムを根本的に改め，自由かつ公正な社会を形成し，そのための重要な国家機能を有効かつ適切に遂行するにふさわしい，簡素にして効率的かつ透明な政府を実現することにある」とされていた。

▷3　ここでの「その他」に含まれているのは，情報公開制度および地方行財政制度である。

▷4　久米郁男・川出良枝・古城佳子・田中愛治・真渕勝『政治学（補訂版）』有斐閣，2011年，238頁。

ショナリズムであった。中央省庁等改革時には，このセクショナリズムこそが政治主導や全体的調整を阻害しているのではないかとされていた。

セクショナリズムに付随する様々な問題の克服を目指し，行政改革会議が提示した論点は，「総合性・戦略性の確保」「機動性の重視」「透明性の確保」「効率性，簡素性の追求」であった。「総合性・戦略性の確保，機動性の重視」に対しては，「官邸・内閣機能の強化」「企画・立案機能と実施機能の分離」「中央省庁大括り再編成」などが，「透明性の確保」に対しては，「行政情報の公開と国民への説明責任の徹底」「政策評価」などが，「効率性，簡素性の追求」に対しては，「官民分担の徹底」「独立行政法人制度の創設」「民間能力の活用」などが，それぞれ処方箋として示されていた。

③ 実施機能の効率化

中央省庁等改革の際には，政策の企画・立案機能と実施機能の分離が改革の基本原則とされ，「企画・立案機能」「実施機能」に対しそれぞれに評価の仕組みが設けられた。ただし，行政改革会議において関心が寄せられていたのは，もっぱら「実施機能の評価」ばかりであった。

この改革原則に基づき，国の府省から政策実施機能として分離されたのが**「独立行政法人」**である。最終報告において，独立行政法人制度は，「行政機能の減量（アウトソーシング），効率化等」に位置づけられていた。また，その評価については，「中期計画の期間終了時」に見直しを行うこと，それにより，「国民のニーズからかけ離れた，法人の業務・組織の自己増殖については，直ちに廃止・縮小の措置」を採ることなどが提起されていた。

独立行政法人制度は，NPM（New Public Management）と呼ばれる改革手法の１つである。NPM とは，市場メカニズムや企業経営の手法を公的部門に取り入れ，財政規律や経済合理性＝効率性を追求しようとするものである。特にNPM は，政策実施機能の効率化が大きな特徴点である。

④ 政府の責任とアカウンタビリティ

だが，政府の活動のすべてを効率性に還元して説明できるのかといえば，必ずしもそうではない。そこに介在するのが「政府の責任」である。政府は何をなすべきなのか，あるいは何をなさざるべきなのか。その判断は，究極的にはその時々の政治状況によって移ろうものである。

このとき，政府が実施する政策について，国民・市民に対し**アカウンタビリティ**を果たすことはもちろん可能である。政策評価はこのような政府責任を担保し，また追求するための道具立てとして，その意義を有している。

（南島和久）

▷5　セクショナリズムについては，今村（2006）を参照。

▷6　企画・立案機能および実施機能については，X-4「国の評価制度」，X-5「公共サービスの評価」も参照。また，「政策実施」については第Ⅸ章「政策実施」参照。

▷7　山谷清志「政策評価の理論とその導入」（今村編〔2002〕）では，この点が詳しく述べられている。

▷8　独立行政法人
国の行政機関から独立した法人格をもつ組織。法人職員の多くは公務員の身分を有しないが，一部に公務員の身分が残されている。中央省庁等改革後には，同制度によって公務員数が大幅に削減されることとなった。

▷9　アカウンタビリティ
外在者の問責を前提とし，この問責に応える能力を意味する。「説明責任」とも訳されるが，単なる「説明」にはとどまらない。特に，政治部門に対する行政官の責任概念として用いられる。政策評価で用いられる場合には，「プログラムアカウンタビリティ」や「パフォーマンスアカウンタビリティ」がクローズアップされる。

（参考文献）
今村都南雄『官庁セクショナリズム』東京大学出版会，2006年。
今村都南雄編『日本の政府体系』成文堂，2002年。
西尾勝『行政学（新版）』有斐閣，2001年。

X 政策評価

国の評価制度

1 政策評価の法制度

　行政改革会議においては，政策の企画・立案機能と実施機能のうち，実施機能の評価として独立行政法人評価（独法評価）が登場したが，実はもう1つの企画立案機能の評価については，十分な議論は行われていなかった。◁1

　独立行政法人評価は，目標に対する実績評価の仕組みとして実現した。他方，企画立案機能の評価については，行政改革会議の時点では，明確なモデルが存在していたわけではなかった。

　そこで，旧総務庁行政監察局は，「**政策評価の手法等に関する研究会**」を設◁2 置し，検討することとした。その内容は，後に「政策評価に関する標準的ガイドライン」に集約された。中央省庁等改革直後の国の府省が取り組む政策評価◁3 は，ひとまず同ガイドラインに基づいて実施されることとなった。

　政策評価の法制度は，まず，国家行政組織法2条2項，内閣府設置法5条2項に「自ら評価し」という根拠が置かれた。これらをひとまず根拠として，◁4 国の府省の政策評価活動は着手されることとなった。

　他方，国会では，「行政評価法（仮称）」を制定すべきとする決議がなされていた。これを受けて政府は，中央省庁等改革から半年後に，「行政機関が行う政策の評価に関する法律」を国会に提出した。同法は政策評価の目的を明確に◁5 するとともに，行政機関が行う政策評価の結果に関する国会への報告を義務づける内容を含むものであった。◁6

　さらに，2001（平成13）年12月には，閣議決定によって「政策評価に関する基本方針」が定められた。ここでようやく国の府省の政策評価の枠組みとなる◁7 「ガイドライン」「政策評価法」「基本方針」の3点セットが出そろった。

2 行政評価局調査

　旧総務庁行政監察局は，中央省庁等改革によって新たに総務省行政評価局へと改組され，その際に，旧「行政監察」は「行政評価・監視」へと衣替えされた。このとき，「行政監察」と「行政評価・監視」はどのように違うのか，また，「行政評価」の内容はどのようなものかという点が議論された。

　旧総務庁時代の「行政監察」は，行政機関や特殊法人等の運営の適切性を調査し，必要な場合には勧告を行うというものであった。中央省庁等改革の際に

◁1 ⇨ X-3 「行政改革と評価」

◁2 政策評価の手法等に関する研究会
村松岐夫座長。会合は，1999（平成11）年8月～2000（平成12）年12月の期間に全21回行われた。

◁3 2001（平成13）年1月15日政策評価各府省連絡会議了承。

◁4 1999（平成11）年6月，中央省庁等改革関連17法律案。

◁5 2001（平成13）年6月29日法律第86号。

◁6 2002（平成14）年4月より施行。最初の国会報告は2003（平成15）年である。

◁7 2001（平成13）年12月28日閣議決定。

は，これが「政策の評価」（政策効果を踏まえるもの）と「行政評価・監視」（必ずしも政策効果を踏まえない）とに再整理された（なお，現在，これらは一括して「行政評価局調査」と呼ばれている）。

また，「行政評価」の概念は，総務省の部局名称（国の場合には局名，管区局・事務所においてはそれらの名称）に用いられているように，その意味内容は，総務省行政評価局の業務を包摂する幅広いものとされた。そこには，①政策評価の推進，②行政評価局調査，③行政相談などが含まれている。[8]

国の府省間では，縦割行政によって，複数府省の重複・競合（overlap）があったり，場合によっては異なる府省間の取組みが当初の政策目的や具体的な問題状況から離れて断片化（fragment）したりすることが起こり得る。こうした政府政策の問題点については，第三者的な立場から，政策効果のあり方を踏まえ，適切な修正が図られなければならない。「政策の評価」「行政評価・監視」あるいはこれらを包摂する「行政評価」の役割は，こうした政府部内の調整・制御（regulation inside government）を目指すものといえる。

③ 行政事業レビュー

ただし，府省の政策評価や総務省の行政評価が有意義な「企画・立案の評価」，あるいは政府政策の「有効性・効率性」を担保するものであるのかという点は，依然として課題のままであった。そこに登場したのが「事業仕分け」であった。国の「事業仕分け」については，より高度の政策レベルの判断をめぐる「政策仕分け」や，府省内部の「行政事業レビュー」などの派生的な取組みも生み出された（これらをまとめて「事業仕分け等」と呼ぶ）。

こうした事業仕分け等のうち，今日まで継続して取り組まれているのは，「行政事業レビュー」のみである。行政事業レビューは，府省の，行政活動に付随する無駄の発見や事業の廃止・見直しなどを意図している。なお，行政事業レビューは，政策評価法の枠外の取組みである。

④ 参議院の決議と課題・論点

政策評価に関する立法府側の動きはどのようなものがあるのか。政策評価の動向を踏まえ，参議院では政策評価制度に関する決議が繰り返されてきた。例えば「政策評価制度に関する決議」（2015〔平成27〕年7月8日）では，政策評価の実効性を高め，国民への行政の信頼向上を図ることなどが謳われていた。[9]ここでは，日本の評価文化（evaluation culture）の発展という観点から，立法府側の動向にも重要な意味があることを強調しておきたい。

なお，国会では，2019（平成31）年より，政策評価に関する国会報告が拡充される予定である。これは国会の行政監視機能の充実を意図するものである。

（南島和久）

▷8　なお，当初は独法評価も行政評価局が所管していたため，かつての行政評価概念には，独法評価も含まれていた。現在の独法制度は，行政管理局の所管となっている。

▷9　本決議の背景には，2015（平成27）年が「国際評価年」であったことが影響していた。国際評価年は，国連開発計画（UNDP）のミレニアム開発目標の最終年を踏まえ，国際連合の評価グループなどが，評価と証拠に基づく政策形成を提唱していたものである。なお，本決議の趣旨は，「政府においては，国民目線に立って，行政について不断の見直しを行うとともに，国民への説明責任を果たす観点から，今後とも，政策評価制度の実効性を高め，国民の行政への信頼向上を図る」であった。

（参考文献）

行政管理研究センター編『詳解　政策評価ガイドブック——法律，基本方針，ガイドラインの総合解説』ぎょうせい，2008年。

行政管理研究センター編『政策評価ハンドブック——評価新時代の到来』ぎょうせい，2007年。

行政管理研究センター編『政策評価ガイドブック——政策評価制度の導入と政策評価手法等研究会』ぎょうせい，2001年。

第3部　出力過程

X　政策評価

 公共サービスの評価

❶ 「舵取り」と「漕ぎ手」

X-3で紹介したが，政策の企画・立案機能と実施機能との区別は，行政改革会議における改革原則であった。ここで，同原則に関係する**オズボーン**と**ゲーブラー**の『行政革命（*Reinventing Government*）』を参照しよう。

　同書では政府政策の担い手について，「政策の決定」（舵取り）と「サービスの提供」（漕ぎ手）の分離が提案されていた。それは，トップマネジメントを意思決定や方針設定に専念させること，また運営の担い手について1人ひとりが自分なりの使命と目標をもって行動し自立できるようにすることが成功する組織の鍵であると考えるものであった。

　「舵取り」機能には，様々な調整力のある人材が求められる。このような人材には，あらゆる問題に目配せをし，様々な利害を調整し，方針を定めていく力量が問われる。他方の「漕ぎ手」機能には，1つの使命に集中し，それを堅実に実行していく人材が求められる。なお，この「漕ぎ手」の担い手については，公務員に限定されず，民間も含めた選択肢の中から最適なものが選ばれるべきだということが同書では主張されている。

　こうした「舵取り」と「漕ぎ手」の役割分担論は，いわば理念論である。現実には企画・立案部門でも実施機能が含まれ得るし，政策実施部門においても企画・立案機能を完全に排除することはできない。だが，そうした理念論が，日本の中央省庁等改革の際には改革原則とされていた。そしてその後，この原則の下に，数多くの改革が具体化していった。

❷ 公共サービス改革の多様性

　2000年代には「公共サービス改革」が進展した。公共サービスとは，政府政策の実施過程を，経済学的な「財・サービスの提供」の観点からみるものである。公共サービス改革で重視されていた価値は，有効性・効率性であった。すなわち公共サービス改革は，政策実施過程（漕ぎ手機能）について，有効性・効率性の向上を目指そうとするものであった。具体的には，「民営化」「規制緩和」「市場化テスト」「PFI（Private Finance Initiative）」「独立行政法人制度」「指定管理者制度」「民間委託」等がそれを実現する手段として登場した。

　上記のツールは，サービス提供主体が政府（直営）であったものについて，

▷1　**オズボーン**（Osborne, David：1951–）
1993年にはクリントン政権下でゴア副大統領の上席アドバイザーも務めた。

▷2　**ゲーブラー**（Gaebler, Ted：1941–）
主にシティーマネージャーとして活躍。

▷3　オズボーン／ゲーブラー（1994）。同書は，三重県の北川正恭県政でも参照されていたものである。

▷4　同上，46頁。

▷5　同上，45-48頁。

▷6　武藤編著（2014）参照。「民営化」は，経営主体を政府から民間へ移す手法である。「市場化テスト」は公的部門よりも効率的効果的にサービスを提供できる場合に，サービスの提供主体を民間企業等に切り替えるものである。「PFI」は橋，鉄道，病院，学校施設等の建設，維持管理，運営等を民間の資金や技術力を活用して行うものである。「指定管理者制度」は自治体の保有する施設等について，民間企業やNPOにもその管理を委ねる方式である。

政府とは別法人にその主体を変更しようとする際に用いられた。例えば，JRやNTTなどの政府直営部門を民間企業による経営に移行させる改革（民営化）や政府の一部門として運営していた国立大学を国立大学法人による経営に移行させる（国立大学法人化）改革などがその典型である。

中央省庁等改革後，小泉純一郎政権（2001〜06年）においては，行政活動の効率化を目指し，上記のツールが矢継ぎ早に導入された。なお小泉政権では，公共サービス改革の上位目標には，基礎的財政収支（プライマリー・バランス）の黒字化がおかれていた。そして，その射程範囲は「聖域なき構造改革」と表現されていた。同改革を実現するため，上記のツールは設計されたものである。

③ 独立行政法人の評価

上記のツールは，別名，NPM とも呼ばれていた。その典型とされていたのが，**独立行政法人制度**であった。

狭い意味での独立行政法人は，国の府省が所管する独立行政法人のことである。これに対し，広義の独立行政法人には，国立大学法人，自治体の地方独立行政法人（公立大学法人を含む）も含まれる。これらはいずれも，所管する行政機関が示す「中期計画」，これを受けて法人側が策定する「中期計画」を軸とした運営や評価がなされている点にその特徴がある。

独立行政法人に対する評価は，「独法評価」「国立大学法人評価」等と呼ばれている。これらの独法評価等は，評価手法の面からいえば，業績測定の手法を基礎とするものである。そこでは，独立行政法人の所管する事務事業の有効性および組織経営面における効率性の検証が行われている。もっとも，その力点はもっぱら組織経営面における効率性の側に置かれている。

④ 効率性と有効性の課題

独立行政法人に限らず，公共サービス改革の全般において，有効性・効率性は，基盤的な評価規準となっている。有効性については，事務事業がどの程度の効果を発揮しているかが論点とされ，効率性については，活動単位あるいは組織単位でのコスト面での縮減可能性が追求されている。

政策の社会的な機能性，政策の具体的効果を重視する立場からいえば，各種の政策実施活動の有効性については，これを維持・向上していくことが望ましい。しかし現実には，政策そのものの有効性はさておき，政策実施面の効率面ばかりが注目されがちとなってしまっている。

その背景にあるのが，近年の国・地方の財政事情の逼迫である。

(南島和久)

▷7 独立行政法人等の公益法人，社団法人・財団法人・特定非営利活動法人（NPO）等の非営利法人，民間企業等の営利法人など。

▷8 NPM については，X-3「行政改革と評価」参照のこと。また山谷編（2010）もあわせて参照。

▷9 独立行政法人制度 ⇨ X-3「行政改革と評価」

▷10 財務省によれば，2018（平成30）年度末の長期債務残高の見込額は，1107兆円，対GDP比では196％とされている（財務省HP）。

（参考文献）

武藤博己編著『公共サービス改革の本質』敬文堂，2014年。

山谷清志編『公共部門の評価と管理』晃洋書房，2010年。

D.オズボーン／T.ゲーブラー（野村隆・高地高司訳）『行政革命』日本能率協会マネジメントセンター，1994年（原著1992年）。

第3部　出力過程

X　政策評価

政策の終了

1　政府政策の有効性と効率性

日本の政策評価制度は，諸外国との比較において論じる場合，政治過程，特に立法府との関係が希薄である点に1つの特徴がみられる。

アメリカ合衆国では，連邦議会補佐機関のGAO◁1が，連邦議会からの要請に基づき，数多くのプログラム評価を実施している。立法府との関係という観点からみて，日本の政策評価制度はどのように発展させ得るのか。この問題は，日本の評価文化のあり方に関わる基本論点である◁2。

日本の政策評価制度は行政内部に閉じた構造となっている。例えば国の府省の政策評価の対象は，内閣の方針を所与とし，その上で府省内の政策実施を対象とし，「目標管理型評価」を標準的手法としている。そしてそのフィードバック先は行政府内の資源配分や政策の企画・立案となっている。

政策評価の規準については「必要性」「有効性」「効率性」の3つが挙げられる◁3。政策の「有効性」「効率性」は，政府政策の方針を所与とし，その目的達成度や費用面での縮減可能性を目指そうとするものである。これに対し，政策の「必要性」は，政府政策方針そのものに疑問を差し挟む可能性が含まれている。端的にいって，「必要性」の評価には，政治判断そのもの，またはそれに近い議論が含まれている可能性がある。

もしも「必要性」の検証結果が政治判断そのものへの批判を含むおそれがあるならば，行政機関内での対応は難しいということになるだろう。その場合には，政治過程に引き戻して議論すべきということになるだろう。

2　必要性の観点と行政の守備範囲

政策の必要性を問うためには，まず，政策の背景にある社会的ニーズや政策を取り巻く社会環境の変動を明らかにしなければならない。北海道の「時のアセスメント」はこの点に意義を有していた。また，「事業仕分け等」の意義は，政治主導による事業の「廃止」が提起されていた点にあった。事業等の「廃止」の判定は，政策の必要性そのものあるいは必要性の観点と密接に絡む論点といえるものであるからである。

ここで必要性の規準にかかる理論的整理として，1996年に登場した「行政関与のあり方に関する基準」◁4に触れておきたい。同基準では，基本三原則として，

◁1　GAO
⇒ X-1 「政策評価の概念」側注4

◁2　評価文化論については以下を参照。Frubo, Jan-Elic, Ray C. Rist and Rolf Sandhal, eds., *International Atlas of Evaluation*, New Brunswick and London：Transaction, 2002.

◁3　例えば政策評価法3条では，「行政機関は，その所掌に係る政策について，適時に，その政策効果（当該政策に基づき実施し，又は実施しようとしている行政上の一連の行為が国民生活及び社会経済に及ぼし，又は及ぼすことが見込まれる影響をいう。以下同じ。）を把握し，これを基礎として，必要性，効率性又は有効性の観点その他当該政策の特性に応じて必要な観点から，自ら評価するとともに，その評価の結果を当該政策に適切に反映させなければならない」とされている。政策評価の際の基本となる評価規準は，同法にも示されているとおり，「必要性」「有効性」「効率性」である。

◁4　1996（平成8）年12月16日，行政改革委員会。

134

「民間でできるものは民間に委ねる」（必要最小限度の行政活動），「国民本位の効率的な行政」（国民が必要とする最小の費用），「説明責任（アカウンタビリティ）」（行政の関与が必要な場合の説明）が掲げられていた。その上で，行政関与の可否に関する基準として，「公共財的性格を持つ財・サービスの供給」「外部性」「市場の不完全性」「独占力」「自然（地域）独占」「公平の確保」の6点が挙げられていた。これらの知的背景には経済学説（公共経済学，合理的選択論）などの蓄積があった。

　経済学説は，経済合理性に基づく分析を，政府政策に応用することを指向するものである。「市場の失敗」「政府の失敗」論にみられる「政府の守備範囲」論はその一例である。しかしながら，その時々の政策判断は，理論的根拠に基づくものばかりではない。合理的な判断と，現実の政治的な判断は時に重なり，時に緊張関係に置かれる。これら2つの判断の間に鋭い緊張が生じるとき，それらをいかに対話させるべきか。政策の必要性の判定は，ここを焦点とするものである。

❸ 政権交代と政策終了

　政策の必要性をめぐる判定が顕著に市民の前に示される機会は，「政権交代」である。政権交代の際には，新たな為政者によって，従前の為政者の政策方針が転換され，あるいは廃止される。民主党等連立政権が登場した後の事業仕分け等の展開や，その後の政権再交代による自公連立政権の政策転換はこのことをよく示していた。そして，ここに評価を介在させるとき，政策の必要性の議論は，政策終了論（policy termination）とも重なるものとなる。

❹ 評価社会と政治過程

　有効性・効率性を中心とする政府部内の評価と，必要性を中心とする社会と政府との相互作用に関わる評価との間には理論的な断絶がある。前者は政府部内に閉じたミクロなフィードバックである。しかし，後者は政府と社会との間の，よりマクロなフィードバックとなる。政治過程の内部では，この2つのフィードバックが錯綜しながらループしている。

　現代社会は評価社会（audit society）といわれる。いつのまにか，そのように呼ばれるほどに，評価が氾濫し，私たちの暮らしを取り巻くようになってしまった。ここで，個々の評価システムやそこに内包される価値は同一の方向を向くものではない点をあらためて強調しておきたい。多様な政策や評価のあり様を，私たちは一体，どのように認識すべきか。また，それらを適切に政治的なコントロールにつなげていくためにはいったい何が必要なのか。それは今後とも課題であるだろう。

（南島和久）

▷5　⇨XⅢ章「市場の失敗と政治過程の重要性」

▷6　山谷清志は、こうした評価の多元性と行政責任との関係について「アカウンタビリティのジレンマ」を主張している。一方で行政機関に対する多様なコントロールの要求が多彩なアカウンタビリティの出現につながっている。他方で，その多彩なアカウンタビリティへの応答手段として複数の評価制度が登場している。行政機関側はそのアカウンタビリティへのコンプライアンスコストを増大させるというのである。山谷（2005）参照。なお，アカウンタビリティについては X-3 「行政改革と評価」参照。

参考文献

石橋章市朗・佐野亘・土山希美枝・南島和久編著『公共政策学』ミネルヴァ書房，2018年。

益田直子『アメリカ行政活動検査院』木鐸社，2010年。

山谷清志『政策評価の実践とその課題』萌書房，2005年。

政策過程のモデル

guidance

　第4部は，政策過程のモデルを取り上げる。政策過程とは，序-1「なぜ政治過程が重要なのか」で言及されたように，具体的な政策が立案・決定・実施・評価されていくプロセスを指す概念である。その意味で，第4部は，政策分野全般を想定して描出してきた第2部「入力過程」と第3部「出力過程」とは異なる視点から，政策をめぐるプロセスを捉えていく。

　政策過程の理解を促す有用なツールとして，「モデル」がある。モデルとは，複雑な現実を単純化したものである。例えば，地球儀や道路マップは，地球を単純化したモデルである。また，理科の実験室の人体像や，ショーウィンドウの中のマネキンは，人間を単純化したモデルである。これらのモデルには，何らかの目的にしたがって，現実の特定部分を強調し，他の部分を捨象しているという共通点がある。地球儀は，地球全体を理解するために，道路等の詳細を省いている。道路マップは，道路等を明示化するために，地球全体を見渡す視点を排除している。理科の実験室の人体モデルは，一般的な人体の生物学・生理学的な特徴をピックアップする一方で，マネキンは，多くの人々が憧れる理想的な容姿のみを具現化している。このように，個々のモデルには，詳述するのか概観するのか，実証的に捉えるのか規範的に描くのか，といった観点において固有の目的が存在し，その目的に応じて現実の単純化の進め方が異なっている。

　第4部で取り上げるモデルは，政策過程の現実を単純化したものである。第XI章では，政策過程における「意思決定」に注目して，複数の規範的なモデルと実証的なモデルを取り上げる。それらのモデルの比較を通じて，政策の選択等をめぐる理想と現実との関係性ないし乖離が示唆される。第XII章は，政策過程における多様なアクターによるインターアクション（相互作用）に焦点を当てたモデルを紹介する。政策過程のどの場面に着目するのか，どういった登場人物（アクター）を想定するか，どのようなタイムスパンで捉えるのか等によって，異なるモデルが存在することが明らかにされる。

　政策過程というのは，言うまでもなく，きわめて複雑なプロセスである。高度に複雑な現実を，1つの視点だけで理解することは不可能であろう。そこで，本書では，目的が異なる複数のモデルを提示することによって，読者が複雑な政策過程を多面的に理解し評価できるようになることを目指す。

第 4 部　政策過程のモデル

XI　政策過程における意思決定

合理性と限定合理性

 合理性の概念と合理的意思決定

　政策過程における意思決定について考えていく中でまず重要になるのが意思決定の「合理性」である。「合理的」とは端的には「理にかなっていること」であり，意思決定が「合理的」であることは重視されることが多い。それでは合理的意思決定は具体的にはどのような決定方式になるだろうか。

　まず，意思決定を構成する2つの要素からみてみよう。

　第1が，意思決定を行うアクター（行為者）である。合理的意思決定では，アクターは明確な目的を有し，それを最大化するための行動を選択すると仮定される。このようなアクターは「経済人（Economic Man）」と称される。

　第2が意思決定の基準である。合理的意思決定では「最適化」という基準が取られる。そこでは，取り得る代替案（行動案）がすべて検討され，それらの中で目的を一番達成する代替案が選択されるのである。

　そして，合理的意思決定は，①目的の明確化，②代替案の探索，③代替案の評価，④代替案の選択，という，大きく4つのステップで進められる。

　まず，意思決定によって何を達成するかという（意思決定の）「目的」が明確化される。組織や社会での意思決定ではアクター間で目的が合意される必要があり，また，統一的な価値体系の構築も進められることとなる。

▷1　秋吉貴雄「政策決定と合理性──社会において合理的な意思決定は可能か？」秋吉貴雄・伊藤修一郎・北山俊哉『公共政策学の基礎（新版）』有斐閣，2015年。

　次は，代替案の探索である。代替案とは目的を達成するための手段であり，目的と手段の因果関係，すなわち，代替案が（手段として）どのように目的を達成するか示される。ここで重要なのが，検討する代替案の範囲である。合理的意思決定においては取り得る代替案がすべて列挙されることになる。

　次は，代替案の評価である。まず，列挙された代替案について，それぞれどのような結果をもたらすか確認される。そして，各代替案がもたらす結果について，目的の設定において構築された価値体系をもとに評価が行われる。

　最後が，代替案の選択である。評価結果に基づいて代替案が比較され，その中で最も目的を達成する代替案が「最適案」として選択されるのである。

　身近な例で合理的意思決定の進め方をみてみよう。例えば，サークルの旅行で昼食のメニューを合理的意思決定で選択するとする。まず，目的の明確化として，昼食で味や量の何を重視するか全員の価値体系が構築される。そして，選択し得るすべてのメニュー（代替案）が列挙され，それぞれについて価値体

系をもとに評価される。そして，最適なメニューが選択されるのである。

② サイモンによる合理性批判

　合理的意思決定の前提にある合理性は「完全合理性」とも称される。この完全合理性の概念の限界について指摘したのが**サイモン**[2]である。サイモンは合理的意思決定の問題点として主に3つを挙げている[3]。

　第1が知識の限界の問題である。合理的意思決定を行うには，代替案がもたらす結果について正確な知識と予測が要求されるが，サイモンは人間が断片的にしかそのような知識をもっていないことを指摘している。

　第2が予測の困難性の問題である。代替案が将来どのような帰結をもたらすかを予測するのはもちろん困難である。さらに，サイモンが強調するのは代替案を評価する価値も将来変化するということであり，どのような価値になるかを予測するのも非常に困難である。

　第3が行動の範囲の問題である。合理的意思決定では取り得る代替案のすべてを列挙することが求められるが，サイモンは人間がそもそも多様な行動を取るのは困難であることを指摘している。

③ 限定合理性の概念

　完全合理性への批判とともにサイモンが示したのが「限定合理性（bounded rationality）」の概念であった。彼は意思決定においては人間の情報処理能力の限界があり，その合理性は限定的なものとならざるを得なくなるとした。

　それを踏まえサイモンが提示したのが，「満足化モデル（Satisficing Model）」である。ここでは，意思決定の主体は「経営人（Administrative Man）」とされる。合理的意思決定での「経済人」が自己の効用の「最適化」を求めるのに対し，「経営人」は自身の要求水準の「満足化」を志向するとされる。

　一見，合理的意思決定と（限定合理性の）満足化モデルとは同じような意思決定に思われるかもしれないが，代替案の検索から選択までの流れが大きく異なる。満足化モデルでは，合理的意思決定のようにすべての代替案が列挙されることはない。要求水準を満たす代替案が発見されると，代替案の探索はその時点で停止され，その代替案が選択されるのである。

　先ほどの昼食の選択の例で具体的にみてみよう。（限定合理性の）満足化モデルでは，まず，味や量について満足できる水準（要求水準）が設定される。次に代替案が検討されるが，設定された水準に達するメニューがあれば他のメニューの検討は停止される。そして，最適なメニューではないかもしれないが，要求水準に達したメニューとして選択されるのである。　　　　　　（秋吉貴雄）

▷2　**サイモン**（Simon, Herbert A.：1916-2001）アメリカの経営学者。限定的合理性の概念をもとにノーベル経済学賞を受賞した。

▷3　サイモン（2009）。

（参考文献）
ハーバート・A.サイモン（二村敏子ほか訳）『経営行動——経営組織における意思決定過程の研究』ダイヤモンド社，2009年。
橋本信之『サイモン理論と日本の行政——行政組織と意思決定』関西学院大学出版会，2005年。

XI 政策過程における意思決定

インクリメンタリズム

1 リンドブロムによる合理性批判

完全合理性に異を唱えたのはサイモンだけではなかった。リンドブロムは1959年の論文の中で，合理的意思決定を「合理的包括的意思決定（Rational Comprehensive）」とし，それと対比する形で「連続的限定的比較（Successive Limited Comparison）」の概念を提示した（表1）。

表1に示されるように，リンドブロムは合理的意思決定が想定するような，価値・目的と手段の分離は困難であるとしている。また，代替案の分析についても，人間の能力の限界や意思決定での限られた時間といったような様々な制約から限界があるとしている。そして，社会における決定については，目的達成のための最適な案であるかではなく，多数から同意（合意）が得られる案であるかが重要であるとしている。

2 インクリメンタリズムによる意思決定

リンドブロムはこの「連続的限定的比較」の概念をもとに，意思決定に関して「インクリメンタリズム（incrementalism：漸進主義）」の概念を提示した。リンドブロムは多くの著書・論文の中でこのインクリメンタリズムの概念をもとにした意思決定について述べている。

▷1 リンドブロム（Lindblom, Charles E.：1917-）アメリカの政治学者。

▷2 Lindblom, Charles E., "The Science of Muddling Through", *Public Administration Review*, No. 19, 1959.

▷3 森田（2007）。

表1　合理的包括的意思決定と連続的限定的比較

	合理的包括的意思決定	連続的限定的比較
目的と価値の取り扱い	価値あるいは目的の明確化が，代替案の経験的分析と区分され，かつ先行する	価値目標の選択と必要な行動の経験的分析は明確に区分できず，密接に関連している
目的と手段の関係	政策形成は目的手段分析によって行われる。まず目的が分離され，次に目的を達成する手段が分析される	目的と手段は区分できず，目的手段分析は往々にして不適切か，限定的である
政策の検証	良い政策かどうかの検証は，望ましい目的に対して最適な手段であるということが示されるかということである	良い政策かどうかの検証は，多数の分析者の同意が得られるということである（合意された目的に対して最適な手段であるという同意がなくてもよい）
分析の包括性	分析はすべて包括的である。すべての重要な関連要因が考慮される	分析では，重要な起こりうる結果や重要な潜在的代替案や重要な価値が無視されることがあり，限定的になる
専門理論と決定	往々にして理論に大きく依拠する	連続的に代替案を比較するために理論に依拠した決定は行われなくなる

（出典）Lindblom（1959：81）のリストを基に筆者作成。

インクリメンタリズムによる意思決定の最大の特徴は，現状をベースにしたわずかな変化を重視するということである。[4]

合理的意思決定では目的を最適化する代替案を選択するため，すべての代替案を探索し，分析・比較する。しかし，インクリメンタリズムでは現在選択されている案をもとに分析が行われ，決定される。そのため，インクリメンタリズムでは，分析の対象とする代替案の範囲は現状をベースに限定されたものになる。

そして，インクリメンタリズムでは，合理的意思決定での最適案の選択といったように問題全体を一気に解決しようとはしない。現状を望ましい方向に少しずつ改善し，それを連続的に行っていく形で問題に対応していくのである。

3 インクリメンタリズムとしての予算編成

合理的意思決定が「目的に対して最適であること」を規範として求めているのに対し，インクリメンタリズムによる意思決定は現状をベースとした決定であるため，非規範的な決定方式であると捉えられることが少なくない。

しかし，現実の社会では合理的意思決定で政策を決定することはここまでみてきたように限界がある。その点から考えると，インクリメンタリズムによる意思決定は分析の対象を限定したり，連続的な問題解決を志向したりといったように，「（現実における）決定の戦略」という規範的な側面もあることが指摘される。

そして，実際の政策決定においても，インクリメンタリズムで想定されるように「現在の政策」をベースに検討されることが少なくない。それが最も現れるのが予算編成における意思決定である。[5]

予算編成には，大きく，①概算要求作成，②財務省原案作成，③復活折衝，という３つの段階があり，省庁からの予算案である概算要求作成においては課・局・省庁での検討段階がある。この予算編成における意思決定の最大の特性として「時間制約」がある。[6]新年度に入る前に国会で予算を議決するため，各段階で締切期限があり，何らかの決着をしなければならない。ゼロベースで政策目的に対して「最適な」予算を編成することは不可能である。そのため，インクリメンタリズムで示されるように，現行年度の予算をベースに検討されるのである。

(秋吉貴雄)

▷4 谷聖美「インクリメンタリズム」白鳥令編『政策決定の理論』東海大学出版会，1990年。
北山俊哉「政策決定と利益——人々の利益はどのように調整されて政策になるのか？」秋吉貴雄・伊藤修一郎・北山俊哉『公共政策学の基礎（新版）』有斐閣，2015年。

▷5 北山俊哉「政策決定と利益——人々の利益はどのように調整されて政策になるのか？」秋吉貴雄・伊藤修一郎・北山俊哉『公共政策学の基礎（新版）』有斐閣，2015年。

▷6 西尾勝『行政学』有斐閣，2001年。

参考文献

アアロン・ウィルダフスキー（小島昭訳）『予算編成の政治学』勁草書房，1972年。
ジョン・C.キャンベル（真渕勝訳）『自民党政権の予算編成』勁草書房，2014年。
森田朗『制度設計の行政学』慈学社，2007年。

XI 政策過程における意思決定

政府組織の意思決定：実証的なモデル

1 アリソンの3つのモデル

それでは，実際に政府組織においてどのように意思決定が行われるのだろうか。これまで様々なモデルが提示されてきたが，その中でも「古典」として知られるのが**アリソン**[1]が提示した3つのモデルである。

アリソンは1962年10月にアメリカとソ連（現ロシア）の間に生じた「**キューバ危機**[2]」に注目した。そして，同危機における両政府の行動に関する意思決定を分析（説明）するためのモデルとして，アリソンは，①合理的行為者モデル，②組織プロセスモデル，③政府（官僚）政治モデル，の3つを提示した（表1）。政府の行動は複雑であり，多様な側面から説明することが可能だからである。それぞれのモデルについて以下でみていこう。

2 合理的行為者モデル

まず，アリソンが示したのが「合理的行為者モデル」である。合理的行為者モデルでは，政府は「単一」のアクターとしてみなされ，「アメリカの行動」といった形で説明される。そして，政府は自身の価値，すなわち，「国益」の最大化を志向し，合理的に意思決定をするとされる。アメリカ政府が何らかの行動をとったとすれば，それはアメリカの国益を最大化する行動が選択された結果によるものとして説明されるのである。

アリソンが「古典的なモデル」として紹介しているように，合理的行為者モデルは古くから政府の決定を説明するモデルである。また，国際政治に関するニュースでも，解説者が「アメリカの意向」とか「北朝鮮の意向」として説明

▷1　**アリソン**（Allison, Graham T.：1940-）
アメリカの政治学者。ハーバード大学で長らく教鞭をとってきた。

▷2　**キューバ危機**
ソ連が同盟国のキューバにアメリカ本土を攻撃するためのミサイル基地を建設し，それに対してアメリカがカリブ海の海上を封鎖したため，両国は交戦寸前までになった。緊張は13日間続き，結局，ソ連がミサイルの撤去を表明して核戦争は回避された。

表1　3つのモデルの特徴の要約

	合理的行為者	組織プロセス	政府内政治（官僚政治）
基本分析単位	合理的選択としての政府行為	組織プロセスのアウトプットとしての政府行為	政治プロセスの結果としての政府行為
整理概念 ①行為者	合理的・統一的意思決定者としての国家	緩やかな結合体としての組織	地位，利害の異なる多くのプレイヤー
②問　題	国家の直面する戦略的問題	組織間に分割された問題と権力	地位，利害により異なる問題把握
③選　択	静態的	偏狭な優先順位と認識	有効な影響としての権力
④行　為	合理的選択としての行為（価値の最大化）	組織プロセスのアウトプットとしての行為（SOP）	政治的ゲームの結果としての行為（ゲームのルール）

（出典）宮川公男『政策科学入門（第2版）』東洋経済新報社，2010年，230頁，表7-1。

するように，一般的に広く用いられる枠組みでもある。

実際に，キューバ危機での「なぜソ連がミサイルをキューバに配備したか」という謎について，アリソンは長距離ミサイル開発コストを勘案した合理的選択という点から説明している。

③ 組織プロセスモデル

アリソンが合理的行為者モデルとは異なる視点としてまず提示したのが「組織プロセスモデル」である。政府内部には様々な府省が存在しているように，組織プロセスモデルでは政府を「様々な組織の連合体」とみなす。そして，府省ごとに担当領域があるように，意思決定を行う問題はそれぞれの組織に分割されることになる。その上で，個々の組織は自分が担当する問題に対して特定の行動を選択し，それらの行動の総和が政府全体の行動となるのである。

ここで，組織プロセスモデルが注目するのが組織の行動を規定する「標準作業手続き（SOP：Standard Operating Procedure）」である。日々多くの問題を処理する組織では，何か問題が生じてから判断をしていては対応が遅れてしまう。そのため，Aという問題にはBという対応をするといったように，行動があらかじめ「標準作業手続き」として定められる。そして，この標準作業手続きをもとに，前述のように政府を構成する各組織が行動を選択するのである。

実際に，キューバ危機での「なぜソ連が配備したミサイルがアメリカに発見されたのか」という謎について，アリソンはソ連軍の各担当組織が従来からの標準作業手続きのまま行動したためとして説明している。

④ 政府内政治（官僚政治）モデル

アリソンが，合理的行為者モデルや組織プロセスモデルとは異なる視点として提示したのが「政府内政治」モデルである。「官僚政治モデル」とも称される。このモデルでは合理的行為者モデルで想定される「一枚岩の政府」を否定する。そして，組織プロセスモデルでは政府を構成する多様な組織が注目されたが，政府内政治（官僚政治）モデルで分析の対象とするのは，その組織のトップに位置するいわゆる政府高官となる上層部での権力闘争である。

まず，政府には地位，目的，利益の異なる多様なアクターが存在し，それぞれが独自に問題を認識しているとされる。そして，それらのアクター間において一種の権力闘争として，政治的ゲームが繰り広げられるとする。そのゲームにおいては，アクター間での対立や妥協が行われ，その上で合意した結果が政府の行動案となるのである。

実際に，キューバ危機での「なぜアメリカがキューバ封鎖という措置をとったのか」という謎について，アリソンはアメリカの最高執行会議の構成メンバー間の政治的駆け引きという側面から説明している。 （秋吉貴雄）

参考文献

グレアム・アリソン／フィリップ・ゼリコウ（漆嶋稔訳）『決定の本質——キューバ・ミサイル危機の分析（第2版）Ⅰ・Ⅱ』日経BP社，2016年。

第4部　政策過程のモデル

XII　政策過程におけるアクター間の相互作用と政策変化

 鉄の三角形と政策帰結

 鉄の三角形と規制政策

　鉄の三角形（三角同盟）とは，規制政策をめぐる利益団体・政治家・官僚の三者による同盟のような関係のことをいう。なぜこのような関係が成立するのかを，三者の利害関係から読み解いていこう。

　鉄の三角形を構成する利益団体の代表例は，規制政策の影響を受ける企業などが同業他社とともに組織する業界団体である。規制政策の内容によって業績が大きく左右される業界ほど，規制政策のあり方に対して強い関心をもつ。自分たちの利益を損なうような政策変更が行われそうになると，政府に対して強く働きかけを行ってそれを阻止しようとし，逆に自分たちにとって有利になるような政策変更のチャンスがあるとみれば，それを実現すべく働きかけを行う。

　ただし，こうした働きかけの活動に，資金や人員の供出といった面でその団体の加盟企業がどれぐらい積極的に参加するかは，その業界の構造に依存する。業界にとって望ましい規制政策は，その業界に属する全企業にとっての**公共財**▷1　である。そのため，特に，業界が多数の企業から構成されている場合には，各企業が業界団体の活動にかかるコストを負担せずに「ただ乗り」し，業界団体が政府に対して行う働きかけの活動が金銭的・人的資源の不足のために行えなくなるという**集合行為問題**▷2　が生じてしまう。他方，その業界が少数の企業のみから構成されている場合には，「ただ乗り」している企業は他の企業から丸分かりであり，そうした企業は長期間にわたる企業間の付き合いの中で不利益を被ることが予測されるため，「ただ乗り」には抑制的になる。

　政治家が規制政策をめぐって利益団体と同盟のような関係を結ぶのは，利益団体が政治家にとって重要な「票」と「カネ」を左右する力をもっているからである。政治家は選挙で当選しなければその地位を失ってしまう。選挙で当選するためには固定票を確保することが重要であるが，業界団体はその加盟企業の従業員やその家族等に働きかけることにより，多数の票を動かせる。また，政治活動には「カネ」がかかるが，業界団体は政治献金を行うことができる金銭的資源をもっている。したがって，政治家が業界団体に有利な規制を維持し，業界団体はその見返りに「票」と「カネ」を与えるという関係が成立する。

　規制政策を所管する官僚にとっても，業界が望む規制を維持する誘因がある。規制緩和によって官僚が担うべき業務は減る。それはひいては当該省庁や部署

▷1　**公共財**
広義においては，対価を払わない人も，払った人と同じように利用できる性質（非排除性）と，ある人がその財を消費したからといって他の人が消費できなくなることはないという性質（非競合性）のいずれかをもった財・サービスのこと。フリーライダー問題においては非排除性が特に重要である。XIII-4「市場の失敗(2)」も参照。

▷2　**集合行為問題**
⇨ II-2「利益団体の種類と組織」

144

の予算やポストの減少を招き，個人の官僚にとっては仕事がやりにくくなったり，出世のチャンスが小さくなったりするおそれを生む。また，業界は，省庁にとって政策の受け手となる「顧客」であり，政策の実施を支援してくれる「応援団」でもある。規制政策を通じて業界団体と良好な関係を築いておけば，退職後の**天下り**のためのポストが提供されるかもしれない。

政治家と官僚の間には，官僚が業界団体にとって有利な政策案を法案や予算に盛り込み，政治家がそれを国会で通すという協力関係がある。官僚の出世の如何が政治家の手にかかっている場合には，有力な政治家と関係の深い業界団体に有利な規制を維持して恩を売っておくことは，官僚の利益に適う。政治家は，官僚のもつ専門知識や情報を利用することができる。

このように，業界に有利な規制政策を維持することは，業界団体，政治家，そしてその政策を所管する省庁官僚にとって一致した利益となるため，図1に示す同盟のような関係が成り立つのである。

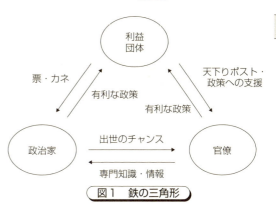

図1　鉄の三角形

▷3　天下り
キャリア官僚が省庁の斡旋によってその省庁と業務関係にある企業や特殊法人に再就職すること。

▷4　政治任用（Ⅲ-2「行政機関・官僚と政党・政治家」参照）のポストに就くことが官僚の出世コースである場合以外にも，官僚が担当した法案の成否が人事査定につながる状況では，その成否の鍵を握る有力政治家の力によって官僚の出世が左右されることもある。建林正彦「官僚」平野浩・河野勝編『アクセス日本政治論（新版）』日本経済評論社，2011年。

2　鉄の三角形と規制緩和

鉄の三角形が強固な政策領域においては，既存の業界を保護する規制を維持する政策帰結がもたらされやすい。しかしながら，鉄の三角形を成立させていた条件が緩んだ場合には，規制緩和が生じる可能性が高まる。例えば，業界の構造が分散的になれば，業界団体による政府への働きかけの活動において集合行為問題が解決しにくくなり，政治家や官僚に対して規制維持の見返りとなる利益を提供できなくなるだろう。選挙制度の変化によって業界のもつ固定票の重要性が相対的に低くなれば，政治家は業界よりも一般の有権者の利益を重視する選択をするかもしれない。政治献金に対する法的規制が厳しくなれば，政治家は業界からの金銭的な見返りを受けにくくなる。

規制緩和は財・サービスの多様化や価格の低下という結果をもたらすことが多い。これによって利益を受けるのは主として消費者，つまり一般の有権者である。一般の有権者は，業界に比べるとはるかに集合行為問題を解決しにくいため，政策過程においては強い影響力をもちにくい。しかし，何らかのきっかけで規制緩和を求める世論の声が高まった場合には，政治家や官僚はその声を無視できない。これに対して，業界の側も，例えば規制を維持する目的を，消費者の安全性を保証するためであるなどとアピールすることにより，世論を味方につける戦略をとって規制緩和の流れに対抗しようとすることもある。

（京　俊介）

▷5　秋吉貴雄「規制緩和と利益団体政治の変容――タクシーの規制緩和における言説政治」『年報政治学』2012-Ⅱ号，2012年。

参考文献
北山俊哉・久米郁男・真渕勝『はじめて出会う政治学（第3版）』有斐閣，2009年，第1章。

第4部　政策過程のモデル

XII　政策過程におけるアクター間の相互作用と政策変化

 # 政策ネットワーク

1　政策ネットワークとは

　政策ネットワークとは，政策の形成・決定・実施をめぐる国家と社会，官と民，あるいは公的セクターと私的セクターにまたがる，ネットワーク的な相互依存関係と定義される。そして，政策ネットワーク論とは，そういった相互依存のネットワーク構造に注目して，政策をめぐる国家と社会の関係や，政策の持続と変容，あるいは政策領域ごとのアクター間の関係や政策帰結の差異などを記述・説明する理論枠組みであるといえる。

　政策を，国家（政府）が社会に何らかの変更を加えようという意図をもって行う働きかけとして定義すれば，その政策が形成・決定・実施される過程においては，国家が社会に対して強い力をもっているようにみえる。あるいは，政策がそれに関係する複数の利益団体間の競争・交渉・妥協によって決まるという**多元主義論**的な観点からは，政策過程においては国家よりも社会の側に属するアクターが重要であると捉えることになる。これらに対して，政策ネットワーク論は，政策過程を，国家から社会へ，あるいは社会から国家への一方向的な作用ではなく，国家と社会による双方向的な作用として捉える。

　このように考えられるようになった主な背景には，**行政国家**化の進展が挙げられる。国家が社会に介入する場面が拡大していく一方で，国家のもつ資源には限界があるため，政策過程において企業や利益団体などの社会的アクターのもつ資源に依存する局面は増える。自動車の衝突安全性能に関する規制の策定を例に挙げよう。社会にとって望ましい規制を策定するためには，自動車の技術に関する詳細な理解が必要である。しかし，自動車の研究開発に携わっているわけではない官僚が日々進歩している自動車技術についてすべて理解して基準を設定することは困難であるため，自動車メーカーの技術者の知識に頼らなければならない。自動車メーカー側は，その状況を利用して自分たちにとってより望ましい規制を実現すべく働きかけようとする。その結果，政策は公的セクターと私的セクターにまたがるネットワークにおける相互作用を通じて生み出されることとなる。それゆえ，政策過程を分析するには，このネットワークがいかなるものかを理解することが不可欠となるのである。

▷1　多元主義論
⇒序-3「政治過程における権力」

▷2　行政国家
⇒VIII-1「行政国家と議会」

▷3　村上裕一『技術基準と官僚制──変容する規制空間の中で』岩波書店，2016年。

2 政策ネットワークの類型

政策ネットワークのあり方には，ネットワークを構成するアクター間の関係の緊密さによってバリエーションがある。ローズ[4]らの整理によれば，最も関係性が強い政策共同体（policy community）と，最も関係性が弱いイシュー・ネットワーク（issue network）を両端として，多くの政策ネットワークはその間の線分上のどこかに位置づけられる。

政策共同体とは，限られた数の固定的なメンバーによって構成され，メンバー間の相互依存度が高い政策ネットワークの類型である。メンバーはイデオロギーや価値観，政策選好を一定程度共有しており，互いに対する信頼・協力関係があり，それゆえ政策に対する合意が成立しやすい。逆に，イシュー・ネットワークでは，参加の機会は多様なアクターに開かれており，メンバーの数も多く，イデオロギーや価値観等の共有もなく，メンバー間の相互依存度は低い。メンバー間の信頼・協力関係は成立せず，合意よりも対立が起こりやすい。イシュー・ネットワークは，利益団体間の競争・交渉・妥協により政策が決まるとする多元主義論の想定する政策過程にきわめて近いものである。

3 政策ネットワークと政策帰結

では，こうした政策ネットワークのあり方は，政策帰結にどのように影響するだろうか。政策共同体が成立している政策領域においては，既存の政策を大きく変化させるような政策帰結は生じにくい。現状の政策がその政策共同体を通じて生み出されているということは，その政策は政策共同体のメンバーにとって一定程度望ましいものであることを意味し，そこからの大きな変化に対する合意は成立しそうもないからである。また，政策共同体においてはそこに参加するアクター間の相互依存度が高いため，政策の実施にとって必要なリソースをもつアクターは事実上の拒否権をもつことになる。他方，イシュー・ネットワークにおいてはそうしたアクターのもつ影響力が相対的に低いため，既存の政策を大きく改革するような政策帰結が生じる可能性がある。

政策ネットワークのあり方の違いが異なる政策帰結を生み出したとみられる例として，1997年に成立した介護保険法と改正児童福祉法がある[5]。同一省庁内の隣接政策領域で，ほぼ並行して検討が進められたにもかかわらず，高齢者福祉領域においては抜本的な制度変革が生じたが，児童福祉領域においては現状追認の制度変更に留まった。高齢者福祉領域については，社会の変化と行政組織の改組によって老人保健・医療・福祉という複数の政策領域にまたがるアクターが集まるイシュー・ネットワークの状況にあったのに対し，児童福祉領域については，社会福祉関係の領域のアクターによる従来の政策共同体が維持されていたためであると考えられている。 　　　　　　　　　　（京　俊介）

▷4　ローズ（Rhodes, R. A. W. : 1944-）
イギリスの行政学者・政治学者。

▷5　稗田健志「政策ネットワークと社会福祉改革——介護保険法と改正児童福祉法の立法過程研究」『大原社会問題研究所雑誌』555号，2005年。

（参考文献）

風間規男「新制度論と政策ネットワーク論」『同志社政策科学研究』14巻2号，2013年。

新川敏光「政策ネットワーク論の射程」『季刊行政管理研究』59号，1992年。

原田久「政策・制度・管理——政策ネットワーク論の複眼的考察」『季刊行政管理研究』81号，1998年。

XII　政策過程におけるアクター間の相互作用と政策変化

ゴミ缶モデルと政策の窓モデル

▷1　段階モデル
⇨ Ⅶ-1「政策過程の段階モデル」

▷2　個人の意思決定に関する身近な例でいえば，就職に関する意思決定がある。先にある職に就きたい（解決すべき問題）と考えて，そのためにその職種に必要な資格や能力（解決策）を取得しようとする場合もあれば，すでに取得している資格（解決策）があって，それを活かせそうな職種（解決すべき問題）を後から探す場合もある。

▷3　マーチ (March, James G.：1928-)
アメリカの政治学者。組織の意思決定についての理論で有名。

▷4　キングダン (Kingdon, John W.：1940-)
アメリカの政治学者。

1　ゴミ缶モデル

　政策が決定されるまでの流れとしては，まず解決すべき問題を確認し，次にそれを解決する複数の政策を検討し，最後にその中から1つを選択する，という**段階モデル**が理念型としては想定され得る。しかし，現実の政策過程では，先に解決策としての政策が見つかっていて，それを用いて解決することのできる問題を後から探すこともある。

　こうした状況を理解するためのモデルが，**マーチ**らのゴミ缶 (garbage can) モデルである。問題・解決策・参加者・選択の機会には，それぞれ別々の流れがあり，それらが総体として「組織化された無秩序 (organized anarchy)」と称される。この「組織化された無秩序」には3つの要素がある。第1に，参加者は自身の選好についてよく分かっていない。第2に，参加者は，自分の仕事が何かということを断片的には知っているが，それが決定過程全体とどのように関係するのか，決定過程がどのように進んでいくのかについて，よく理解していないまま参加している。そして第3に，決定過程への参加は流動的であり，ある重要な会議に誰が出席し，そこでどれだけのことをするかによって，結果は大きく変わってくる。これらの要素について，選好や決定過程全体についての参加者の理解の程度が高まったり，参加の流動性が低くなったりするほど，「組織化された」状態に近づき，それが逆になれば，「無秩序」の状態に近づく。

　こうした特徴を前提にすれば，ある問題のために解決策を探すというつながりが必然的に存在するわけではない。問題や解決策は，「ゴミ缶」の中に日々放り込まれる「ゴミ」にたとえられる。政策決定は，「ゴミ」として放り込まれた問題と解決策が「ゴミ缶」の中で結合したときに行われる。政策過程が「無秩序」の状態に近いほど，政策決定が偶然に左右される程度は強くなる。

2　政策の窓モデル

　キングダンの政策の窓 (policy window) モデルは，ゴミ缶モデルの基本的な論理を引き継ぎながらも，彼が分析したアメリカ連邦政府内のアジェンダ・セッティングには一定の構造やパターンがあるとして，ゴミ缶モデルの「組織化された」決定過程の部分を強調した修正版である。彼はゴミ缶モデルにおける上述した4つの流れを，問題・政策・政治の3つの流れに整理した。

「問題の流れ」とは，社会における様々な問題のうち，ある特定の問題が政府周辺の人々に注目されることを意味する。問題が注目されるメカニズムはいくつもある。例えば，社会の状況を示す各種の指標の変化や，目立つ事件・災害の発生，政策の効果を検証した際の発見などである。新たな分野への予算の拡充によって新しいアジェンダが登場することもあれば，逆に予算の制約によりアジェンダが消滅することもある。いずれにせよ，政府周辺の人々がある「状況」を解決すべき「問題」であると考えない限り，問題の流れは生じない。

「政策の流れ」とは，無数の政策アイディアが少数の政策案に絞り込まれていく過程を指す。この過程において重要な役割を果たすのは，**政策共同体**である[5]。政策共同体はその政策領域に関する専門家から構成される。政策領域によって政策共同体の内部の状況は様々であり，メンバー間の関係が緊密な政策領域もあれば，メンバー構成が多様で細分化されている政策領域もある。

政策共同体が特定の政策アイディアを受け入れる過程で重要な役割を果たすのが，政策企業家（policy entrepreneur）である。市場における企業家が利益を求めて投資を行うように，政策企業家は，ある政策が実現することによって得られる何らかの利益（物質的なものに限らず，精神的なものも含む）を求めて，その政策の実現に向けた投資と位置づけられる，政策共同体の説得に向けた活動を行う。政策共同体に属する専門家たちは，予算制約を考慮しながら，そして，有権者や政治家の賛同を得られるように，政策アイディアを政策案の形に整えていく。こうして政策案は少数の最終候補に絞られていく。

そして「政治の流れ」とは，選挙・政党・利益団体の動きなど，狭義の「政治」である政府周辺の動きを意味している。特に政治家は，国民感情に敏感であり，それがアジェンダのあり方に影響を及ぼす場合もある。強い利益団体がいつも勝利するわけではないが，関係する利益団体間の力のバランスも政治の流れにおける重要な要素である。選挙などを通じた各政党の議席割合の変化，行政組織の改組やトップの交代によっても，アジェンダは影響を受ける。

3つの流れは互いに独立しており，それらがある局面で1つになるとき，政策変化が生じる機会を意味する「政策の窓」が開く。この局面は全くの偶然によって訪れる場合もあるが，より「組織化された」状況として，政策企業家の手によって合流させられることもある。

前節でも触れた介護保険法成立の政治過程は，このモデルからも説明される[6]。高齢者介護への財政的対応が必要という「問題」があり，専門家らによってそれを解決する「政策」が検討されていたが，それと独立して「政治」の流れがあった。消費税問題等による選挙での大敗を受けて，政策企業家としての橋本龍太郎首相（当時）は，消費税の使途として国民の納得を得られる政策としての介護問題に注目し，それが後の介護保険法の成立につながっていったのである。

（京 俊介）

▷5 政策共同体
⇨ XII-2 「政策ネットワーク」

▷6 佐藤（2014：第6章）。

（参考文献）

久米郁男ほか『政治学（補訂版）』有斐閣，2009年，第15章。

ジョン・キングダン（笠京子訳）『アジェンダ・選択肢・公共政策——政策はどのように決まるのか』勁草書房，2017年。

佐藤満『厚生労働省の政策過程分析』慈学社，2014年。

XII 政策過程におけるアクター間の相互作用と政策変化

 断絶均衡モデルと唱道連合モデル

▷1 漸進的（インクリメンタル）
⇨ XI-2 「インクリメンタリズム」

▷2 バウムガートナー
(Baumgartner, Frank R.：1958-)
アメリカの政治学者。アジェンダ・セッティングの研究で有名。

▷3 Baumgartner, Frank R. et al., "Punctuated Equilibrium Theory: Explaining Stability and Change in Public Policymaking", in Paul Sabatier and Christopher M. Weible, eds., Theories of the Policy Process, 3rd ed., Westview Press, 2014.

▷4 鉄の三角形
⇨ XII-1 「鉄の三角形と政策帰結」

▷5 多元主義論
⇨ 序-3 「政治過程における権力」，XII-2 「政策ネットワーク」

▷6 イシュー・ネットワーク
⇨ XII-2 「政策ネットワーク」

▷7 ただし，こうしたラベリングは，それぞれの政策サブシステムのある一時点の状態を捉えているにすぎないという。

 断絶均衡モデル

政策には，ほとんど変化せず安定的である，あるいは**漸進的（インクリメンタル）**にしか変化しない時期と，大きく変化する時期とがある。従来の政策過程のモデルの多くは，主にそのいずれかの時期を説明するものであったが，**バウムガートナー**らの「断絶均衡（punctuated equilibrium）」モデルは，その両方を1つのモデルで捉えようとするものである。

すべての政策が，議会や政党のような政治の中心的な場で常に議論されているわけではない。政治的イシューは，イシューごとに形成されている多数の政策サブシステム（policy subsystem）において議論されている。政策サブシステムは，**鉄の三角形**のように単一の利益に支配されている場合や，**多元主義論**が想定するように複数の利益団体間の対立がある場合もあれば，**イシュー・ネットワーク**のように，そこに属しているメンバー間の結びつきが弱い場合もある。ほとんどのイシューはこの政策サブシステムで扱われている期間が長く，その間，政策は安定的であるか漸進的にしか変化しない。こうした時期は政策の「均衡」状態にあるといえる。

ところが，それまでは政策サブシステムの中で扱われていたイシューが，突如として脚光を浴びて政治の中心的な場のアジェンダになることがある。そうした場合には，政策が大きく変化したり，政策サブシステムそのものが変化したりする。そうした変化の生じる短期間の「断絶」の時期を挟んで，長期間は「均衡」状態にあるというのが，このモデルがイメージする政策過程である。

「均衡」状態から「断絶」の状態への移り変わりは，表面上は突如起こるようにみえるが，あたかも地震が地底における細かな歪みの積み重ねによって生じるように，「均衡」状態にあるときの出来事の積み重ねによって「断絶」状態が引き起こされるというフィードバックのメカニズムがある。フィードバックには正と負の両方があり，正のフィードバックは「断絶」を引き起こすが，負のフィードバックは「均衡」を維持する方向に働く。また，情報と感情の混合物である政策イメージ（policy images）も，「均衡」の維持または崩壊に影響を及ぼす。ある政策が広く好感をもって受け入れられている場合には，政策の独占状態となり，「均衡」が続きやすい。しかし，人々の間で政策イメージについての相違がある場合には，現状の政策を擁護するアクターは良い点をア

ピールし，それを打破しようとするアクターはその問題点についてアピールすることとなる。後者のアピールが成功すれば，政策変化につながる。

② 唱道連合モデル

ジェンキン-スミスとサバティアらによる「唱道連合（advocacy coalition）」モデルは，政治的イシューが多数の政策サブシステムにおいて議論されていることを想定する点では断絶均衡モデルと同様であるが，政策サブシステムに属している複数の唱道連合間の相互作用に注目するところにその特徴がある。唱道連合とは，単なる利益によって結びついたアクターの連合ではなく，信念システム（belief system）を共有する連合である。階層構造をもつ信念システムのうち，特に，政策の方向性や政策において重視する価値などに関する「核となる政策信念（policy core belief）」を共有している。

唱道連合モデルが政策変化の必要条件として想定するのは，①政策サブシステム外部から与えられるショック，②政策サブシステム内部において起こる出来事（危機やスキャンダルなど），③政策志向学習（policy-oriented learning），④敵対する連合間における交渉成立の4つである。①と②は断絶均衡モデルが想定するものと大きく異ならないし，④は結局，多元主義論などが捉えようとするものと同じといえるから，このモデルの特徴は③にある。

政策志向学習とは，唱道連合間の相互作用を通じて行われる，「経験に起因し，政策目的の達成もしくは改訂に関係する，思考や行動意図の比較的持続的な変化」と定義される。例えば，大気汚染をめぐる政策領域において，「きれいな空気」唱道連合と「経済活動の効率性」唱道連合が対立しているとする。目指す政策を実現させるために，前者は，大気汚染の程度の測定や，大気汚染を生み出している原因の追究，そしてその原因を除去する政策の検討に注力する。他方，後者は，排出規制によって生じる経済的コストについて明らかにし，経済的損失を最小限にしながら有害物質の排出を抑える他の規制方法を検討することに注力する。こうした対立する複数の唱道連合が，目指す政策を実現すべく，自己の主張を裏づける知識を獲得していき，それに基づいて論争することによって，「核となる政策信念」を更新していくのである。

異なる「核となる政策信念」をもつ唱道連合間での相互作用を通じた政策志向学習が行われやすいのは，唱道連合間の対立が中程度の場合である。なぜなら，唱道連合間の対立の程度が弱い場合には，より深い検討は行われず，対立の程度が強い場合には，相手の主張に聞く耳をもたなくなるからである。また，価値観による影響を受けにくい自然法則に関わる争点や数値で測定可能な争点が問題となっている場合や，アクター間で一定の専門知識や規範等が共有されている場合にも，政策志向学習は行われやすい。政策志向学習を通じて「核となる政策信念」が更新されれば，政策変化の可能性が生まれる。 （京　俊介）

▷8 「断絶均衡」とは，ある生物が長い間，特に大きな進化をしないままであったのに，ある時期に急激に進化が進み，その後はまたほとんど進化がない，という生物学の理論に由来する。

▷9 Jenkins-Smith, Hank C., Daniel Nohrstedt, Christopher M. Weible, and Paul Sabatier, "The Advocacy Coalition Framework : Foundations, Evolution, and Ongoing Research", in Paul Sabatier and Christopher M. Weible, eds., *Theories of the Policy Process*, 3rd ed., Westview Press, 2014.

▷10 Jenkins-Smith, Hank C. and Paul Sabatier, "The Dynamics of Policy-Oriented Learning", in Paul Sabatier and Hank C. Jenkins-Smith, eds., *Policy Change and Learning : An Advocacy Coalition Approach*, Westview Press, 1993.

（参考文献）

秋吉貴雄・伊藤修一郎・北山俊哉『公共政策学の基礎（新版）』有斐閣，2015年，第10章。

第4部　政策過程のモデル

XII　政策過程におけるアクター間の相互作用と政策変化

 政策過程と制度

1　ルールとしての制度

　政策が形成されていく過程においては，一定のルールが存在する。もしあなたが国会で審議中の法案について不満を覚えて修正案を作成したとしても，あなたが国会議員でない限り，それを法案に反映させることはおろか，提出すら不可能である。あらかじめ定められたルールによって，例えば，誰が政策案を作成・提出する権限をもつのか，その政策案を審議する会議体はどれで，そこではどのような順序・手続きで審議するのか，その会議の参加者は誰か，その会議での最終的な意思決定はどのように行われるのか（例えば，多数決か，全会一致かなど）が決まっている。

　こうした政策過程におけるルールとして機能する政治制度は，アクターが取り得る選択肢を制約するほか，それぞれのアクターにとって望ましい状況を左右することを通じてアクターの政策選好にも影響を及ぼす。アクター間の相互作用のあり方は制度によってかなりの程度規定され，そのことは政策の内容や安定性にも影響する。以下では，多国間比較の文脈において発展してきたマクロなモデルを紹介し，ルールとしての制度が政策過程にもたらす影響について説明する。

2　多数決型民主主義とコンセンサス型民主主義

　レイプハルトは，民主主義体制における議会，裁判所，政党，利益媒介システムなどの制度の分析から，現存する民主主義が多数決型とコンセンサス型を両極として特徴づけられることを明らかにした。多数決型とは，イギリスのウェストミンスターモデルを典型例とする民主主義のタイプであって，大政党に有利な小選挙区制をとり，二大政党のいずれかが議会において単独で過半数の議席を占めて内閣を構成するというものである。他方，コンセンサス型は，スイスやベルギーを典型例とするタイプである。比例代表制の選挙制度によっていずれの政党も単独で過半数の議席を占めることのない多党制となり，複数の政党によって連立内閣が構成される。

　これらの民主主義のタイプによって，政策過程および政策帰結はどのように異なるだろうか。多数決型における内閣は議会において確固とした基盤をもち，内閣が提出する法案は当然に議会を通過する。このタイプにおける政策過程の

▷1　なお，たとえ国会議員であったとしても，国会法で定められた一定の要件が必要である。

▷2　レイプハルト
⇨ V-12 「選挙制度(1)」側注4

▷3　アレンド・レイプハルト（粕谷祐子・菊池啓一訳）『民主主義対民主主義——多数決型とコンセンサス型の36カ国比較研究（原著第2版）』勁草書房，2014年。

主な特徴は，迅速な政策決定が行われやすいという点，そして，二大政党の一方からもう一方への政権交代が起こった場合に急激な政策の変化が起こる可能性があるという点である。他方，コンセンサス型における主な特徴は，内閣が複数の政党から構成されているため，単独の政党によって構成されている内閣に比べ，内閣の内部における調整に手間と時間がかかるという点，そして，政権交代が起こる場合でも連立政権の全体ではなく一部の政党が入れ替わるという部分的なものであることが多いため，急激な政策変化が起こりにくいという点である。

3　拒否点と拒否権プレイヤー

　政策が成立するまでには，ルールとしての制度によってあらかじめ定められたいくつかの**拒否点**[4]を乗り越えなければならない。政策案が予算案や法案としての形をとる場合であれば，憲法によって議会の承認が必要であると定められているであろう。上述した多数決型民主主義体制において，議会は内閣が目指す政策の拒否点とはならないが，大統領制で**分割政府**[5]の状態であれば，議会は大統領が目指す政策に対する重要な拒否点となり得る。国によっては，一定の案件を国民投票にかけることを憲法で定めている場合があり，その場合には国民も拒否点になり得る。一般的に，拒否点の数が多いほど，現状の政策を変更することは困難であり，政策の安定性は高い。

　ツェベリスは，政策を変更するために同意を得なければならないアクターのことを「拒否権プレイヤー」と呼んだ[6]。憲法によって制度上の権限をもつものを制度的拒否権プレイヤーといい，内閣が複数の政党によって構成されているときのように，政治システムによって規定されているものを党派的拒否権プレイヤーという。

　拒否点の議論と同様に，拒否権プレイヤーの数が多いほど政策の安定性は高くなる。ただし，イデオロギーの位置関係によっては，拒否権プレイヤー数の増加が政策の安定性に影響を及ぼさない場合もある。例えば，すでに右派と左派の拒否権プレイヤーがいる場合に，中道のプレイヤーが追加されても，政策の安定性には影響しない。また，拒否権プレイヤー間のイデオロギー距離が大きいほど，すべての拒否権プレイヤーが変更に同意する政策案の範囲は狭まるため，政策の安定性は高い。例えば，現状の政策が中道に位置するものであって，拒否権プレイヤー2人がそれぞれ極端に左右に寄ったイデオロギーをもっている場合，現状から左寄りに変更しようとすれば右派が反対するし，右寄りへの変更は左派が反対する。しかし，拒否権プレイヤーのイデオロギーが中道に集まっていれば，妥協が成立する政策案の範囲は相対的に広くなる。

（京　俊介）

▷4　拒否点
⇨ 序-4「異なる政治制度の下での政治過程」

▷5　分割政府
⇨ Ⅷ-2「大統領制と議院内閣制」

▷6　ジョージ・ツェベリス（眞柄秀子・井戸正伸監訳）『拒否権プレイヤー——政治制度はいかに作動するか』早稲田大学出版部，2009年。

[参考文献]
久米郁男・川出良枝・古城佳子・田中愛治・真渕勝『政治学（補訂版）』有斐閣，2009年，第17章。
建林正彦・曽我謙悟・待鳥聡史『比較政治制度論』有斐閣，2008年。

第 4 部　政策過程のモデル

XII　政策過程におけるアクター間の相互作用と政策変化

ゲーム理論に基づくモデル

1　ゲーム理論とは

あなたはこれまでに「ゲーム」と呼ばれるものをプレイしたことがあるだろう。囲碁や将棋といったゲームもあれば、相手と競い合うスポーツもゲームである。ゲームには、いくつかの共通点がある。まず、複数のプレイヤーがおり、ゲームの結果（勝敗）は、プレイヤーたちの行動の組み合わせによって決まる。次に、ルールにしたがってプレイしなければならない。ルール違反をした場合には何らかの罰則があり、最悪そのゲームにおいて「反則負け」となる。また、プレイヤーがゲーム中に取り得る選択肢がルールによって定められている。

ゲームで勝つために重要なことの1つは、相手の考えや行動を予測することである。囲碁や将棋のプロ棋士が数十手先まで展開を読んでいるというのは有名な話である。野球ではバッターの読みを外そうと配球に頭を使うし、テニスやバレーボールでは相手の裏をかいてスマッシュやスパイクを打ち合っている。

このようなゲームに似た状況は社会の中でも存在し、そういった状況の分析に適しているのがゲーム理論である。政策過程においては、ある政策を実現させたいと考えているプレイヤーは、政策過程に参加している他のプレイヤーの考えや行動を予測しながら選択を行うことがある。ゲーム理論によって、こうしたプレイヤー同士の戦略的相互作用を分析することができる。

2　政策過程のゲーム理論分析

以下では、ゲーム理論に基づいてごく単純な政策過程分析のモデルを構築してみる。ここでは、官僚と議会という2人のプレイヤーを想定する。ゲームの流れは以下のとおりである。まず、官僚が政策案を提案するか否かを選択する。政策案が提案された場合には、議会がそれを可決するか否決するかを選択する。このモデルによって、議会に決定権があるというルールを前提に、官僚が政策案を提案する場合の政策過程の政治的メカニズムの特徴を把握できる。

租税政策を例として状況を設定してみよう。官僚がもつ政策案の選択肢は、増税か現状維持であるとする。官僚は、財政再建を目指しており、現状維持よりも増税を好ましいと考えている。他方、議会は、選挙で負ける可能性を高める増税よりも、現状維持の方が好ましいと考えている。また、議会は官僚が自分の意に沿った行動をとることを期待しており、意に沿わない政策案が提出さ

▷1　なお、世界的なスポーツの祭典であるオリンピックの英語における正式名称は、Olympic Gamesである。

▷2　政治学では「アクター」の語を用いるのが一般的であるが、ゲーム理論では「プレイヤー」という語を用いるのが一般的であるので、ここでは後者に合わせることとする。

れた場合には官僚に事後的な制裁が与えられる。

以上を表したのが，図1である。ここでは，ゲームの帰結において官僚と議会が得られる利得を具体的な数値に置き換えている。増税によって官僚が得られる利得を5，現状維持であれば3とし，他方，議会は増税の場合に3，現状維持の場合に5の利得を得るものとする。また，官僚が議会の意に沿わない政策案を提出して否決されてしまった場合に受ける制裁を−1としている。

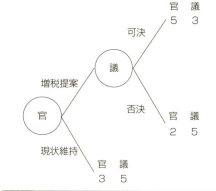

図1　租税政策をめぐる官僚と議会のゲーム

このゲームにおいて先手をとるのは官僚である。しかし，官僚は後手の議会がどのように行動するかを予測しながら意思決定を行うため，このゲームがどのような帰結にいたるかを明らかにするには，まず後手の議会の選択から考えなければならない。これを後戻り推論（backward induction）という。官僚が増税という政策案を提出してきた場合，議会は可決すれば3，否決すれば5の利得を得るのであるから，より高い利得を得られる否決を選択する。

次に，これを踏まえて，官僚がどのような選択を行うかを考える。官僚が増税という政策案を提出した場合，上記の検討の結果からは，議会は否決という選択肢をとることが予測される。その場合の官僚の利得は，現状維持の利得から制裁分を差し引いて，2である。官僚が現状維持の選択をして議会に政策案を提出しなかった場合には，利得3を得る。

よって，これら2つの利得を比較して，官僚は現状維持という選択肢をとることになる。増税を望ましいと考えている官僚が，なぜ増税の政策案を提出せずに現状維持という選択肢をとるのかというと，増税の提案をした場合の議会の反応によって生じる結果を予測した上で（言い換えれば，議会の考えを「忖度」した上で），その結果よりも望ましい結果を生む選択をしているからだといえる。

3　ゲーム理論に基づくモデルの利点

政策過程を分析する際にゲーム理論に基づくモデルを用いることの最大の利点は，政策形成に関係するプレイヤーの間の相互作用を，表面からは隠れた部分も含めて捉えられることである。プレイヤーが実際にとるのはある1つの選択であっても，それを選択する際には，それ以外の選択を行った場合に他のプレイヤーの行動も含めて何が生じるのかを考えているということが，ゲーム理論に基づくモデルからは明らかになる。政策変化が生じたとき，あるいは政策が現状維持の状態にあるときに，なぜそのような帰結になったのか。ゲーム理論に基づいて考えることにより，実際には選択されなかった他の選択肢が政策過程に関係するプレイヤーによってなぜ選ばれなかったのかを説明することで，この問いに答えることができる。

（京　俊介）

参考文献

北村亘『地方財政の行政学的分析』有斐閣，2009年。
京俊介『著作権法改正の政治学——戦略的相互作用と政策帰結』木鐸社，2011年。
曽我謙悟『ゲームとしての官僚制』東京大学出版会，2005年。
松田憲忠「イシュー・セイリアンスと政策変化——ゲーム理論的パースペクティブの有用性」『年報政治学』2005-Ⅱ号，2006年。

第5部 社会生活における政治過程

guidance

　第4部までは，政治過程の中で何が行われているのかに焦点を当ててきた。第5部では，政治過程をより広い文脈の中で捉えていく。

　そもそも，政治過程はなぜ必要とされるのであろうか。この点を意識しないままに政治過程内部の詳細について学んでも，政治を理解したことにはならない。そこで，第XIII章では，市場の取引と対比する形で，政治過程の存在意義を確認する。例えば，お金が必要なとき，一般的には，労働を提供する代わりに賃金を獲得するという取引を市場で行う。その一方で，政府による生活保護といった政策も存在する。なぜ市場での取引ではなく，政府による政策が社会的に求められる場合が存在するのかを確認する。

　第XIV章は，今日の社会状況の変化が，政治過程にどのような変容をもたらしているのかという問いに取り組む。具体的には，政権交代，地方分権，グローバリゼーション，ネット社会の到来が政治過程に与えるインパクトを明らかにする。第XV章では，今日の社会問題を取り上げて，それらの問題をめぐる政治過程を描出する。まず，社会問題の特徴と政治過程の様相との関係性について理論的に解説した上で，社会福祉，安全保障，環境対策，学校教育，排除と包摂といった社会問題を取り上げる。第XIV章と第XV章を通じて，政治過程それ自体も時代や社会の変化とともに変容していくことが示唆される。

　第XVI章では，政治過程における「規範」に目を向ける。政治過程をめぐっては，「〇〇であるべきだ」とか「〇〇という現状は望ましくない」といった価値判断が，議会内の審議においても議会外での批評等においても，常に見受けられる。こうした価値判断は現状の改善のために不可欠であるものの，他方で，価値判断の基準となる規範は多様に存在する。規範の多様性に対して政治過程の各アクターはどのように取り組んでいるのか，また取り組むべきなのかについて考えていくことを通じて，第XVI章は，政治過程における価値判断のあり方を模索する。

　第5部を通じて，読者は，これまで学んできた政治過程を日常の社会生活の中に位置づけることになろう。すなわち，政治過程を相対化することが可能となる。政治過程の相対化は，例えば，個々のサービスの提供は政府と市場のどちらが担うべきか，不確実な将来に向けて政治はどうあるべきか，といった問題に対して，大局的に捉えることを促すであろう。

第5部　社会生活における政治過程

XIII　市場の失敗と政治過程の重要性

 市場メカニズムの意義と政府の役割

1　市場で対応できることとできないこと

　市場メカニズムに対する様々な思い込みや誤ったイメージが溢れている。よくあるものは，「市場では競争が重視され，社会の調和などには無関心である」といったものである。人々は競争を重視する市場メカニズムが社会に弊害をもたらす存在となる可能性があることを危惧している。このような考え方は必ずしも誤っていないが，ある一面では正しくない。

　まず，競争は企業や人の優劣を判断し，結果として勝ち負けを決めることになるという考えは正しい。ただし，市場メカニズムが競争を重視するのは，勝ち負けを決めることが目的というわけではない。我々が生活する社会は，技術的にも物質的にも利用できる資源には限りがある。それを無駄なく利用するためには，競争を利用することが最も効率が良いためである。そのような競争を，特定の人間や組織が作らずとも，価格という尺度を利用して自然に実現してくれるのが「市場(しじょう)」である。

　市場メカニズムが競争を通じてもたらすメリットは，より具体的には2つの言葉に集約できる。1つは**情報効率性**▷1であり，もう1つは**誘因整合性**▷2と呼ばれる性質である。これらの性質をみたす仕組みを，人工的に作り上げるためには膨大なコストがかかる。実際に実現が困難であることは，かつての社会主義国家における計画経済が破綻したという歴史的な事実を示すことで十分であろう。

　もちろん市場メカニズムが勝者と敗者を生じさせることで，結果的に所得格差といった問題などを発生させる可能性があることは否定できない。この問題を解決する機能は市場には基本的には備わっていないが，この問題を理由に市場メカニズムを利用しないことは，それがもつ大きなメリットを放棄することになる。市場メカニズムを放棄せずに，このような問題に対応するためには，政府や政治が所得分配面での機能を補う存在となる必要がある。

2　市場メカニズムの基本的な原理

　価格システムを利用した市場メカニズムでは，ある**財**▷3を供給する側（生産者）と需要する側（消費者）がそれぞれ多数おり，これらのやりとりを通じて実際の取引価格や取引数量が決まる。もしある価格の下で供給される財の量が，需要される財の量よりも多い場合には，超過供給という状況にある。この状況で

▷1　情報効率性
市場価格という情報をもとに，社会における状況を集約することが市場メカニズムでは可能であるということ。

▷2　誘因整合性
市場では個々の参加者が自分の利己的な考え方に基づいて行動したとしても，最終的には社会的に望ましい効率的な結果を実現することができるというもの。

▷3　財
水やパソコンといった有形なもの，語学学校の授業や携帯電話サービスといった無形のものを含む概念。

は，価格が高すぎて，売る人は多くても相対的に買う人が少ないため，価格が下がらなければ販売量と購入量のバランスがとれない。一方で，供給される財の数量が需要される財の数量を下回っている状況は需要超過と呼ばれるが，これは価格が低すぎる状況であるといえる。この場合は，価格がより高い水準に設定されなければ，生産量（販売量）と消費量とのバランスがとれない。結果として，このような供給超過と需要超過とが縮小し，供給量と需要量とのギャップが解消された状況において価格が決定される。このような価格を市場均衡価格と呼ぶ。

この市場メカニズムに基づく市場均衡価格での取引にどのような長所があるかを理解するためには，それを判断する基準が必要である。その基準の1つが「余剰」と呼ばれる概念である。余剰とは，市場取引によって消費者や生産者が得る便益の大きさのことである。前者に対する余剰を**消費者余剰**，後者の余剰を**生産者余剰**と呼び，両者の合計を社会的余剰あるいは総余剰と呼ぶ。これらの余剰が大きくなればなるほど，市場のメカニズムから得ている恩恵が大きいということを意味している。

社会的余剰は完全競争市場の状況で最大になることが知られており，市場メカニズムを放棄してしまうことは，余剰分析の視点からは，社会全体にとって得策ではないと解釈される。この社会的余剰の最大化は，誰かが市場でのメカニズムをコントロールすることで実現されているわけではなく，個々の消費者および生産者が自由な行動を取ることによって実現できるものであり，これが，計画経済のような他の経済システムがもたない市場メカニズムのきわめて有用な機能である。

③ 政府の必要性

市場メカニズムとの関係で政府が必要とされるのは，市場メカニズムが有効に機能しない場合のサポート役を果たす場面である。市場がもつ有用な機能を十分に発揮することができるのは，完全競争市場という状態であるが，このような市場が成り立つためにはいくつかの条件がある。具体的には，①市場の普遍性，②市場参加者がプライステーカーであること，③情報の完全性，④市場への参入障壁が存在しないこと，以上の4つの条件である。しかし，これらの条件が実際にそろう状況はきわめて稀である。条件が整わない場合，市場は期待どおりの機能を発揮できない。このような状況は，市場の失敗と呼ばれる。

しかし，完全競争市場の下で市場メカニズムが実現する状態は，社会的に望ましい。したがって市場の失敗が生じないようにすることが必要になる。その役割を担うのが政府である。政府は，上記の4つの条件を満たす環境を整えるために重要な存在となるのである。次節以降，具体的にみていこう。

（鶴田芳貴）

▷4　消費者余剰

消費者がある財に対して支払ってもよいと考えている「支払意思額」と市場で取引されている価格との差額のこと。

▷5　生産者余剰

ある財を販売して得た収入からその財の生産のためにかかった可変費用を差し引いた差額のこと。

▷6　もう1つの，政府が市場メカニズムとの関係で重要な役割を果たす場面が所得分配である。市場メカニズムは，必ずしもある社会においてその社会を構成している人々が望む最適な結果を生み出してくれるわけではない。であるとするならば，政府が何らかの形で介入しなければ，社会が望む所得分配を実現することは難しい。所得分配の面でも政府の役割はきわめて大きいといえる。

（参考文献）

神取道宏『ミクロ経済学の力』日本評論社，2014年。
ジョン・マクミラン（瀧澤弘和・木村友二訳）『市場を創る——バザールからネット取引まで』NTT出版，2007年。

第5部 社会生活における政治過程

XIII 市場の失敗と政治過程の重要性

 市場の失敗はなぜ生じるのか？

1 そもそも市場が存在しない

財は「市場で取引される」ということが市場メカニズムにおける大前提である。しかし市場自体が存在しなければ，市場メカニズムの議論をすることすらできない。したがって，前節の議論で示された市場メカニズムの恩恵は発生し得ないのである。現実社会でも，すべての財に市場が存在する（市場の普遍性が満たされている）わけではない。

例えば，空港では，航空機を離発着させることによって利益を上げることができる。航空機の離発着を行うと，航空機の騒音を避けることはできない。この騒音は周辺住民に対して被害を及ぼすことになる。しかし，この騒音の影響を受ける空港周辺の住民に対して，空港はその対価を支払っているわけではない。別の言い方をすれば，航空機の騒音量が，地域住民と空港あるいは航空会社との間の市場取引によって決められ，その結果から航空機の発着数が計算されているわけではない。だとするならば，この騒音量は社会的に最適な水準には定まっていない可能性がある。このようなことが生じるのは，そもそも「騒音」を取引する市場が存在しないためである。

この例のように，市場での売買を経ずに，ある経済主体（ここでは空港あるいは航空会社）の活動が，他の経済主体（ここでは周辺住民）の効用や利益に対して影響を及ぼす効果を外部性と呼ぶ。

▷1 ⇨ XIII-3「市場の失敗(1)」

さらに，ある財を複数の人が同時に利用でき，かつ，他の人間を排除した上で自分だけで利用することができないような財は，市場取引で価格や取引数量が決められない。このような財は公共財と呼ばれる。つまり，公共財には実質的には市場が存在しないため，この場合にも市場メカニズムのメリットを期待することはできなくなる。

▷2 ⇨ XIII-4「市場の失敗(2)」

市場取引の参加者が少ない

市場メカニズムによって生じるメリットは，市場に多くの売り手（生産者）と買い手（消費者）がいて，これらの経済主体が，価格を自分で決めることなく，与えられたものとして受け入れて行動することが条件の1つである。このような経済主体はプライステイカー（価格受容者）と呼ばれ，誰もが自ら市場の価格を調整するような立場にない状況と考えることができる。つまり，市場

XIII-2 市場の失敗はなぜ生じるのか？

を支配するような経済主体が存在していないということである。

これに対して，市場参加者が少数である場合には，市場の参加者がプライステイカーではない，つまりそれぞれの参加者が市場支配力をもっている状況とみなすことができる。このとき，市場は不完全競争の状態であるといわれ，例えば，供給者が1人のみの場合は独占市場，供給者が複数いるものの少数である場合には寡占市場と呼ばれる。不完全競争市場では，完全競争の下で得られる市場メカニズムのメリットは失われてしまう。[3]

▶3 ⇨ XIII-5 「市場の失敗(3)」

3 「完全な情報」をすべての取引参加者が同等にもってはいない

完全競争市場では，市場の参加者である消費者や企業が取引されている財についての情報を完全にもっている状況が前提となっている。つまり，人々は取引している財について十分に多くの情報をもっていて，かつその財の売り手（生産者）と買い手（消費者）がそれぞれもっている情報に偏りがないという状況を想定している。

しかし，現実には製品やサービス，取引相手の完全な情報を入手できることの方が珍しいといえる。例えば，銀行が企業にお金を貸す場合，貸出先の経営の善し悪しについて常に的確な情報を得ることができるのであれば，銀行は上手く経営できている企業を選択してお金を貸すことができる。しかし，そのような選択は現実の市場メカニズムの中では不可能である。良い経営を行っていて本来ならば資金を貸すべき企業にお金が回らず，そうではない企業にお金が貸し出されるようなことも生じる可能性がある。つまり資金の貸し借りを行う市場メカニズムは，このような情報の問題によって適切には機能しない可能性がある。[4]

▶4 ⇨ XIII-6 「市場の失敗(4)」

4 市場への参入障壁

財の売り手（生産者）や買い手（消費者）が市場での取引に自由に加わり，やめることがいつでも可能であることが，完全競争市場の前提となっている。この条件はいつでも満たされるわけではない。

例えば，現在市場で活動している企業同士が結託をすることにより，新たに事業を始めようとする企業の行動を阻止することで競争を弱め，新たな製品や技術の誕生を阻害する可能性がある。これは上述の，市場への参加者数の条件とも関係する。つまり参入障壁があれば，市場で活動することができる企業の数は限られてしまうのである。

また，事業をやめることが難しい場合にも問題が生じる。企業が業績や経済環境が悪くなったとき，活動する市場から撤退しようとしてもそれが難しいことが分かっていれば，そもそもそのような市場への参入をやめる可能性がある。つまり，退出障壁もその市場で活動する企業数を制限する可能性があることを意味している。

（鶴田芳貴）

XIII 市場の失敗と政治過程の重要性

市場の失敗(1)：外部性

1 外部性の種類とその問題

市場メカニズムのもつ有用な機能を発揮するには先述した市場の普遍性が前提だが，それが満たされない場合があり，その原因の1つが外部性の問題であることは先述した。外部性は，その性質に応じて金銭的外部性と技術的外部性に分けられる。なお，社会的にマイナスの効果を与えるものであることを「負の外部性」，逆にプラスの効果を与えるものであることを「正の外部性」という。

まず金銭的外部性とは，ある経済活動により市場価格が変化することで，別の経済活動に影響を与える効果である。負の金銭的外部性の例を挙げれば，オリンピックの招致により会場建設などが行われることで建設労働者の需要が増して賃金水準が上がることで教育機関の設備建設が高くつき，学生が納付する施設設備費の金額が上昇し，結果的に学生の負担が増えるといったものが考えられる。

一方，技術的外部性とは，上記のような価格変化を経ずに，ある行為が市場メカニズムを通じることなく直接的に他者に対して与える影響のことを意味している。例えば負の技術的外部性の最も一般的な例は，公害問題や受動喫煙の問題である。後者の例でいえば，ある人の喫煙による煙の害は，直接的に周りの非喫煙者に対して，市場メカニズムを通じることなく及んでいる。一般的には「外部性」という言葉は技術的外部性のことを意味していることが多く，かつこれが市場の失敗を引き起こす原因となるため，以下では技術的外部性の話に限定してみていこう。

本来，社会的にみて最適な財の生産（提供）量よりも過剰な生産がなされてしまうのが負の外部性の，逆に過小にしか生産（提供）されない場合が正の外部性の問題点である。両者とも，実際に最適と考えられる水準との間に乖離が生じるという点で問題がある。

負の外部性の先の例にしたがえば，喫煙者が他者に受動喫煙という悪い影響を与えていることで，社会に対してより多くの負担を強いている。その社会的負担は本来喫煙者が負うべきものであるが，そのような社会的費用を喫煙者が社会的負担として認識していないため，社会的に最適な喫煙量よりも多くの喫煙が行われてしまうことになる。このような問題は市場のメカニズムを通じることなく生じるものであるため，政府が何らかの形で介入してコントロールす

▶1 外部性のことを外部経済と呼ぶこともあるが，英語では externality と同一単語である。

▶2 ほかにも「ネットワーク外部性」という言葉があるが，これは需要サイドの規模の経済とも呼ばれ，サービスのネットワークの規模の大きさが消費者のサービス消費による効用を高める効果のことを指す。ここで議論する外部性とは意味合いが異なる。

XⅢ-3 市場の失敗(1)：外部性

る必要が生じる。

❷ 政府による介入方法

政府の役割は，例えば，負の外部性を発生させている主体（先述の例では喫煙者）に対して何らかの形で社会的費用を正しく認識させること，別の言い方をすれば外部費用を**内部化**させることである。この内部化のために政府が採用できる方法は，大きく分けて2つある。

1つは，社会的費用と同程度の税金を外部性の原因となるものに対して課し，これまで費用として認識していなかったものを認識させるという方法である。この方法をとれば，外部性を生じさせる財の供給を減少させることになり，結果として社会的に最適な水準にまでその生産量を減少させることができるようになる。

正の外部性に関しても同様で，減税といった方法を通じて，過小だった供給量を増やすことができる。例えばエコカーのようなものがその典型的な例で，環境に優しい車の販売は社会にとってメリットがあるが，そのメリットは必ずしもエコカーの製造業者には金銭的な対価としては入ってこない。そこで，エコカーに対しては普通の自動車よりも低い税率を購入者に対して適用し，消費者の費用負担を低減させることで需要を増やし，社会的に最適な生産量にまで増加させるということが可能になる。

もう1つは，補助金による方法である。これは，上述のエコカーのような正の外部性が生じる場合には，最適な生産量水準にまで引き上げられる補助金を企業に対して政府が出すという方法である。

課税と補助金のどちらが望ましい方法だろうか。結論からいえば，効果は同じであり，状況に応じてどちらの方が社会的に受け入れやすいものになるのかによって決まる。例えば，喫煙者に喫煙本数を減らしたら補助金を出すというよりは，喫煙者に対して税金を課し，その税収を発生した問題の解消に充てるといったやり方のほうが，公平性を担保し賛同を得られる可能性が高いだろう。どちらを選択するかは，問題の性質や社会や地域の特性によっても合理的な方法は異なる可能性があるため，政治的な判断がきわめて重要になるといえる。

❸ 政府の介入は必要か？

しかしながら，外部性の解消に政府の存在が不可欠というわけでもない，という主張が**コース**によってなされた。これは外部性が存在する場合に，当事者間の交渉のためのコストが低ければ，交渉によって外部性の問題によって生じる非効率性の問題は解消できるという主張である（コースの定理）。ただし，コースの定理が成り立つためには，様々な条件が必要であることが**マイヤーソン**らの研究で明らかになっており，政府の介入は一定程度必要であるといえるだろう。

（鶴田芳貴）

▷3 内部化
負の外部性の原因となる人に，社会的費用を自らの費用として認識させること。

▷4 外部性への対応策としての課税や補助金は，それぞれピグー税あるいはピグー補助金と呼ばれる。これらの名称はイギリスの経済学者ピグー（Pigou, Arther C.：1877-1959）に由来する。

▷5 コース（Coase, Ronald H.：1910-2013）
元シカゴ大学教授。1991年ノーベル経済学賞受賞。彼の考え方は，スティグラー（Stigler, George J.：1911-91。元シカゴ大学教授。1982年にノーベル経済学賞受賞）によって「コースの定理」として整理されている。

▷6 マイヤーソン
（Myerson, Roger B.：1951-）
2007年にノーベル経済学賞受賞。

163

XIII 市場の失敗と政治過程の重要性

 ## 市場の失敗(2)：公共財

1 財の分類と公共財の特徴

　経済学では，財は大きく2つの性質に基づいて分類されることがある。1つは競合性，もう1つは排除性である。競合性とは，消費者が同時に同じ財を消費できないという性質である。一方で排除性とは，支払いをした者しかその財を消費できないという性質である。別の見方をすれば，競合性をもたないということは，ある1つの財やサービスを皆が「同時」に利用できるということである。一方で，排除性をもたないということは，財を支払いせずに「無料」で利用できるということである。

　これらの性質を，ある財がもっているのか否かを明確に分けることは必ずしも容易ではない。しかし，これらの性質が明確に分けられると仮定すれば，競合性をもつものともたない（非競合性と呼ぶ）もの，排除性をもつものともたない（非排除性と呼ぶ）もののように分類が可能であり，結果的に財は4つのグループに分類できる（表1参照）。

　市場の失敗の原因となる財は，非競合性と非排除性をもつ純粋公共財（以下では単に「公共財」と呼ぶ）である。公共財に関しては，誰かが購入したものに消費者は「ただ乗り（フリーライド）」できる。つまり自分で購入せずともその財を利用できることから，消費者は自分で買う必要がなくなる。したがって，このような性質をもつ財をつくって市場に持ち込んだとしても，誰もお金を払って購入しようとしないため，結果的に，市場では誰もそのような財を供給しなくなってしまう。

　公共財は，先述した正の外部性のケースの1つという考え方もできる。一度公共財が供給されると，市場で取引されることなしに，特定の消費者だけではなく，同時に他の多くの消費者がそれを消費できるようになるという特徴があるためである。

　非排除性および非競合性という性質をともにもつ財の典型例は，国防サービ

▷1　クラブ財
あるクラブのメンバーになるために条件があるため，その条件を満たしていない場合には排除性が発生するような財。

▷2　地方公共財
特定の地域に住んでいないと利用できず，地理的な意味での排除性が存在する財。

▷3　共有資源（コモンプール財）
例として，地下水資源，漁業資源が挙げられる。

表1　公共財の分類

	排除性あり	排除性なし
競合性あり	私的財	共有資源（コモンプール財) ◁3
競合性なし	クラブ財 ◁1　地方公共財 ◁2	（純粋）公共財

スや外交サービスなどである。また一般道路なども同様の性質をもっていると考えられる。ただし，公園や高速道路などは同様の性質をもっているとも考えられるが，有料化する（排除性をもたせる）などが可能なため，純粋公共財とは必ずしもいえない。

注意すべきは，公共財は「公共性が高い財」といった意味ではなく，先述した2つの性質の有無によって判断するものである。このような条件を軽視した拡大解釈を行えば，その判断はときには有害ともいえる結果をもたらす。例えば鉄道は公共交通機関の1つである。しかしこのサービスは必ずしも公共財とは呼ばない。というのも排除性や競合性という性質をもちあわせており，民間企業によっても供給できるサービスなのである。

このようなサービスは市場メカニズムを通じて提供されれば，社会的に最適な水準の量で供給されるはずである。しかし，政治等による恣意的な意思決定を通じて提供される場合には，その供給量は過小あるいは過剰となる可能性が高くなる。よって財の性質に基づく分類を明確に意識することが財の最適供給にとって重要である。

② 公共財は誰がどのように提供するべきか？

上述のように，公共財は市場では誰も供給しない財であるから，政府が代わって適切に提供するという役割を演じなければならなくなる。市場が存在しないため，供給量についても政府が決めなければならない。その役割を政府が適切に実行するための1つの方法として，市場における私的財の供給メカニズムを公共財の供給メカニズムにも反映させる方法がまず考えられ，それがリンダールメカニズムである。これは，各自が公共財から受ける便益を自己申告してもらい，それが大きい人ほど多くの支払いをするという受益者負担の考え方に関連した考え方である。しかしながら，自分の受ける便益が大きいことを正直に申告すれば，それだけ多くの負担を負わなければならなくなってしまう。この方法では，各消費者が自らの得る便益を過小に報告するインセンティブを与えてしまうため，公共財の最適な供給量を実現することは難しい。

自らの便益を正直に申告させる仕組みがなければ，公共財の最適な供給量を実現できない。このような問題に対応するために，メカニズムデザインと呼ばれる研究分野が重要になってきている。この分野は，例えば政治による恣意的な意思決定によらず，社会的に上手くいく意思決定の仕組みをどのように設計するかという研究分野である。公共財の最適な供給量について議論した具体的なモデルとしては，VCGメカニズム[4]というものがある。特にグローブメカニズムは**耐戦略性**[5]と効率性を実現する重要な考え方として注目されており，今後の公共財供給メカニズムとしてどのようなものが最適なのかを検討する上で中心的な役割を果たすことになる研究である。

（鶴田芳貴）

▷4　VCGはメカニズムデザインと呼ばれる分野の研究者の名前であるWilliam Vickly（1914-96。1996年ノーベル経済学賞を受賞），Edward H. Clarke（1939-2013），Theodore Groves（1942-）の頭文字をとったものである。

▷5　耐戦略性
人々にとって自分の好みを正直に表明することが常に得策であるような状況が満たされているかということ。

参考文献

坂井豊貴・藤中裕二・若山琢磨『メカニズムデザイン──資源配分制度の設計とインセンティブ』ミネルヴァ書房，2008年。

坂井豊貴『多数決を疑う──社会的選択理論とは何か』岩波新書，2015年。

第5部　社会生活における政治過程

XIII　市場の失敗と政治過程の重要性

 市場の失敗(3)：規模の経済

1　規模の経済と独占

　完全競争市場では，数多くの企業が活動し，それらは価格を決定できるような力をもたないプライステイカーとみなされる。しかし，無数の価格決定力のない企業が存在するという状況は現実社会ではむしろ少数である。実際はある特定の財（例えばパソコンなど）を，少数の企業が提供する場合の方が多い。その極端な場合が，1社のみが製品を提供する独占と呼ばれる状態である。独占企業は，自分にとって都合の良い価格を設定できるという意味で，完全競争市場の対極にある。独占状態が生じる契機としては，期せずして起こる自然独占の場合や意図的につくられる企業間の結託などがある。

　巨額の設備投資（**固定費用**）が必要となる産業では，新規参入企業が，参入当初からそれらを完全に準備することはきわめて難しい。そこで，小規模な形で事業を始めても，既存の巨大な企業の方がより安く製品を提供できる。なぜならば，固定費用が大きな企業は生産量が多ければ多いほどその製品製造の**平均費用**は小さくなるためである。したがって，大企業が設定する価格に新規の小規模な企業は対抗することができず，事業継続が困難になり既存の大企業のみが生き残るという状況が事業の特性として自然に生まれてしまうのである。このような形で生じた独占状態は自然独占と呼ばれ，巨額の固定費用がかかるような事業（例えば電力産業）で生じやすい。

　一方で，企業の数は複数存在したとしても，それらの企業がまとまってあたかも1つの企業であるかのように結託して行動すると，独占と同じような状況が生まれる。このような問題は**カルテル**や**談合**といった形で現実社会に現れる。

独占が引き起こす問題は何か？

　独占企業は市場で他の企業と競争する必要がない。したがって価格を自社にとって最も都合の良い水準に設定することができる。つまり，独占企業によって選択される価格水準は完全競争のそれよりも高い水準になる。

　ただし，単純に価格が上がることだけが問題というわけではない。価格上昇に伴い，市場での取引数量が減少することで，完全競争市場ではその財を入手できていたはずの消費者ができなくなってしまうことが生じる。結果的に，市場取引によって発生する**社会的余剰**が完全競争のそれに比べて小さくなる。つ

▷1　固定費用
固定的な生産要素にかかる費用のこと。具体的にどのような生産要素が固定的なものとなるかどうかは，想定している期間の長さで変わってくるため，事前に特定することはできない。

▷2　平均費用
製品を一単位生産するためにかかる費用で，総費用を製品の生産総数で割って計算される。

▷3　カルテル
少数の企業が独占企業のように行動すること。例えば，ある財の価格を企業間の話し合いによって決めるなど。

▷4　談合
自治体や企業による注文生産や注文購入の受注者を話し合いによって決定する行為のこと。

▷5　社会的余剰
⇨ XIII-1「市場メカニズムの意義と政府の役割」

166

XIII-5 市場の失敗(3)：規模の経済

まり，市場の独占化による価格上昇がもたらす第1の問題は，社会的余剰を減少させるという点にある。市場取引がもたらすメリットを弱めてしまうのである。第2に，市場の独占によって企業の利潤は増加するが，消費者が市場取引から得られるもの（消費者余剰）は大きく減少することになる。つまり市場メカニズムを通じた恩恵は，企業側はより多く得られるが，消費者が完全競争市場での取引から得られる恩恵に比べてより小さくなることから，企業側と消費者側との間の分配の不平等性が増すことになるのである。

③ 政府はどのように介入できるか？

注意すべき点は，必ずしもすべての独占の状況に政府が介入する必要はないということである。独占の状態になる過程には自然独占や企業間の結託のほかにも，他の企業との技術的な競争などの結果として，勝ち残って独占企業となるものがあり，これは必ずしも問題ではない。なぜならば，これは特定企業の技術力を消費者が支持した結果であるといえるためである。独占的な立場を築くことは，企業による技術革新を引き起こすモチベーションとしても機能し，最終的には新しい商品やコストを引き下げる技術といった消費者の利益を生み出すものをもたらすため，このような結果としての独占は問題とはいえない。したがって政府による介入の必要はないといえる。

問題となるのは，先述の自然独占やカルテルなどの企業の結託によるものである。第1の自然独占のケースでは，技術的な効率性の観点からいえば独占的な状態が望ましい。なぜならば大規模であればあるほど，効率的な財の生産が可能となるからである。よって大企業を分割して競争させるなどというやり方は望ましくない。そこで，自然独占の企業が独占価格を設定しないよう価格規制が一般的な政府の介入方法になっている。価格規制の考え方としては，**限界費用価格形成原理**[6]あるいは**平均費用価格形成原理**[7]などがあるが，それぞれの方法に一長一短がある。政策として実行が容易な平均費用価格形成原理に基づく価格設定が現実的な対応策といえる。

第2の企業間結託の問題は，複数の企業が結託して，高い水準価格で販売する約束をする，販売数量を制限することで価格を高値に維持させる，各企業の販売地域を限定し地域ごとに独占的な環境を整える，といった行動を協調的にとることに合意することで，企業は複数存在しているものの独占企業と同じような結果をもたらしてしまうことである。このような状況を解消するために，政府は独占禁止法などの競争法あるいは経済法と呼ばれる法律を制定し，それにより上記のような協調行為や市場からの他企業の締め出しや参入阻止を禁止する[8]。また，違反企業に対して課徴金などを課す政策を採用することで，企業間の競争を促し，市場競争によるメリットを維持することが政府にとって重要な役割の1つになる。

（鶴田芳貴）

▶6 **限界費用価格形成原理**
限界費用とは，財を追加的に一単位生産した際に追加的にかかる費用である。価格を限界費用と等しい水準に設定すれば，社会的余剰は最大化されるため，そのように価格を規制するという考え方。ただし限界費用の測定は困難である。

▶7 **平均費用価格形成原理**
企業の製品生産の平均費用に基づいて価格設定を行うという考え方。この方法は簡便であるが，社会的余剰を最大化させることはできない。

▶8 具体的には，日本の独占禁止法では「協調行為」は「不当な取引制限」，「市場からの他企業の締め出しや参入阻止」は「私的独占」にあたる行為であり，ともに独占禁止法3条において禁止されている。

167

第5部　社会生活における政治過程

XIII　市場の失敗と政治過程の重要性

 市場の失敗(4)：情報の不完全性

 情報の非対称性はどのような状況で生じるか？

売り手と買い手とがもつ財あるいは取引相手に関する情報の量に差が生じることは，現実的に起こり得る。専門家の行う業務内容について，顧客が正確に理解あるいは評価することは難しい。例えば，医者の診断に対して患者が，その診断の正確性を判断する知識や基準をもちあわせていないという例は典型である。また，取引契約を結んだ後に，取引相手の行動を監視できないことによって契約が適切に履行されない状況が生じ得る。例えばクレジットカード会社は，カードの利用者を監視してその買い物をコントロールすることはできない。そのため，カードの利用者は返済可能金額以上に購入することもある。

前者のように，事前に正確な情報を得ることができない結果生じる問題は逆選択，後者のように，事後的に生じる情報量の格差あるいは事後的な行動を観察できないことによる問題をモラルハザードと呼ぶ。▷1

 逆選択

逆選択の1つの重要な例として，医薬品の供給の問題が挙げられる。医薬品はその効果がどの程度あるのか，また安全性や副作用の面で問題はないのかといった点で，医薬品メーカーと患者とがもつ情報量に差が存在する。このような状況では，実際に効能があり安全性や副作用の問題がない新薬であったとしても，消費者はその購入を躊躇してしまい，結果として新薬は市場から消えてしまう可能性がある。つまり事前の情報の非対称性が存在すると，高品質の財が供給されなくなってしまい，最終的にはそのような製品の市場が存在できなくなるという問題が逆選択である。▷2

逆選択の問題を解消するために政府が果たすことができる役割は，事前の情報の非対称性を解消することである。新規の医薬品の例でいえば，その品質や効能，副作用の問題などについて厚生労働省などが検査結果について審査し，それに通過したものだけを認可する。それにより，第三者の立場から効能や副作用の問題をクリアした製品であると保証し，情報の非対称性の問題を解消するという方法がある。

また逆選択の問題は，医療保険や自動車保険などの保険でも生じる。保険会社は，加入者に対する健康や運転上の個人的な問題点に関して事前に十分な情

▷1　モラルハザードの問題は，プリンシパル（依頼人）がエージェント（代理人）を監視できない問題と一般化することができるのでプリンシパル・エージェント問題，あるいはエージェンシー問題とも呼ばれる。

▷2　この問題はジョージ・アカロフ（George A. Akerlof：1940-。2001年ノーベル経済学賞を受賞）により中古車市場（レモン市場と呼ばれる）を例に取り上げられた論文で示された考えである。

報をもっているわけではない。したがって，健康に問題がある人や危険な運転をする人が保険に加入することを防ぐすべをもたない。リスクがある人が加入することにより保険金支払いが増え，加入者が払う保険料が高くなり，健康な人や安全運転を心がけている人が保険の加入をやめ，問題のある人だけが保険に加入し続ける。結果的に保険が商品として成り立たなくなり，保険が提供されなくなってしまう可能性がある。このような問題を防ぐ方法の1つが，国が社会的な保険を提供し，この保険に加入することを強制して市場の失敗を防ぐという方法である。自動車事故に関する保険でも同様に，日本では自動車損害賠償責任保険（自賠責保険）が導入され，すべての自動車はこの保険に入ることが法律で義務づけられている。

また，何らかの理由で憲法25条で触れられるような「健康で文化的な最低限度の生活」が困難になった場合に，生活の支えとなる保険を保険会社が提供することは困難である。なぜならば，この保険に加入しようとする人が将来的に働くことが困難になるかどうかを，保険会社は的確に判断する材料をもたない。とするならば，結果的にこのような保険には働くことを放棄する人が多く加入して，保険金の支払いが増えて保険料が上昇し，労働意欲のある人が加入しなくなるという典型的な逆選択が発生するためである。

このような性質の保険の代わりに政府が提供する広い意味での社会保険が生活保護である。これは最低限の生活を国が保障するための制度である。生活保護には保険料はかからないが，かわりに税金として徴収されていると考えると社会的な保険といえる。

3 モラルハザード

保険は逆選択以外に，モラルハザードの問題とも関係する。例えば自動車保険であれば，事前に一般的な事故の確率が分かっていたとしても，保険会社が車上荒らしなどの損失や軽微な車体の損傷にも保険で対応することから，防犯や事故の回避のための努力を怠る人が発生してしまい，事件や事故といったリスクが増加する可能性が高くなる。その結果として保険会社が支払わなければいけない保険金が増加し，最終的にそれは保険に加入する加入者が支払う保険料の増加をもたらす。

保険に対する逆選択の問題に対応するために用意された生活保護も，モラルハザードを引き起こす可能性がある。生活保護を受けることができる状況になると無駄な支出や就労をしない等の行動をとり，生活保護を受け続けようとするケースが発生する可能性が高くなるためである。▷3

保険の役割は社会で発生するリスクを社会の構成員で分担するというものである。モラルハザードの問題を放置すれば，保険自体が成立しなくなってしまい，保険が社会にもたらす恩恵を失うことになる。　　　　　　（鶴田芳貴）

▷3　この様な問題への対応策として，意識的に設けられたものではないものの，国民年金は1つの方策といえるかもしれない。

（参考文献）

藪下史郎『非対称情報の経済学──スティグリッツと新しい経済学』光文社，2002年。

第5部　社会生活における政治過程

XIII　市場の失敗と政治過程の重要性

政府の失敗とその対策

1　政府も上手く機能しない可能性がある

　市場は失敗する可能性があり，それを政府がサポートする必要はある。しかし，政府の政策が常に効果的あるいは無害なものであるという根拠は全くない。しかし，社会的な問題が発生すると，政治家や政府が主導してその問題を解消すべく取り組むべきだという意見をもつ人は多い。これは，政府による各種政策手段（補助金，課税，法による規制など）は効果的であるという認識，あるいはこれらの手段が適切な水準や形で実行されるはずだという信頼に依拠していると考えられる。

　アローは，個々人の好みを集計して合理的・民主的に好ましい結果を実現することは不可能であることを示した。このことは，全員が納得して合意できるような意思決定制度は存在しないことを意味している。したがって，社会的な意思決定は，ある意味，妥協の産物としての政治的で裁量的な意思決定にゆだねざるを得ない部分が大きいといえる。

　例えば，先述した情報の非対称性によって生じる新薬開発の問題では，安全性の確認や調査が慎重すぎれば，その新薬を望む患者に届きにくくなる。どの程度まで安全性を確認するのかという問題は，政府自身が判断せざるを得ないが，この判断基準はいくつかの構造的な問題の影響を受けてゆがめられる可能性がある。

　意思決定の歪みをもたらし得る具体的な原因は，市場の失敗のそれと似ている部分がある。例えば独占の非効率も政府の失敗の要因といえる。中央政府や地方政府は基本的に独占的な立場にあるため，効率性の改善などは必ずしも実現されない。また，政府が国民の代理人であるという見方をすれば，政府や政治家と国民との間には情報の非対称性の問題が生じる。ここから生じる問題として，ソフトな予算制約問題が挙げられる。

2　ソフトな予算制約

　経済活動を市場メカニズムにゆだね，効率性を追求することが必要であっても，例えば外部性の問題が生じている場合などではそれができない。したがって，補助金や課税などの方法を採用して対応せざるを得ない。

　例えば補助金を出すためには，その財源が必要であり，その元手を政府は2

▷1　アロー（Arrow, Kenneth J.：1921-2017）1972年にノーベル経済学賞を受賞。

▷2　1951年に出版された『社会的選択と個人的評価』の中で示されたもので，「アローの不可能性定理」と呼ばれる。

170

つの方法でしか確保し得ない。1つは徴税，もう1つは借金である。しかし，徴税によりその予算を確保すると，国民の支持を失う可能性が高い。よって税収を超える水準の歳出を借金によりまかない，財政赤字が拡大するという状況が発生することになる。

また独占企業，有力企業，業界団体などが**ロビー活動**[3]などを通じて**レント・シーキング**[4]を行うことで，社会的な資源配分を非効率にさせることもある。つまり有力者たちが，政治家などに対して何らかの便宜をはかり（贈賄といった違法行為だけではなく，献金や政治活動のサポートなども含む），自らの状況をより良くするために，都合の良い政策に誘導するといったことが生じ得る。

以上のような状態を引き起こすソフトな予算制約[5]の問題と呼ばれるものは非効率な政策につながり，国レベルでの経済状況などを悪化させる可能性がある。

③ どのように政府の失敗を防ぐか？

政府の失敗を防ぐためにはいくつかの方策が考えられる。上記のような情報の非対称性の問題を解消するシンプルな方法の1つは，政府や政策に関する積極的な情報開示，別の言い方をすれば透明性の向上である。この透明性の向上は，3つの意味で政府の失敗に対して意義のある方法である。

1つは，政府の意思決定における透明性が高まれば，政府や政治家は特定の人物や組織のために動くことが困難になり，国民の利益を意識した仕事をせざるを得なくなる。つまりモニタリングが容易になることで，政府・政治家・政党に対する規律づけが可能になる。

また，政府の政策に対する評価は，比較対象となる組織がないため，困難である。したがって，どのような形で政策が行われているのか，その結果がどのようなものになったのかという情報に基づく評価が重要になる。透明性の低い状況下では，上手くいかなかった政策を政府が隠匿することなどが容易になり，政府がどの程度の過ちを犯しているのかを国民が知ることはできない。誤った政策を早期に是正するためにも，情報公開は不可欠である。

さらに，透明性が低い場合は，政府の情報を収集するためのコストが高くつき，国民による政府のモニタリングは困難になる。つまり，国民が政府のことをモニタリングするインセンティブを低下させ，政治に対する不参加が促進されてしまう可能性がある。したがって，国民が政治参加をして政府活動のガバナンスを適切に行うためにも，透明性の向上は不可欠である。

透明性の向上に加え，もう1つの解決方法は，組織構造に注目したものである。中央集権的なシステムでは，政治家と国民との間で依頼人・代理人関係が契約された後に裁量が働きやすい。しかし分権的なシステムでは，そのような事後的な裁量が働きにくく，予算制約をハードにすることができるということを，**契約理論**[6]の諸研究が明らかにしている。 （鶴田芳貴）

▷3　ロビー活動
企業や個人などが利益を得るために，政治家や政党に対して働きかけをする行為のこと。⇨Ⅱ-3「利益団体の活動」

▷4　レント・シーキング
得た利益を生産的な活動に使うのではなく，自らにとって有利な環境を創るための非生産的な活動に使うこと。

▷5　ヤノーシュ・コルナイ（János, Kornai : 1928-）を端緒とする概念である。もともとは社会主義下の計画経済管理を司っていた政府が，破綻しかけている企業を救済してしまうことによって生じる問題を扱ったものである。

▷6　契約理論
情報の非対称性の問題を解消するために，人々の行動を誘導する仕組みについて研究する学問分野。

【参考文献】
坂井豊貴『多数決を疑う──社会的選択理論とは何か』岩波新書，2015年。
柳川範之『契約と組織の経済学』東京大学出版会，2000年。

第5部　社会生活における政治過程

XIV　政治過程の変容

政権交代と政治過程

1　戦後日本の政権交代

　本節では，戦後の日本を対象として，日本がどのような政権交代を経験してきたのかを振り返るとともに，それが日本政治に何をもたらしたのかを考える。
　戦後の日本は，日本国憲法の制定によって議院内閣制を採用するとともに，首相の指名に関しては衆議院の議決を優越させた（67条2項）。そのため，衆議院における多数派交代が政権交代の基本条件となるが，興味深いのは，戦後日本では長らく総選挙に基づく明確な多数派交代が起こらなかったことである。たしかに，新憲法の施行に先立って1947年4月に実施された総選挙の結果，**吉田茂**首相が率いる自由党が比較第一党の座を社会党に奪われ，その翌月，片山哲社会党委員長を首班とする内閣が成立した。しかし，社会党も単独では衆議院の過半数に遠く及ばず，民主党と国民協同党と連立政権を形成したため，自由党から社会党への政権交代は連立の組み替えとしての側面が強かった。
　また，1955年11月の保守合同によって自民党が結党されると，以後38年にわたって，自民党の長期政権が続くことになる。ただし，自民党には派閥の連合体としての一面があり，その内部において疑似的な政権交代がみられた。具体的には，1960年7月に日米安全保障条約の改定をめぐる混乱によって退陣した岸信介内閣の後に「経済重視」を謳う池田勇人内閣が続き，また，1974年12月に金脈問題によって退陣した田中角栄内閣の後にクリーンをアピールする三木武夫内閣が続いた。
　自民党長期政権は1993年7月の総選挙によって自民党が過半数の議席を割り，その翌月に細川護熙内閣が成立することで終わりを迎えた。これも政権交代には違いないが，自民党は依然として衆議院における圧倒的な比較第一党であったのに対し，細川内閣は自民党と共産党を除く8会派から成る不安定な連立政権であった。そのため，細川内閣は長続きせず，自民党は1994年6月に社会党の村山富市委員長を首班とする内閣を発足させることで早くも政権に復帰した。

2　政権交代の常態化

　以上のように，戦後日本は長期間，本格的な政権交代を経験してこなかったが，細川内閣における選挙制度改革をきっかけに状況は大きく変化した。とりわけ，そこで導入された小選挙区制はそれまで分散していた野党勢力の結集を

▶1　政権交代のメカニズムや他国の事例については，Ⅰ-5「政党と政権交代(1)」，Ⅰ-6「政党と政権交代(2)」。

▶2　議院内閣制については，Ⅷ-2「大統領制と議院内閣制」。

▶3　**吉田茂**（1878-1967）
戦後，7年以上にわたって首相（1946～47年，1948～54年）を務め，1951年にはサンフランシスコ平和条約と日米安全保障条約を締結し，日本の独立に主導的な役割を果たした。

▶4　1955年10月の左右社会党の統一と，その翌月の自民党の結党によって形成された政党勢力の基本的枠組みを「55年体制」という。

促し、2003年9月の民主党と自由党による「民由合併」はそれを決定的なものとした。民主党は2007年7月の参議院選挙に勝利して参議院の比較第一党となり、2009年8月の総選挙においても、480議席中、その過半数を大きく超える308議席を獲得し、その翌月、自民、公明両党に替わって政権の座に就いた。

　ここに総選挙での明確な多数派交代に基づく初めての政権交代が実現したが、民主党政権は党内対立が絶えず、**マニフェスト**[6]で掲げた公約の多くも実現できなかったことから有権者の支持を失い、2012年12月の総選挙に大敗して政権の座を再び自公両党に譲ることになった。このように、民主党政権は長続きこそしなかったものの、その誕生と挫折は日本においても総選挙に基づく政権交代が常態化しつつあることを示している。民主党を退陣に追い込み、再び政権を担った安倍晋三首相は「一強」とも呼ばれる政治状況を作り出すことに成功したが、大きな議席変動をもたらす小選挙区制の下でそれが盤石であるとは限らない。

③ 民主党政権と政策決定過程の一元化

　それでは、近年の政権交代が日本の政治に何をもたらしたのかについて検討しよう。民主党は2009年9月の政権交代にあたって、公共事業や社会保障制度など、個別的な政策の転換を図ろうとしただけでなく、それまでの国の政策決定過程そのものを抜本的に変革しようとした。Ⅷ-4 でも触れたように、自民党長期政権下において確立された政策決定過程の特徴は、それが二元的な構造になっていることであった。すなわち、内閣は予算や法案を国会に提出するのに先立って与党の了承を得ることが制度的な慣行となっており、その下において政府に参画しない与党議員にも族議員として政策決定に影響力を行使することができる余地が残されていた。

　そこで、民主党政権は事前審査の舞台となる党の政策調査会（政調）を廃止した上で、大臣、副大臣、大臣政務官から構成される政務三役を中心に政策を立案し、それを閣議で決定することによって、内閣の下で一元的に政策決定を行おうとした。しかし、それは政府の外に置かれた与党議員の激しい反発を招き、党政調は2010年6月に鳩山由紀夫首相の後を受けた菅直人首相が新たな民主党執行部を発足させるにあたって早くも復活した。

　政策決定過程の一元化という民主党政権の試みはとても所期の目的を達したとはいえないが、それは二元的な政策決定に伴う構造的な問題、具体的には政策決定において内閣の主導性が抑制されることや、政治責任の所在が不明確になることなどを世に問う契機となった。また、安倍内閣は民主党政権の失敗を踏まえ、与党を組み込んだ官邸主導体制を構築した。その意味で、政権交代はただ断絶をもたらすのみではなく、新政権に教訓として受け継がれるべきものを残すといえるだろう。

（松浦淳介）

▷5　小選挙区制が政党システムに及ぼす影響については、Ⅴ-13 「選挙制度(2)」。

▷6　マニフェスト
政権選択選挙において各政党が掲げる政権公約。イギリスをモデルとして、2003年11月の総選挙から日本に導入された。

参考文献

飯尾潤編『政権交代と政党政治』中央公論新社、2013年。

竹中治堅『二つの政権交代——政策は変わったのか』勁草書房、2017年。

牧原出『権力移行——何が政治を安定させるのか』NHK出版、2013年。

第5部　社会生活における政治過程

XIV　政治過程の変容

　地方分権と政治過程

▷1　こうした点について，村松岐夫は，補助金を含めた行政面での国の統制と中央集権性を指摘する議論を「垂直的行政統制モデル」と名づけ，政党を通じた地方から中央への圧力活動や利益分配過程における自治体間の競争が生じている側面を「水平的政治競争モデル」として位置づけている（村松岐夫『地方自治』東京大学出版会，1988年）。

▷2　第一次分権改革については，IX-3「政策実施と『中央-地方』関係」も参照。

▷3　特に，財政再建を志向する財務省，地方財政の拡大を志向する総務省，補助事業や出先機関を抱えている各事業官庁はそれぞれ利害が異なっている。また地方自治体の中でも都市部と農村部で財政力に格差が存在しているため一枚岩ではない。

　戦後自治体制と第一次分権改革

　国と地方自治体は実施する行政サービスや必要となる税財源をどのように分割するのか，また政策に関わる権限をどの程度地方自治体に付与するべきかという問題は，国のあり方を決定する上で重要である。

　日本では第二次世界大戦後の改革で，地方自治体の首長と議会がともに選挙で選ばれる二元代表制を採用した。加えて1950年代までに国と地方自治体全体の税財源の配分や，地方交付税と国庫補助・負担金を核とした財政移転制度が確立された。これら制度は増加していく自治体の行政サービス実施に必要な財源を確保する機能を果たした。国の補助金の事業は中央省庁ごとに作成され必ずしも使い勝手が良くなく，自治体の自主自立的な政策決定を妨げてきたと批判されてきた。しかし，国会議員にとっては公共事業などの国の補助事業を選挙区にもってくることが政治的業績として評価された部分もあり，自治体の側でも補助事業の獲得を他の自治体と競っていた点にも留意は必要である。

　戦後日本の地方自治体制の転機となったのは，1990年代以降の地方分権改革である。1993年に国会の衆参両議院で「地方分権の推進に関する決議」が採択されたことを契機に，1995年には5年間の時限立法として地方分権推進法が成立し，地方分権推進委員会が組織された。この地方分権推進委員会が内閣に対して行った勧告をもとに，その成果が1999年に「地方分権一括法」として法制化されている。この一連の動きは第一次分権改革と呼ばれ，特に機関委任事務を廃止させたことが評価されている。

三位一体改革と市町村合併

　第一次分権改革は，自治体の政策形成に対する国の関与を小さくするという意味で行政面の分権化であった。次に改革の対象とされたのは財政面の分権化であり，国と地方の税財源の配分のあり方や地方交付税制度，補助金制度の改革であった。ただし，地方財政に関わるアクターは，中央省庁，国会議員，地方自治体など多く存在し，さらにその三者の中でも複雑に利害が錯綜している。2001年には，地方分権改革推進会議が設置され改革が議論されたが，国の財政再建と税財源の分権化を巡る路線対立が強まり，議論は行き詰まっていた。

　この状況を変えたのが，2002年以降小泉内閣により進められた三位一体改革

である。選挙制度改革に伴う国会議員の行動の変化と政党組織の集権化，さらに中央省庁再編によって，首相を中心とした改革を推進する体制が整ったこともあり，小泉首相は国から地方への税源移譲，地方交付税の削減，国庫補助負担金の改革・縮減の３つを同時に行うことを目指した。また特徴として地方六団体が改革・削減するべき国庫補助負担金の内容をまとめあげ政治過程に参画した点も注目される[4]。三位一体改革を通して2006年までに約３兆円の税源移譲と約2.8兆円の補助金改革が行われたことで財政面での分権化は進展をみせた。しかし，約5.1兆円の地方交付税が削減されたことで，多くの自治体が財源不足に陥り，同時期に進められた市町村合併にも強く影響を与えている。合併特例債発行など期限つきの優遇措置の設定もあって，三位一体改革の進行中に多くの小規模自治体が合併を選択している。これらは「平成の大合併」と呼ばれ，1999年４月に3229あった市町村の数は2006年３月末には1821に減少し，市町村レベルでの自治の単位は大きく変容した[5]。

③ 第二次分権改革と分権化の影響

　地方分権改革は三位一体改革後も進められており，第二次（もしくは第二期）分権改革と称される。2006年には新たに地方分権改革推進法が制定され，2007年には地方分権改革推進委員会が組織された。権限移譲，出先機関改革，国による義務づけ緩和などの諸改革の進展が期待されたが，自民党から民主党への政権交代の影響もあり十分には実現しなかった。また民主党政権も「地域主権」と題して分権化を試みた。しかし，国と地方の協議の場の法定化や義務づけ・枠づけの見直しなどでは一定の進展をみせたが，再度の政権交代により振出しに戻った感は否めない。第二次安倍政権でも地方分権改革有識者会議が新たに設置されるなど議論が続いている。

　これまでにまとめた1990年代以降の地方分権改革によって，自治体の自律的な政策決定の余地は一定程度広がったといえるだろう。一例では，教育分野では少人数教育の推進，教員採用など独自の政策展開がみられる。また地方分権改革によって首長や地方議員の果たす役割も大きくなった。市民に開かれた行政や議会運営を目指して，自治基本条例や議会基本条例を制定する自治体が増えているほか，大阪や東京に代表されるように各地で首長を中心に地域政党が結成され国政にも大きく影響を与えている。さらには都道府県間でみられる自治体間連携の動きや大阪都構想などの大都市制度改革，将来的な道州制の導入が首長の間で提唱されている点なども地方分権改革に呼応した自治体の独自性の表れともみることができよう[6]。もちろん，首長や地方議員の行動は，国政政党の勢力変化や国会議員の行動変化の影響も受けている。地方分権改革は，国会議員と首長・地方議員の相互作用の中で今後も展開していくだろう。

（梶原　晶）

▷4　地方六団体は，首長の連合組織である全国知事会・全国市長会・全国町村会と，地方議会の議長の連合組織である全国都道府県議会議長会・全国市議会議長会・全国町村議会議長会の計６つの団体から構成される。三位一体改革の際には2004年と2005年の２回，国に補助金改革案を作成して提出している。

▷5　市町村数は2018年７月現在では1741となっている（特別区を含む）。もちろん市町村合併は小規模市町村のみで行われたわけではなく，政令指定都市や中核市への移行を目指した合併も多くあった。政令指定都市は2018年７月現在，全国に20市が存在する。

▷6　例えば関西地方の府県と政令市を中心に構成される関西広域連合は東日本大震災の際に被災地支援を行うなど，防災政策や観光政策等を中心に多くの実践を行っている。

参考文献

北山俊哉「日本の地方自治の発展」村松岐夫編『テキストブック地方自治（第２版）』東洋経済新報社，2010年，第２章。

木寺元『地方分権改革の政治学』有斐閣，2012年。

西尾勝『地方分権改革』東京大学出版会，2007年。

第 5 部　社会生活における政治過程

XIV　政治過程の変容

 グローバリゼーションと政治過程

1　グローバリゼーションとは何か

　現代は，世界で作られた製品が店頭に並び，世界中の情報やニュースが瞬時にインターネットで共有されるグローバリゼーションの時代である。グローバリゼーションは，貿易や資本の自由化によってもたらされた世界的な経済市場の出現という経済的な側面だけでなく，人の移動の増大や情報技術の発達による社会的な側面にも，大きな影響を与えている。グローバリゼーションは，貿易や資本の自由化，そして人の移動の自由化を各国政府が政策として選択した結果の帰結でもある。その一方，グローバリゼーションはすでに所与のものとして国家の政策選択に影響を及ぼす要因ともなる。

2　国際的な政策の拡散のメカニズム

　ある国々や自治体などで行われているのと同様な政策が，周辺の国や自治体でも行われるようになることを「政策の拡散」と呼ぶ。シモンズらは，グローバリゼーションを，国家に外的ショックを与える構造的変化というよりは，むしろグローバルな規模での経済自由化政策などの拡散が起こった結果とみなす。すなわち，周辺国や諸外国，国際機関が行った意思決定やとった行動が自国の政策過程に影響を与え，国際的な政策の拡散が起こっているというのである。さらに国際的な政策の拡散は，①強制，②競争，③政策学習，④模倣による対抗，の 4 つのメカニズムを通じて諸外国の行動が自国の政策過程に影響を与えることにより起こると論じる。

　①「強制」は，強い国際機関や国による弱い国への強制的な政策の拡散により起こる。例えば，国際通貨基金（IMF）が金融危機に陥った国に対して融資と引き換えに経済自由化政策を求めるなどが挙げられる。②「競争」による国際的な政策の拡散は，企業が国境を越えてどこにでも投資でき，製造拠点を移転させることが可能となる中，各国が自国の競争力を高めるために貿易や投資の自由化を進めるなどの国家間の競争により生ずる。グローバリゼーションによって，例えば国家は実行法人税率の引き下げを迫られるなど「底辺への競争」を余儀なくされる，との議論がある。③「政策学習」による国際的な政策拡散は，他国が行った政策の効果を合理的に見極めて取り入れることを指す。④「模倣による対抗」は，リーダーとなる国の政策や国際機関の専門家による

▷1　アンソニー・マックグルーは，様々な議論を踏まえグローバリゼーションを「離れた共同体をつなぎ，地域間や大陸間の力関係の及ぶ範囲が拡張してゆく，人間の社会的組織の空間的スケールが，根本的に転換し変容してゆく歴史的過程」と定義している（McGrew, Anthony, "Globalization and Global Politics", in John Baylis, Steve Smith and Patricia Owens eds., *The Globalization of World Politics*, 6th ed., Oxford University Press, 2014, p. 20）。

▷2　Simmons, Beth A., Frank Dobbin and Geoffrey Garrett, eds., *The Global Diffusion of Markets and Democracy*, Cambridge University Press, 2008.

政策を模倣するといった，必ずしも効果を見極めた上ではなくとも政策が取り入れられることをいう。

③ 競争による政策の拡散

日本の二国間や地域での経済連携協定（EPA）の推進政策にも，競争による国際的な政策の拡散が認められる。例えば，世界貿易機関（WTO）を中心とした多国間での貿易自由化交渉を重視してきた日本が，2000年に入ってEPAを推進する方向に舵をきり，初めてシンガポールと2001年にEPAを結んだのは，欧米諸国と比べ遅れをとっているEPAの推進を進める必要性と，台頭する中国への牽制の必要性を経産省が強調したためであると指摘されている。また，日本のEPA推進の政策方針の転換を受け，中国は積極的に自由貿易協定（FTA）を推進し，2001年にASEAN（東南アジア諸国連合）とのFTA締結を10年以内に結ぶことで合意したが，それに対抗して今度は日本も2002年1月にASEANとの包括的経済連携構想を提案し，ASEANとのEPAを推進していったとされる。このように，日本のEPA推進政策では，周辺国や他国が重要なアクターとして政策過程に影響を与えており，逆に日本も他国の政策過程に影響を与えている。

▷3 佐山功『日本のTPP交渉参加の真実──その政策過程の解明』文眞堂，2015年。

④ 国際的な基準やルールの適用

グローバリゼーションの中で各国が協調し，様々な国際機関や政府間組織により国際公共政策が策定され，様々な国際的基準やルールが加盟国や参加国に適用されることも多くなっている。例えば，バーゼル銀行監督委員会（G20諸国や香港など計28カ国・地域からなる委員会）が，国際的な業務を行う銀行の**資本適正比率**について，国際的な統一基準を定めている。日本でも，国際的な業務を行う銀行に対し，金融監督庁が独自の規制を設定するのではなく，この国際的な統一基準が適用されている。

▷4 **資本適正比率**
銀行がもつリスク資産に対する自己資本の割合を指す。

さらに，各国の金融セクターの安定性に関するリスク評価の公開も進められている。2008年の世界金融危機後には，IMFが国際金融システム上重要な金融セクターをもつと認めた加盟国に対し，IMFスタッフや専門家が金融セクターの安定性を詳細に評価するプログラム（「金融セクター評価プログラム〔FSAP〕」という）を受けることを義務づけた。従来FSAPの受け入れに積極的ではなかったアメリカや中国もFSAPを受け入れ，報告を公開している。

▷5 日本もFSAPを2003年，2012年に受け入れ，結果を公表している。

このようにグローバリゼーションの中で国境を越えて大きな損失をもたらし得る金融危機を防ぐために，国際的な基準の適用や，専門家によるリスク評価と情報開示が国際機関との連携で行われている。このように国際機関や専門家が日本の政策過程に影響を与えるのも，グローバリゼーションの中での政治過程の特徴であるといえよう。　　　　　　　　　　　　　　　　　　　（大森佐和）

（参考文献）
福田耕治『国際行政学──国際公益と国際公共政策（新版）』有斐閣ブックス，2012年，第6章。

第 5 部　社会生活における政治過程

XIV　政治過程の変容

 # ネット社会と政治過程

▷1　政治システム論
⇨ 序-1 「なぜ政治過程が重要なのか」, I-1 「政党の機能」側注 1

▷2　アルビン・トフラー（鈴木健二ほか訳）『第三の波』日本放送協会出版会，1980年。こうした思考実験には将来の選択肢を探ること以外に，現実のシステムを内省し，理解を深めるという意義がある。東浩紀『一般意志 2.0――ルソー，フロイト，グーグル』講談社，2011 年も参照のこと。

▷3　アラブの春
⇨ VI-5 「カウンターデモクラシーとメディア」

▷4　⇨ V-9 「若者の投票行動」

▷5　ドミニク・カルドン（林昌宏・林香里訳）『インターネット・デモクラシー――拡大する公共空間と代議制のゆくえ』トランスビュー，2012 年。また VI-4 「インターネット」を参照。

▷6　⇨ V-10 「投票外参加のメカニズム」, V-11 「日本における投票外参加」, VI-5 「カウンターデモクラシーとメディア」

1　インターネットの可能性

　インターネットは政治を変えるのかという問いに対して，**政治システム論**を用いて，いくらか消極的な意見を述べる。もちろんインターネットを介して政治アクターたちが相互に作用しあうことで政治過程が展開するという現実があることをもはや疑うことはできない。政治家は SNS などを利用して選挙活動を行い，一般の人々の何気ない「つぶやき」が政治化し，ネット上で組織化された集団が現実の世界で政治活動を行うこともある。だが，そうした事実を根拠にインターネットが政治を変えていると主張できるのだろうか。冒頭の問いには民主主義の深化への期待が含まれることがある。そうした期待を定式化すれば，インターネットによって政治システムに新しい回路が登場し，周縁にある政治的要求が公共政策に影響を与えるというものになる。未来学者の A. トフラーはネット社会が登場するずっと前に，コンピュータやネットワーク技術が革新することを前提に，多数決とマイノリティーパワーを融合する代表制を提案した。また「**アラブの春**」，ネット選挙解禁（2013 年）や 18 歳選挙権の導入（2016 年）の際にもこの種の期待が現れている。そこで，実際にインターネットが政治構造レベルでの変化を生じさせるのかを検討したい。

2　政治の周縁としてのネット社会

　政治システム論によれば，政治への要求はその国の文化や体制によって方向づけられるという。しかし，インターネットは一般の人々が公共空間で「おしゃべり」することを可能にした。情報技術が時間的，空間的な制約を取り去り，それによって拡大した公共空間では，女性，同性愛，安全保障，エネルギー，排外主義などのテーマが自由に議論されるようになった。これはインターネット上の議論が文化や体制によって統制されにくいことを示している。そうした議論の中には，深刻な社会問題の告発や有益な意見，解決策が含まれる場合もある。保育所の不足を嘆く SNS 上でのある母親のつぶやきが，マスメディアで報道されたり，ネット上での排外主義的な動きとそれを批判する動きが，現実の世界で組織化されたりする。こうした出来事が世間の耳目を集めたのは，政治の周縁にある要求がたまたま政治の中心へ到達したからではないだろうか。政治システム論では，この種の要求は政治システムに入力されにく

いか，入力されても消滅しやすいと考えられている。

3 政治システム内の変換メカニズム

政治的な諸要求は，利益団体，政党，マスメディアなどのアクターによって，統合され争点化されながら政治的決定に接近できる。そのためこの段階で要求が弾かれてしまうと，それが政策に反映される見込みは低くなる。これらのアクターは，政府の**アジェンダ設定**[7]を左右することから，ゲートキーパーとかアジェンダセッターと呼ばれる。

では，ネット上での議論はこうした回路を経由して政治的決定へと近づくのだろうか。この問いは，市民社会の中での討議を通じた問題発見や意見形成プロセスと，政府やその周辺での討議・決定との連関を論じる討議デモクラシー[8]とも関係する。おそらく政治の中心に近い人々はわざわざ新しいルートを用いるまでもないだろう。むしろインターネットに期待を寄せるのは既存の回路にアクセスできない人々である。ところが，政治家のインターネット上での活動を調査すると，日本では当選回数が多いか，大政党の政治家や候補者ほどインターネットを積極的に利用する傾向がみられる[9]。この回路が従来からの支持者の範囲に限定されるのであれば，インターネットは現状を変更するよりも補強する効果をもつと考えられるのである。

4 政治に規定されるネット社会

ネット社会が政治に影響を与えることもあれば[10]，反対に政治がネット社会をコントロールすることもある。政治システム論では，政治システムは自らを変革し環境に適応して存続を図るよりも前に，環境を制御すると考えられている。その意味で，この理論はある種の保守性を内包している。公職選挙法は，諸外国と比べると，全般的に選挙運動を規制する傾向にあるが，政府がネット選挙を解禁したのも2013年と比較的新しく，今も規制が一部残っている[11]。これによって小政党や新人の候補者がインターネットを使って支持を広げる機会が，長い間奪われてきたのかもしれない。その証左に，すでに指摘したように，ネット上で意欲的に政治活動をする政治家の属性には偏りがみられる。

以上の検討から理解されるように，インターネットが政治構造を変化させることは容易ではない。しかし，これは政治システム論が政治の安定性を強調するあまりに政治の変化を見失っているだけかもしれない。例えば，J. キングダンは「国民全体の雰囲気」がアジェンダ設定に影響することを指摘したが[12]，そこにネット社会の影響が紛れている可能性はある。また政治マーケティングをつうじて政党や政治家，政府がネット上の声に耳を傾けているかもしれない[13]。こうした政治的な伏流をみつけることも政治過程論の重要な課題の1つである。

（石橋章市朗）

▷7　アジェンダ設定
⇨ Ⅶ-2「アジェンダ設定」

▷8　篠原一『市民の政治学』岩波書店，2004年。

▷9　通常化現象と平準化現象については岡本（2017）。

▷10　⇨ Ⅵ-5「カウンターデモクラシーとメディア」

▷11　例えば電子メールを使った選挙運動は制限されている。このほかに，ヘイトスピーチの規制やプロバイダー制限責任法もネット社会を政治的に制御する手段になるのかもしれない。

▷12　ジョン・キングダン（笠京子訳）『アジェンダ・選択肢・公共政策——政策はどのように決まるのか』勁草書房，2017年。

▷13　平林（2014）。

参考文献

岡本哲和『日本のネット選挙』法律文化社，2017年。

清原聖子・前嶋和弘編著『インターネットが変える選挙』慶應義塾大学出版会，2011年。

平林紀子『マーケティング・デモクラシー——世論と向き合う現代米国政治の戦略技術』春風社，2014年。

XV 今日の社会問題と政治過程

 政策類型論

1 政策類型による政治過程の理解

政策には，政策目的，関わるアクター，実施対象，手段といった要素を含むが，これらの要素は政策ごとに様々であるため異なる政策過程となる。個々の政策過程は，政治過程の1つの側面を示しているため，全体を理解するのは難しいが，政策を積み重ねることで政治過程の全体を理解しやすくなる。

①ローウィによる分類

ローウィは，公共政策ごとに，決定における権力，政治構造，政治過程，エリートや集団といったアクターの関係性が異なることを，政策を類型することで明確にした。ここから「政策が政治を決める」という言葉を示した。ローウィは，政策を以下の3つに類型化している。配分政策（Distributive Policy）は，新しい資源の配分を行い，公的資金により特定の社会集団を支援するという特徴がある。コストは，国民間で広く負担されるため，政策の負担者と受益者とを明確に作らず，利益対立は起こらない。再分配政策（Redistributive Policy）では，現行の資源配分の修正を行う。政策は，個人に対して適用され，例えば富裕者から貧困者，あるいは，若者から老人への資源の移転を行う。資源配分をめぐり，衝突がしばしば起こる。規制政策（Regulatory Policy）では，個人や集団の行動を制限する。規制を廃止することで消費者や企業の利益が変わるように，政策によって利益を得るものと得ないものが出る場合がある。

さらに，ローウィは1972年の論文で，公共政策には，必ず強制力の契機があるとした。彼は強制力の契機と関連する2軸の設定を通じて，政策を4つに区分した（表1）。第一軸は，強制を直接行わず間接的でも実現可能な政策か，実現するには直接強制することが必要かで分けている。第二軸は，強制力が個人に対して適用されるのか，社会全体あるいは環境に対して適用されるかの違いである。

配分政策では，コストは拡散しているため，特定の個人に強制力が直接適用される可能性は小さいとする。政党が政策決定の中心となり，関税や補助金が例として挙げられる。再分配政策では，税制のように社会の構成員に対して直接強制力の適用がある。累進所得税や社会保障がこの政策の代表例であり，集団による交渉がなされる。規制政策には，個人や集団の行動に強制力が適用され，不正競争の排除や，規格外の商品の排除，誇張した広告の排除が含まれる。

▷1 ローウィ（Lowi, Theodore J.：1931-2017）
アメリカの政治学者。

▷2 Lowi, Theodore J., "American Business, Public Policy, Case-Studies, and Political Theory", *World Politics*, Vol. 16, No. 4, 1964, pp. 677-715.

▷3 Knill, Christoph and Jale Tosun, *Public Policy : A New Introduction*, Palgrave Macmillan, 2012, p. 18.

▷4 Wilson, J. Q., *Bureaucracy*, Basic Books, 1989.

▷5 ソールズベリ（Salisbury, Robert：1931-2010）
アメリカの政治学者。

▷6 Salisbury, Robert H., "The Analysis of Public Policy a Search for The Theories and Rules," in Austin Ranny, ed., *Policical Science and Public Policy*, Markham, 1968.

これらを通じて消費者や社会環境が守られ，利益集団による交渉がなされる。

さらに，構成的政策（Constituent Policy）は，政策決定の前提となるような制度を創設する政策であり，選挙制度改正や行政機関や議会制度の創設などがある。このタイプの政策では強制力の適用が起こることは少なく，政党が政策決定の中心となる。

このように，ローウィの政策類型は，政策に関わる利害関係者，政治の役割の理解につながる。しかし，ローウィの4つの類型には入らない政策，例えば，中絶，死刑，合法ギャンブル，同性愛の権利といった道徳政策（Morality Policy）があるとの指摘もある。[13]

②ウィルソンによる分類

ウィルソンは，政策からアクターが受ける利益と政策へ負担の度合に応じて政策を区分し，政策からの利益や費用次第で異なるアクターの行動を示した。[14]

費用と利益が広く分散している場合には，多数派政治となる。政策のための費用と利益が集中している場合には，利益集団政治となり，利益が異なる団体同士が対立し，政策を転換する際には利益を失う集団からの反対に直面する。また，政策の費用は集中し，利益が分散している場合には，企業家政治となる。このタイプの政治で政策の転換を進めるには，利益を失う団体から抵抗を受けても自発的に政治的提案を発展させたり進めたりする政治的企業家のような存在が必要となる。政策のための費用は分散され，利益は集中している場合は，恩顧（縁故）政治となる。

③ソールズベリによる分類

ソールズベリ[15]は，誰がどこまで決定するかに着目し，議会・政治家の側が主体的に細目まで決定するような政策，官僚側に立案・決定が委任される政策があることを示した。分類は，需要が統合的か分散的か，言い換えると，競合対立するような性質があるか，決定到達コストが高いか低いか，言い換えると，決定がどの程度容易であるかで4分類となる。決定到達コストが高い場合には，議会は，抽象的・総論的な大枠だけを決め，個別具体的な利益配分を行政機関や地方政府などに委任する傾向がある。[17]

② 政策の包括性・具体性による分類

山口二郎は，ローウィのように，政策の機能とアクターの動きに着目するのではなく，ウィルソンやソールズベリのように政策からの利害とアクターの行動に着目するのでもなく，政策の具体性（安定性志向－適応性志向），政策の包括性（総合性志向－個別志向）[18]から分類している。官僚は専門性を活かして長期的で基本的な政策に，政治家は選挙や議会を通じた概念提示と多様な利害関係者の調整が必要となる実施設計への取組みに適しているとする。[19]　（三田妃路佳）

表1　ローウィによる政策類型

		強制力の適用対象	
		個人の行動	行動の環境
強制の可能性	間接的	配分政策	構成的政策
	直接的	規制政策	再分配政策

（出典）Lowi, Theodore J., "Four Systems of Policy, Politics, and Choice", *Public Administration Review*, Vol. 32, No. 4, 1972, pp. 298-310, を基に筆者作成。

▷7　決定到達コストが低い場合で，対立するような需要が少ない場合，議会は具体的な中身まで決めようとし，利益再分配政策（Redistributive Policy）に，需要が競合・対立しあっている場合には，議会は競合する集団の間に優劣をつけず，利益を均等に散布させ，配分政策（Distributive Policy）となる。決定到達コストが高い場合で，需要の形が分散型の場合，対立の解決が困難となるため，議会は介入を避け，行政機関に対応を任せ，規準政策（Regulation Policy）に，ある団体からの要求で対立が生じない場合，議会は需要をもっている集団の自治による問題解決に任せ自治政策（Self-Regulation Policy）となる。

▷8　山口（1994）。

▷9　政策の具体性では概念提示，基本設計，実施設計に分類し，政策の包括性では構造，総合機能，個別機能に分類している。

参考文献

山口二郎「政策の類型」西尾勝・村松岐夫編『講座　行政学　第5巻　業務の執行』有斐閣，1994年。

第5部　社会生活における政治過程

XV　今日の社会問題と政治過程

 ## 社会福祉をめぐる政治過程

1　福祉と政治過程

　年金，介護，保育など，福祉は21世紀の日本の政策課題の重要なテーマである。その理由の1つは予算規模が最も大きいことである。中央政府一般会計では社会保障関係費が，地方公共団体普通会計では民生費がそれぞれ最大部分を占めている。

　社会福祉は，人が生まれる前から死ぬまでの，出生，発達・成長，家族形成・維持（結婚・出産・育児），家計・生計の確保・維持（就労・居住），加齢といったライフステージの様々な段階で直面する生活上の困難を，集合行為によって解決しようとする諸取組みである。したがって，福祉をめぐる政治の舞台は，医療，介護，労働などの多様な分野と，個々人の生活から国家を超える枠組みまでの多様なレベルに広がっている。

　資本主義社会における福祉は，主に国家による国民の経済・社会活動への介入によって行われ，その中心は資源の再分配にある。そこで，福祉の政治過程の分析にあたっては，しばしば政治と経済の相互作用に着目する政治経済学的視点が必要になる。

2　福祉国家の登場と発展：産業主義理論とシティズンシップ

　18世紀以降，産業化が進み資本主義経済が発達すると，疾病，失業などに起因する貧困の発生が一定の規模で生じた。その救済と予防を当初は宗教団体や職業集団などの中間団体が担い，そして近代的な行政機構の発展とともに国家がその役割を引き受けるようになった。福祉国家の登場である。

　このような福祉国家発達の説明は産業主義理論と呼ばれる。加えて，経済成長が生活水準の向上と社会福祉の制度化をもたらし，福祉国家は線形的に発展すると考える収斂理論が1950～60年代にかけて通説として論じられた。1970年代に入り，こうした産業化だけでは説明できない先進諸国間での福祉の相違が目に見えて明らかになると，産業主義理論の有効性に対して疑問が呈されるようになった。その中で，近代化と諸権利の実現に着目し，福祉国家の登場を広義の近代化の過程として捉え，市民権の漸進的な拡大とその累積が福祉国家を形作ったと主張するT. H. マーシャルのシティズンシップの議論も注目された。

▷1　社会保障関係費には，年金給付費，介護給付費，生活扶助等社会福祉費，雇用労災対策費などが含まれる。2017（平成29）年度政府一般会計予算では，歳出全体の33.3％を，国債費・地方交付税交付金を除いた一般歳出の55.6％を占めた。民生費には，児童福祉費，老人福祉費等が含まれ，2015（平成27）年度地方公共団体普通会計決算額の25.7％を占めた。

▷2　例えば，第二次世界大戦後イギリスを中心に大きな影響力をもったケインズ主義は，政府がマクロ経済政策を通じて有効需要を作り出す必要があると考える。これは，自由競争を標榜する資本主義における経済生活を政治的に統制しようとするシステムとして主張された。

▷3　権力資源動員論
北欧諸国における高度な福祉水準の発達やそれを支えた社会民主主義の説明として主にコルピによって主張された。コルピは，市場の場と政治の場では動員される権力資源と階級との結びつき方が異なることから，階級間の権力バランスに着目し，福祉国家の諸制度は諸アクターの相互行為の産物であると考えた。

③ 福祉国家の多様性：福祉レジーム論

　しかし，シティズンシップの議論を含めて近代化によって福祉国家の成立を説明しようとするアプローチは，福祉国家の多様性を説明することができない。そのため福祉国家の説明・分析における政治過程が注目されるようになった。ここで注目されたのが，W. コルピによって主張された**権力資源動員論**と，これを発展させた**福祉レジーム論**である。G. エスピン＝アンデルセンは，福祉の多様性の内容に踏み込み，福祉の対象者の範囲と給付の偏りの違い（階層化）と個人が労働市場に依存しなくても生活水準を維持できる度合い（労働力の脱商品化）に着目し，計量的分析を用いて先進諸国が自由主義，保守主義，社会民主主義の3つの福祉資本主義レジームに分類されることを示した。さらに，このような福祉国家の性質的な違いが生じる背景を，階級動員，階級を超えた政治的同盟の形成，制度化に関する歴史的遺制によって説明し，政治の重要性を裏づけた。

④ 縮減期の福祉国家と新しい社会的リスク

　1970年代の世界的な不況を経験した先進諸国では，福祉国家の過剰な膨張と財政負担の大きさに反対する新自由主義が台頭し，以降福祉縮減期に入ったようにみえた。しかし，実際にはレーガン政権，サッチャー政権が誕生した米・英では福祉の財政支出は縮小せず，福祉国家は全体的に持続していることが明らかになった。これを説明するために政治過程に着目する議論がみられるようになる。その1つはP. ピアソンによる歴史的制度論に依拠した**経路依存性**による説明である。制度の自己強化性と膠着性によって，福祉国家の持続性も説明できるというものである。一方，1990年代以降，先進諸国で実施された社会的包摂，ワークフェアなどに代表される福祉国家改革（福祉再編）について，その収斂性を説明する理論として**言説的制度論**も提示された。これは新しいアイデアが受容され制度改革が実現されていくプロセスにおける，政治アクターの相互作用と影響力に着目したものである。

　こうした言説的制度論が生まれた背景として，工業国家に適した20世紀型の福祉国家の諸制度が，ポスト工業化，人口構造の成熟化や市場経済のグローバル化などのために限界をみせていることが挙げられる。社会福祉からの疎外が複合的に重なり合い連鎖していく社会的排除や，シングルマザーやシングル介護に代表される非定型的家族形態における過重なケア負担による貧困の拡大，知識基盤社会における高度人材と低技能・非熟練労働力間の所得格差拡大，技能習熟期にある若年層の不就業の拡大などが代表的な課題である。このような家族や産業，労働など社会の構造変化によって従来の福祉国家が支えきれなくなった貧困リスクは，新しい社会的リスクと呼ばれている。

（藪長千乃）

▷4　**福祉レジーム論**
エスピン＝アンデルセンは，国家と経済・社会構造全般との間に張り巡らされた体系的な関係の全体を「レジーム」と呼び福祉国家の類型化を図った。自由主義レジームは市場における能力に応じた福祉を行うことを志向する。保守主義レジームは伝統的な家族制度と社会の階層性を維持しようとする。社会民主主義レジームは普遍主義原理の下，社会権の保障と脱商品化を志向する。

▷5　**経路依存性**
⇒ 序-2 「政治過程論のアプローチ」側注2を参照。ピアソンは，経路依存性の政治の場と経済の場における違いを踏まえて，政治的場面における制度の影響力に着目し，福祉国家の動向を分析した。

▷6　**言説的制度論**
制度変化は，複数の言説の中の「支配的な言説」が変化することによって生じると考える。新しいアイディアは，既存の価値観や規範に一定程度適合するという正統性があってはじめて，他のアクターに受け入れ可能になり，制度改革につながっていくとする。

参考文献
クリストファー・ピアソン（田中浩・神谷直樹訳）『曲がり角にきた福祉国家——福祉の新政治経済学』未來社，1996年。
新川敏光『日本型福祉レジームの発展と変容』ミネルヴァ書房，2005年。
宮本太郎編『比較福祉政治——制度転換のアクターと戦略』早稲田大学出版部，2006年。

第5部　社会生活における政治過程

XV　今日の社会問題と政治過程

 ## 安全保障をめぐる政治過程

安全保障の政治過程の特色

　近代国家の主たる存在理由は，国民の安全と財産を守ることであり，それゆえ安全保障は政府にとって最優先の政策課題と位置づけられてきた。同時に，安全保障政策は，自国の思惑だけで策定・実施できるわけではなく，同様に安全保障を追求する外国との複雑な関係を経て形成されていくため，政治過程として他の政策分野と異なる特色をもっている。安全保障問題は，他の外交問題以上に，本来的に民主的な政治過程になじまないとされてきた。なぜなら，安全保障問題は冷静で合理的な政治判断が不可欠であり，感情的な世論の動向からは遮断されるべきであるとされるからである。安全保障の政策は，国際交渉も含めて，「プロ」である外交官や国防関係者によって決定されることが好ましいとされてきた。しかし現実には，北朝鮮の核兵器開発問題や中国との尖閣諸島問題に代表されるように，政府は世論の動向をもはや無視できなくなっている。また，政府のエリート官僚や軍人だけでなく，政党や市民団体など数多くのアクターが安全保障の政治過程に関わってきた。

安全保障の政治過程の実態と分析

　複雑な安全保障の政治過程の実態を明らかにした古典的研究には，1962年10月の**キューバ危機**▷1を分析したアリソンの『決定の本質』がある。それは，XI-3で詳述されるように，政府組織の意思決定だけでなく，安全保障の政治過程分析の古典でもある。アリソンは，国際関係論の現実主義が従来想定してきたように，国家を単一かつ合理的なアクターとして国家間のやり取りを分析するだけではなく，政府の組織としての特性に注目したり，政府内の多様なアクターの間の相互作用を検証することの必要性を主張している。それら多様な「概念レンズ」からみることで，キューバ危機の全体像を明らかにすることができるとする。逆にいうと，そのような複雑なアクター間の相互作用や構造的制約が，安全保障の政治過程では現れるのである。

　ただし，安全保障の政治過程は，キューバ危機のような短期的なものだけではなく，日米同盟のように長期的なものもある。また，ほかの対外政策と同様，国内の政治過程だけで完結しない。**パットナム**▷2の「ツーレベル・ゲーム」▷3のモデルが指摘するように，関係諸国間の国際的な交渉と国内政治がリンクして行

▷1　キューバ危機
⇨ XI-3「政府組織の意思決定」側注2

▷2　パットナム
⇨ V-2「政治文化と民主主義」

▷3　パットナムは，1988年の論文「外交と国内政治——ツーレベルゲームのロジック（Diplomacy and domestic politics：The logic of two-level games）」で，特定の外交交渉において，国際交渉の過程と国内の政治過程がどのように相互作用するのか，一定の理論的枠組みを示した。

われる。日本の安全保障の政治過程も同様である。

③ 日本の安全保障の政治過程

　日本の安全保障政策は，第二次世界大戦後，一貫して**日米安全保障条約**[4]に基づく日米同盟を基軸としている。両国の首脳会議や，同条約に基づく日米安全保障協議委員会（２プラス２）および日米地位協定に基づく日米合同委員会といった定期的な日米交渉を通じて，日米同盟は維持されてきた。

　冷戦終結後の国際情勢に合わせて，国連の平和維持活動への自衛隊の海外派遣を可能にしたり，北朝鮮の脅威に合わせて，日米防衛協力についてのガイドライン関連法案を整備したりと，様々な政策が決定された。その政策決定は，近年，外務省主導から官邸主導へと切り替わりつつある。特に，小泉純一郎政権（2001～06年）では，「官邸外交」という言葉に象徴されるように，アメリカの対テロ戦争への協力などで小泉首相のリーダーシップが目立った。

　2009年の民主党への政権交代では，鳩山首相による「対等な」日米関係が追求されたが，沖縄の普天間基地移設問題のつまずきなどで１年たたずに政権は崩壊し，日米同盟基軸の安全保障に戻っていく。その後，10年９月の尖閣諸島沖での中国漁船と海上保安庁の巡視船の衝突事件に象徴されるように，中国の脅威への対応が日本の安全保障の課題となってきた。第二次安倍政権では，13年に**国家安全保障会議**[5]を設置し，国家の安全保障に関する重要事項および重大な緊急事態へ対処する仕組みが作られた。さらに，15年にはいわゆる**安保法制**[6]を制定し，集団的自衛権の行使を可能とするなど，日米同盟の強化に取り組んでいる。この一連の安全保障政策の政治過程でも，軍事戦略の変化や米軍再編問題，予算をめぐる大統領と議会の対立などアメリカ国内の政治過程が絡んだ。

④ 誰のための安全保障をどのように決めるのか

　安全保障の政治過程では，国家全体の安全保障のために，少数の人々や地域に負担を負わせることの是非が常に問われてきた。日本の場合，それは沖縄の米軍基地問題に典型的に現れている。日本政府は，日米安保条約に基づき日本各地に米軍基地を設けることを認め，「思いやり予算」で支援している。しかし，沖縄には在日米軍基地の70％以上が集中し[7]，米兵による犯罪や騒音問題で沖縄県民は苦しめられてきた。1995年９月の米兵による少女暴行事件で，重い基地負担への沖縄の反発が強まったため，住宅地にあって危険な普天間飛行場の返還が翌年４月に日米間で合意された。しかし，米軍による軍事的抑止力の維持のため，普天間基地の「代替施設」が条件とされた。それは名護市辺野古崎沖に造られることとなったが，沖縄県や市民団体の反対などで，20年以上，迷走が続いている。沖縄の声を政治過程に反映させつつ，アメリカと交渉して，日本全体の安全保障をどう追求するかが政府の課題となっている。　（杉浦功一）

▷4　**日米安全保障条約**
1952年に発効した同名の条約を改定する形で，1960年に署名・発効した。日米両国は，日本の施政の下にある領域での，いずれか一方に対する武力攻撃を，自国の平和および安全を危うくするものとして，共通の危険に対処するよう行動することを宣言している。そのために，米軍が日本において施設および区域を使用することが許され，詳細は同時に締結された日米地位協定で定められている。

▷5　**国家安全保障会議**
内閣総理大臣，官房長官，外務大臣，防衛大臣から構成される会議が中心であり，国家安全保障局によってサポートされる。

▷6　**安保法制**
「国際平和支援法」と「平和安全法制整備法」を指し，国連平和維持活動などでの自衛隊の活動範囲と，使用できる武器の拡大や集団的自衛権の容認などが織り込まれた。

▷7　2018年１月現在，在日米軍専用施設の70.28％が沖縄県にある。

参考文献
信田智人『冷戦後の日本外交──安全保障政策の国内政治過程』ミネルヴァ書房，2006年。

第5部　社会生活における政治過程

XV　今日の社会問題と政治過程

 # 環境対策をめぐる政治過程

 ### 環境対策の歴史：環境問題とアクター

　日本では，特に第二次世界大戦後の高度経済成長期より，重化学工業の発展に伴い，四大公害をはじめ，全国で産業型公害が発生，深刻化した。また，生活排水による水質汚濁や，自動車の排気ガスによる大気汚染など，都市型・生活型公害が大きな問題となった。政府与党・自民党が公害問題に有効な対策を講じられない中，公害反対運動が起こった。また，横浜市や東京都など主に都市部の地方自治体で，反公害などのスローガンを掲げた革新政党の首長が相次いで誕生した。このような**革新自治体**▷1は，公害対策に積極的に取り組んだ。

　公害問題の解決を求める世論の高まりを受けて，自民党は，公害対策を党の方針に採用したり，都市部の有権者を意識した政策を策定したりした▷2。こうして1960年代後半以降，公害対策が進み，1970年の公害国会では公害関連法制が整備され，1971年には環境庁が発足した。その後も，環境基本法（1993年）や循環型社会形成推進基本法（2000年）の制定，環境庁の環境省への改組（2001年）など，国を挙げて環境対策に取り組むようになった。

　他方，ヨーロッパ諸国などにおいては，環境政党が議会に議席を有している。例えばドイツ（旧西ドイツ）では，1970年代に環境問題といった個別の争点を掲げた緑の党が，既成政党の環境対策に不満をもつ層から支持を得た。地方議会だけでなく連邦議会でも議席の獲得に成功し，既成政党に対し環境政策の転換を促すほどのインパクトを与えた。同党は1980年代に多くの州で政権入りを果たし，1998年には連邦レベルで連立与党の一角を占めた。ドイツなどヨーロッパ諸国において先駆的な環境対策が行われているのは，環境政党の存在と無関係ではなかろう▷3。

環境政策の範囲

　そもそも環境問題は，ごみ問題やリサイクル対策など身近なものから，水質汚濁や大気汚染などの公害，自然環境の保護や生物多様性の保全，地球温暖化など地球規模の問題まで，多種多様である。そして，環境関連法制の所管については，例えば，河川法や都市計画法は国土交通省，森林法は農林水産省といったように，環境省以外の省庁も所管している。また，「共管」という複数省庁で所管する法律もある。例えば，容器包装リサイクル法は環境省と経済産

▷1　**革新自治体**
首長が革新政党（日本社会党〔現在の社民党〕や日本共産党）の公認や推薦，支持等を受けている地方自治体。1960年代半ばから1970年代後半にかけて増加し，公害対策のほか，福祉や教育の面でも積極的な取組みを行い，国の政策にも影響を与えた。

▷2　自民党の環境政策の変化については，岡﨑加奈子「環境問題と政党」宗像編（2016）に詳しい。

▷3　ドイツの緑の党については，西田慎『ドイツ・エコロジー政党の誕生』昭和堂，2009年を参照。

186

業省の，浄化槽法は環境省と国土交通省の共管である。海岸漂着物処理推進法は，環境省，外務省，農林水産省，国土交通省の4省共管の法律である。

3 環境対策と立法過程

　環境問題の解決には，立法措置が重要となる。対象範囲が広範で，関係する省庁も多岐にわたる環境関連法制は，立法の際，利害関係を有するすべての部局や省庁の同意，与党審査が必要とされる閣法[4]では，法案の提出にいたるのが困難な場合もある。たとえ必要とされる法律であったとしても，関係省庁の同意や与党審査がなされなければ，法案として国会に提出されることは難しい[5]。
　その例として，環境影響評価法（環境アセスメント法）の制定過程が挙げられる。全国各地で大規模な開発事業が進められていた1970年代，環境影響評価の制度化が求められた。環境庁は，環境影響評価法案の策定に向けた取組みを始めたものの，通商産業省など関係省庁や政府与党・自民党，経済団体からの反対が強く，法案提出にいたらなかった。環境影響評価条例を制定する地方自治体も増え，その制度化を求める声がますます強まる中，1980年，自民党内で環境影響評価法案の国会提出に向けての党内調整が図られた。環境庁は自民党環境部会へ政府案を提示したが，しかし，商工族を中心に族議員などから反対意見が続出した。翌1981年，環境影響評価法案が国会に提出され，環境委員会で審議されたが，結局，審議未了，廃案となった。同法案をめぐる政治プロセスは，閣法による環境関連法案の提出の難しさを物語る事例の1つである[6]。
　他方で，議員立法の場合，所属政党内での調整が必要であり，また，発議の際に一定数の賛成者を要するといった条件があるものの，閣法に比べて，情勢に応じた法案を速やかに提出することが可能といえる。例えば，2000年代に入り，海岸に漂着するごみが社会問題化した。漂着ごみの処理費用の負担問題や，国・都道府県・市町村の役割分担の明確化などが課題とされたが，当時の法制度ではこの問題への対応が難しい状況にあった。漂着ごみによる被害の著しい地方自治体の議員やNGOなどが立法化による対策の必要性を自民党に訴え，2006年，同党内に漂流・漂着物対策特別委員会が設けられた。2008年には，地方議員により海ごみ対策推進地方議員連盟が結成され，地方六団体やNGOなどと連携して国会議員や関係省庁に対して問題提起や政策提言を行うほか，条文の策定過程でも討議に関わった。そして2009年，海岸漂着物処理推進法が議員立法として提出され，成立した。同法案は当初，閣法で提出される動きもあったが，しかし，漂着ごみはその定義づけや排出者の特定が困難なこと，関係省庁が多岐にわたるため合意形成が困難なことなどから，様々な調整を要する閣法ではなく，議員立法という手法が取られたのであった。同法案の提出をめぐっては，現場の問題意識と議員のリーダーシップで解決に道筋をつけたものであり，議員立法の存在意義を示す好例と評されている[7]。　　　　（宗像　優）

▷4　閣法
⇨ VIII-4 「日本の国会(1)」

▷5　環境政策をめぐる立法過程については，高野恵亮「環境政策と議員立法」宗像編（2016）に詳しい。

▷6　同法案はその後1997年にいたり国会に提出され，成立した。同法の制定のプロセスについては，岡﨑，前掲論文を参照。

▷7　詳しくは，高野恵亮「海岸漂着物処理推進法の成立」『嘉悦大学研究論集』55巻2号，2013年，宗像優「海洋ごみ問題をめぐる政治・行政の対応」宗像編（2016）を参照。

(参考文献)
倉阪秀史『環境政策論（第3版）』信山社，2014年。
宗像優編『環境政治の展開』志學社，2016年。

第5部 社会生活における政治過程

XV 今日の社会問題と政治過程

 学校教育をめぐる政治過程

1 教育予算をめぐる攻防の関係者と舞台設定

学校教育を成り立たせるには多数の教員を雇用しなければならない。公立小中学校教員（以下，教員）は地方公務員であり，全地方公務員約270万人のうち4割近い70万人弱を占める▷1。多額の人件費を最終的に支出する地方自治体を援助するため，国から地方への財政支援制度が整備されている▷2。しかし，この教員の人件費に関する政治過程は毎年激しい攻防が繰り広げられる。

まず，アクターとそれぞれの役割を紹介しよう。①文部科学省。中央省庁の中で教育を担当する（事業官庁）。教育に関する予算要求を財務省に対して行う。②中央教育審議会等の会議体。文部科学省に設置される教育に関する審議会等である。文部科学省とスクラムを組んで予算の増額を求める。③財務省。中央省庁の中で予算を査定する（制度官庁）。各省からの予算要求を厳しく査定する。文部科学省の予算要求に対しては，少子化であることを背景として，厳しい姿勢で査定する。④財政制度等審議会。財務省に設置される財政に関する審議会である。文部科学省の予算要求に対して，投資効果が明確でないと厳しい姿勢をとる。⑤与野党文教族。与党・野党を問わず教育に関心をもつ国会議員のこと（族議員）。予算編成では財務省を敵に回して文部科学省の応援団となる。⑥教育関係団体▷3。教員や教育委員会関係者が構成する団体である。文部科学省の応援団。

次に，アリーナであるが，中央政府の予算編成が政治過程の場となる。8月末の概算要求，翌年1月の政府予算案決定にいたる半年にわたる攻防である。

教員の人件費算定の基礎となるのは教員定数である。各学校の学年別児童生徒数に応じて学級数が決まり，そこから教員定数が算定される。例えば，小学校1・2年では1学級の上限は35人であるから，1学年36人であれば各18人の2学級となる。小学校3年から中学校3年の上限は40人である。以下に紹介するのは2013年度予算編成（2012年夏の概算要求から2013年2月の政府予算案決定まで）における文部科学省予算編成である。民主党から自民党への政権交代（2012年12月）前後の出来事である。

2 2013年度予算編成：少人数学級拡大はなぜ失敗したか

文部科学省は2012年9月7日に概算要求をとりまとめ，同日，少人数学級の

▷1 総務省「平成28年地方公共団体定員管理調査結果」より。

▷2 義務教育費国庫負担金制度とそれに付随する地方交付税である。教員人件費の3分の1を負担金が賄い，残り3分の2が地方税によって賄われる。

▷3 個々の団体が活動するほか，超党派的に団体が団結することもある。「子どもたちの豊かな育ちと学びを支援する教育関係団体連絡会」は教育予算の「危機」に活動する。23の構成団体のうち主なものは以下のとおり。日本PTA全国協議会，全国市町村教育委員会連合会，全国都市教育長協議会，全国連合小学校長会，全日本中学校長会，全国公立学校教頭会，全国公立小中学校事務職員研究会，日本教職員組合，全日本教職員連盟。第Ⅱ章「利益団体」を参照のこと。

188

実施学年を小中学校全学年に拡大する「子どもと正面から向き合うための新たな教職員定数改善計画案」を策定した[4]。少子化時代に教員の増員を要求する理由は，深刻化するいじめ・不登校等の教育問題のほか，学力向上への対応でもある。しかし，国家財政が悪化する中では厳しい査定を受ける。少子化が進めばそのままでは教員数は減少する（自然減）。文部科学省は自然減分を「原資」として少人数学級などの実現のための教員増員を要求した（定数改善増）。厳しい折衝のさなか，11月中頃に教育関係団体（先述の23団体）と与野党文教族が集会を開催した。その背景には，財務省が財政制度等審議会に11月1日に示した，5年間での教員定数1万人削減案がある。衆議院選挙を控えた時期に開催された超党派の集まりを目の当たりにして，文部科学省の幹部は「衆院選後の政権がどうなっても，敵は与党でも野党でもなく，財務省だから」とコメントした[5]。なお，11月16日に衆議院が解散された。衆議院選挙前後の「権力の空白期間」に財務省が一気に教員定数の削減を既成事実化しようとしているという危惧が教育関係者に共有されていた[6]。

　衆議院選挙の結果，民主党は政権を維持できず，自民党と公明党の連立政権が誕生した[7]。2012年度予算編成では，文部科学省は輿石東民主党幹事長の政治力によって財務省の猛反撃を跳ね返し，小学校2年の35人学級を実現した。自民党の中には日教組（日本教職員組合）の主張する少人数学級を快く思わない議員もおり，民主党政権時のような与党の応援は期待できなくなった。しかし，政権交代に対応した概算要求の見直しに際しては，最新のデータに基づいて増員数を1100人減らし2万6700人に引き下げたに留めた。結果として，文部科学省は2013年1月25日に少人数学級を大きく推進する教員定数改善計画を見送った。その後，1月29日に少人数学級を現状維持とする政府予算案が決定された。

　以上のように，教育予算の決定にいたる政治過程では，要求側である文部科学省と査定側である財務省に分かれて攻防が繰り広げられる。両省は自らの主張を裏づけるために審議会等の会議体を設置している。すでに紹介したとおり，少人数学級というイシューについての会議体の主張は真っ向から対立する。政治過程には族議員が参戦するが，教育予算の場合，与野党を問わず超党派の文教族が文部科学省を応援する点が特徴的である。さらに，教育関係団体も参戦し，予算の増額を求める構図となる。しかし，2012年度と2013年度の予算編成を対比すれば分かるように，予算編成で最も大きな影響力を発揮するのは時の与党の意向である。民主党政権時はそれが輿石幹事長であり，自民党の政権復帰後は民主党寄りの政策を嫌う自民党内の一部議員の意向であった。

（青木栄一）

▷4　「公立義務教育諸学校の学級規模及び教職員配置の適正化に関する検討会議」報告（2012年9月6日）を受けて策定された。この検討会議委員は16人で，委員の多くは，教育委員会関係者，学校関係者，教育学者等であり，いわゆる「教育界」に属していた。ただし，財政制度等審議会委員が1人含まれていた。

▷5　時事通信社「官庁速報」2012年11月26日。

▷6　政策ネットワーク（⇨ XII-2 ）の一類型である政策共同体が構成されている。

▷7　⇨ I-6 「政党と政権交代(2)」

参考文献

青木栄一「教育分野の融合型政府間財政関係」小玉重夫編『学校のポリティクス』（岩波講座 教育変革への展望 第6巻），岩波書店，2016年。

小川正人『教育改革のゆくえ──国から地方へ』ちくま新書，2010年。

津田深雪「少人数学級導入をめぐる議論──学級編制標準と教職員定数の改善に向けて」『調査と情報』705号，2011年。

北村亘・青木栄一・平野淳一『地方自治編──2つの自律性のはざまで』有斐閣，2017年。

第5部　社会生活における政治過程

XV　今日の社会問題と政治過程

排除と包摂をめぐる政治過程

1　「排除と包摂」の2つの次元

　政治過程と「排除と包摂」との関係を考えるとき、2つの次元を区別することができる。第1は、政策の次元である。この場合、政治過程を通じて形成される政策の内容に注目する。つまり、政治過程を通じて形成されるある政策が、より多くの人々を包摂する性質をもっているか、それとも、何らかの意味で特定の人々を排除するような性質をもっているかが議論の焦点となる。

　第2は、過程の次元である。この場合、政治過程そのものが、より多様な人々・アクターの利益・要求が表出・媒介されるようになっているのか、それとも、特定の人々・アクターの利益・要求が十分に表出・媒介されない仕組みになっているのか、ということが議論の焦点となる。

　一般的には、政策の次元における排除と包摂の方がイメージしやすい。しかし、政治過程をテーマとする場合、政治過程そのものの次元における排除と包摂を考えることも重要である。

2　政策における排除と包摂：福祉政策の場合

　政策の次元における排除と包摂について、福祉政策を事例としてみてみよう。福祉政策については、特に1990年代後半以降、社会的包摂の重要性がいわれている。経済的な貧困だけではなく様々な要因によって、人々が様々な社会関係の外に追いやられているのではないかと考えられるようになったのである。

　そこで、社会的排除克服のための福祉政策とは何かが問題となる。1つの考え方は、ワークフェアと呼ばれるものである。これは、社会的排除の原因を未就労に求め、就労を通じて社会的包摂を実現する福祉政策が望ましいとする考え方である。その際、就労を強制する性格が強いことが、福祉（ウェルフェア）をもじったワークフェアという言葉が使用される理由である。

　ただし、ワークフェアには、「包摂」を就労と同義に捉えており、その結果、就労できない者の排除につながる、との批判がある。そこで、より包摂的な考え方として提起されるのが、社会的投資である（アクティベーションと呼ばれることもある）。社会的投資では、包摂の対象は就労に限られない。その目標には、無報酬の活動も含めた様々な社会的活動への人々の包摂が含まれる。とはいえ、社会的投資でも、就労は最も重要な包摂対象である。ただし、ワークフェアと

▶1　政治過程論を含む政治学では、一般に「政策」と「政治」の区別を理解することが重要である。公共政策学でも、この区別は、「in の知識」（政策に関する知識）と「of の知識」（政策のプロセスに関する知識）の違いとして説明される（秋吉貴雄『入門公共政策学——社会問題を解決する「新しい知」』中公新書、2017年、28-33頁）。

▶2　その他に、「国民」のための福祉政策を維持・擁護するために移民の排斥を唱える「福祉ショービニズム」も、福祉政策における排除と包摂をめぐる重要な問題である。宮本太郎『社会的包摂の政治学——自立と承認をめぐる政治対抗』法律文化社、2013年、第6章などを参照。

▶3　以下で述べる3つの考え方の詳細については、宮本（2013）などを参照。特に社会的投資については、三浦まり編『社会への投資——〈個人〉を支える〈つながり〉を築く』岩波書店、2018年も参照。なお、宮本は「アクティベーション」の用語を用いている。

は異なり，就労の強制ではなく，そのための支援が重視される。

　しかし，社会的投資に対しても，排除の要素を除去できていないとの批判がある。この場合も，人々には何らかの社会的活動に「積極的に」関わることが期待される。また，就労の「強制」と「支援」とを質的に区別することはできないかもしれない。そうだとすれば，社会的投資による包摂は，「積極的」ではない人々，就労しない／できない人々の新たな排除をもたらす可能性がある。

　より包摂的な福祉政策の1つとして，ベーシック・インカム（BI）がある。BI は，無条件性を最大の特徴とする現金給付の制度である。つまり，BI は，原則として人々の社会的属性や状況（就労の有無，ジェンダー，エスニシティなど）にかかわらず，給付される。この無条件性という特徴から，BI は，より包摂的な福祉政策だと考えられる。[4]

③ 政治過程における排除と包摂

　次に，政治過程そのものをより包摂的にするためのアイディアを考えてみたい。その1つは，クオータ制である。これは，特定の社会的属性の人々に，政策決定の場，特に議会の議席を一定の比率で割り当てることである。議席ではなく，選挙候補者のレベルで行われることもある。典型的なものは，女性に一定の議席・候補者を割り当てるジェンダー・クオータである。多くの場合，人口における女性比率に対して，議員・代表レベルにおける女性比率は過度に少ない。クオータ制を導入することで，この女性の過小代表を改善できるというわけである。現在では，女性国会議員比率が30〜50％程度の国家も増えているが，そのほとんどで，議席ないし候補者レベルでの，法律または各政党の自主的な取組みによるジェンダー・クオータが導入されている。

　もう1つのアイディアとして，抽選を挙げておきたい。政治過程で重要な役割を果たすアクターは，選挙（議員）や任命（審議会等のメンバー）によって選出される。また，利益団体や社会運動などのアクターは，政治的資源（組織の規模や資金力など）が豊富であるほど，大きな影響力を行使できる。しかし，これでは，十分な政治的資源をもたない人々の包摂は難しい。選挙や任命も，一定の政治的資源をもつ人が選出される可能性が高く，その結果，少数派の声が排除されるとの見方も不可能ではない。抽選の導入は，「誰でも選ばれる」可能性を高め，結果的に，政治過程をより包摂的なものにする可能性がある。

　クオータ制と比しても，抽選はあまりに突飛と思われるかもしれない。しかし，古代ギリシャでは，抽選は選挙以上に民主的な代表選出手段と考えられていた。現在でも司法では，陪審制や日本の裁判員制度で抽選が用いられている。ミニ・パブリックスと呼ばれる一般市民が参加する熟議のフォーラムでも，抽選によるメンバー選出が重視されている。[5]「排除と包摂」という視点からみれば，一見突飛なアイディアがもつ意義がみえてくるだろう。[6]　　　（田村哲樹）

▷4　もちろん BI にも，様々な批判がある。排除と包摂の観点からは，BI の導入を口実に既存の他の福祉政策が削減された場合，かえって排除が強化される，という批判が考えられる。

▷5　ミニ・パブリックスでは，抽選でメンバーを集めることで，既存の政治・社会集団に属さない人々の声を含めた形で「社会の縮図」が実現すると考えられている。例えば，ジェイムズ・S. フィシュキン（曽根泰教監修，岩木貴子訳）『人々の声が響き合う時——熟議空間と民主主義』早川書房，2011年を参照。

▷6　例えば，参議院について，衆議院との差異化・独自性の確保のために，抽選での議員選出をという提案もある（岡崎晴輝「選挙」古賀敬太編『政治概念の歴史的展開　第六巻』晃洋書房，2013年，201頁）。

（参考文献）

岩田正美『社会的排除——参加の欠如・不確かな帰属』有斐閣，2008年。

三浦まり・衛藤幹子編著『ジェンダー・クオータ——世界の女性議員はなぜ増えたのか』明石書店，2014年。

XVI 政治過程における規範の多様性

政治過程と規範論

1 なぜ規範論が重要なのか

　一般に政治過程においては，人々の利害，とりわけ経済的利害が重要な役割を果たすと考えられている。例えば，「農業団体が貿易自由化に反対するのは，外国から安い農産物が輸入されると多くの農家が経済的打撃を受けるからだ」といった説明がなされる。しかし，だとすると，政治過程において議論，とりわけ規範的議論は意味をもたないことになるのだろうか。実際にはテレビやインターネットでも，また国会や選挙戦などでも，日々，膨大な量の議論がなされている。相当な数の人々が政治や政策をめぐって様々な主張を展開しており，その多くは「これからの日本はこうあるべきだ」とか「こうした状況は不正である」といった規範的議論なのである。では，なぜ，利害が重要なはずの政治過程において規範的な議論がなされているのだろうか。

2 規範的議論の役割

　第1に，経済的利益を実現しようとして政治に参加する人々も，自分たちの主張を広く一般の人々に支持してもらおうとすれば，規範的議論を持ち出さざるを得ないと考えられる。農業団体の例でいえば，農家の経済的損失をアピールするよりも農業の環境的価値や文化的価値を訴えた方が，農業とは無縁の人々からも支持を得やすいだろう。また経済的損失をアピールするにしても，他の産業従事者との不公平を強調した方がよさそうである。つまり，一種のレトリックとして，社会全体の利益や個人の権利，あるいは文化や自然といった社会的価値が持ち出され，規範的議論が行われるのである。民主主義の下では，より多くの味方を得なければ自らの主張を実現することはできないため，少数派であるほど規範的議論に頼らざるを得ないともいえる。

　第2に，政府や行政が決定を行う際にも，その決定を広く社会に受容してもらえるよう，規範的議論に訴えることがある。特に国民に負担を求める場合には，たとえ多数決で決まったことであっても強い説明責任が発生する。というのも，正当な手続きを経て決定されたというだけでは多くの人は納得しないからである。そこで例えば，将来世代のために現在世代は「痛み」に耐える必要がある，とか，不公平を是正するためには一部の人の負担を増す必要がある，といった議論がなされることになる。こうした状況は，とりわけ「バラマキ

▷1　この点についてはこれまで「非難回避（blame avoidance）」の政治として議論されてきた。経済の低成長が続く中で福祉給付の削減が唱えられるようになるが，それには強い抵抗が予想されるため，様々な方法で非難を回避することが試みられてきた（反対派の分断など）。規範的言説の利用もその1つとして捉えられる。

▷2　R. イングルハートは，A. マズローの欲求の5段階説を踏まえ，秩序の維持や経済成長といった基本的欲求が満たされるにつれ，人々の価値観は，美的なものへの欲求や知的好奇心，また他者からの尊敬，自己実現といったより高次なものへと変化していくと指摘し，大規模な国際比較研究によってそうした変化が実際に生じていることを検証した（ロナルド・イングルハート〔村山皓ほか訳〕『カルチャーシフトと政治変動』東洋経済新報社，1993年）。

が不可能な低成長時代において顕著である。

　第3に，特に先進国においては，経済的利害ではなく，何らかの価値や規範を動機として政治に参加する人が増えつつあり，それが規範的議論をより重要にしていることも指摘できる。イングルハートらが論じるように，経済的に豊かになるにつれ社会の価値観は変化し，多くの人々が脱物質主義的価値観を有するようになる。こうした背景の下，環境保護運動に代表されるような，経済的利益を求めるわけではないタイプの政治参加が増加している。彼らにとっては，規範的議論は単なるレトリックではなく，政治に参加する動機そのものなのである。

　加えて近年，政治過程における感情の重要性が指摘されているが，実は感情は規範的議論と結びつきやすい。「ズルをするヤツは許せない」といった言い方は，その典型である。

❸ 政治過程における規範的議論の特質

　以上の理由から，政治過程においても規範的な議論が展開されていると考えられる。ただし，規範的議論に訴える動機や理由は立場や利害，価値観などによって様々であるため，同じ問題に対して異なった視点から議論がなされ，それぞれの正当性が主張されることになる。当然のことながら，こうした議論は，学問や裁判，ディベートにおけるそれとは異なり，公平なルールの下で整然と行われるわけではない。様々なレトリックが用いられ，ときに感情に訴えるような表現がなされたり，特殊な事例が持ち出されたりするなど，学問的な議論などとはほど遠いものである。また，ある問題については自己責任を強調しながら別の問題については弱者保護を訴える，というようなダブル・スタンダードもしばしば見受けられる。したがって，議論の結果，より論理的な主張をした方が「勝つ」とは限らない。しかも，価値や規範をめぐる議論は感情的になりがちなため，議論が紛糾し，なかなか合意が形成できないこともある。

　こうしたことから，原発などの問題にみられるように，本来は価値や規範の観点からも議論すべき問題であるにもかかわらず，価値や規範とは無関係な技術的問題として位置づけ，少数の専門家による密室の決定に委ねようとする傾向も存在する。価値や規範に関する議論は「非合理的」であり，専門家に任せた方がより「合理的」な決定ができる，というわけである。

　しかしながら，政治過程に多くの人が参加し，公開の場で規範的な議論を行うことはやはり重要である。というのも，規範的議論が存在するからこそはじめて問題が広く一般に認知されたり，社会のあるべき姿について一般の人々の理解が深まったりすることがあり得るからである。また，実は，価値や規範に関する問題について合理的に議論を行うこと，また，議論を通じてより説得力の高い合意を実現することも可能であると考えられるからである。　　　　（佐野　亘）

▷3　こうした価値や規範を動機とした政治活動の存在は，政治過程におけるアイデアや言説の重要性を増していると考えられる。近年，とりわけ構成主義の観点から盛んに研究がなされている（小野耕二編著『構成主義的政治理論と比較政治』ミネルヴァ書房，2009年）。

▷4　感情と政治，感情と規範の関係については近年，多くの議論がなされている。例えば社会心理学や行動経済学などが明らかにしてきた人々の「非合理性」が政治においても大きな役割を果たすと指摘されている。また，公平性や権利，寛容といった価値が，憤りや屈辱，同情や共感といった感情と深く関わっていることも指摘されている（マーサ・ヌスバウム〔河野哲也ほか訳〕『感情と法』慶應義塾大学出版会，2010年）。

▷5　合理的な議論の可能性については，⑯-2「政治過程における議論の貢献」および⑯-3「政治過程における熟議の実践」も参照されたい。

（ 参考文献 ）

G. マヨーネ（今村都南雄訳）『政策過程論の視座──政策分析と議論』三嶺書房，1998年。

XVI 政治過程における規範の多様性

政治過程における議論の貢献

1 政治過程における議論の意義

あらゆる社会問題には，異なる意見の対立が伴う。この対立の解消に向けて，民主主義では，話し合うこと，すなわち議論が要求される。議論には，議会での審議といった公式なものから，地域レベルでの意見交換のような非公式なものまで，多様な形が含まれる。政治過程に登場する各アクターは，他のアクターとの議論を通じて，自らの主張が採用される可能性を高めようとする。

そもそも，意見対立に直面する各アクターが意見集約のために取り得る手段は議論に限らない。議論を含めて，少なくとも4つの手段が挙げられる。

・敵対的な意見の沈黙や譲歩を引き出すための実力行使。
・他者を自説に同調させるための利益誘導。
・他者の思想と行為を意識的に操作するためのプロパガンダ。
・自発的な同意を引き出すための議論。

実力行使，利益誘導，プロパガンダの3つは，自らの主張に他者を従わせる手法である。これらの手法の有用性は，現実の社会では，完全に否定することはできないものの，あくまで必要悪として捉えられるべきであろう。

他方，議論は，他者だけでなく自らも自発的に立場を変える可能性をもつ。そこでは，対立解消に向けて様々な意見が提示され，いずれの意見も絶対視されることはない。多様な意見を踏まえて，社会がどのような方向性に進み，どのような手段を取るべきかを皆で探究することによって，社会的な合意が形成される可能性が高まる。ここに，政策決定等における議論の意義が見出される。議論というプロセスを通じて，より良き政策案の発見が促されるのである。

2 政治過程における議論の論理性

こうした貢献を議論が果たすためには，どのような要件をそなえた議論が求められるであろうか。「議論」という語によくつけられる修飾語は「論理的」であろう。論理性は厳密には数学等において前提とされる「形式論理」を指し，そこでは根拠から結論が必ず導出されるという「必然性」が要求される。この必然性が維持されるには，2つの条件が要求される。第1に，根拠の少なくとも1つは，「すべての〇〇は△△だ」といった**全称命題**でなければならない。第2は，議論の中に含まれる概念（言葉）は，誰にとっても同じ意味をもつ，

▷1 足立幸男『議論の論理——民主主義と議論』有斐閣，1984年，17-18頁。

▷2 政治過程において，個人的な利益の増進を目指す各アクターにとって，議論という手法がもつ有用性については，XVI-1「政治過程と規範論」参照。

▷3 全称命題
「すべての」という修飾語を伴う主語が含まれた主張。

XVI-2 政治過程における議論の貢献

すなわち一義的であるという条件である。

　しかしながら，トゥールミンは，日常の社会では形式論理を想定することは不可能であると強調する。形式論理の不適切性は政治や政策をめぐる議論にも当てはまる。まず，全称命題が成立する状況は現実では皆無である。投票参加や投票行動に目を向けると，特定の集団に属するすべての有権者が特定の行動（投票に行く，特定の候補者に投票する等）を取ると言い切ることはできず，あくまで傾向（蓋然性）にすぎない。また，概念の一義性を前提とすることは非現実的である。社会福祉をめぐる議論では，「少子・高齢社会」や「租税負担」といった概念が登場するが，これらの概念の捉え方（定義）は多様である。

　したがって，現実の議論では，必然性ではなく蓋然性や多義性を念頭におきながら，相互理解を深め，合意形成を目指すことが重要となろう。具体的には，議論に参加するそれぞれの立場が依拠する事実認識や規範的価値観を評価することが欠かせない。例えば「グローバル化が進む状況では英語教育の充実が必要である」という主張をめぐる議論では，「グローバル化」「英語教育」「充実」の定義，グローバル化から英語教育充実にいたる関係性についての認識，そしてそれぞれの立場で想定される生徒像・教員像や今後の社会のあるべき姿や必要とされる人材についての規範的な解釈等を確認し合うことが求められる。その上で，個々の定義の妥当性を検討したり，それぞれの事実認識を実証的な分析の成果と照らし合わせたり，互いの価値判断の基準について哲学的知見等を活用して吟味したりすることによって，合意点の発見を目指すのである。

③ 政治過程における議論の限界

　互いの事実認識や規範的価値観に焦点を当てて他者と議論を行えば，対立解消と合意形成はおのずと実現されるのであろうか。この問いに対しては，日常の話し合い，国会での審議，国家間の交渉等に目を向ければ理解されるように，否定的に答えざるを得ないであろう。因果関係等をめぐる具体的な蓋然性の程度を高いと捉えるのか低いと捉えるのかについて，絶対的な基準は存在し得ない。また，価値観の多様性を踏まえれば，価値判断に関する絶対的な基準を想定することはできない。それゆえ，議論を通じての相互理解は「お互いに異なるところを理解し合う」ということにすぎないのかもしれない。

　しかしながら，議論には，こうした限界と同時に，いかなる立場も絶対視せずに，合意点を柔軟に探究する姿勢を促すという利点も存在する。その意味で，議論とは，多様な価値観が存在する社会の中で，合意形成に向かっていくための出発点と捉えることができる。では，議論という出発点から社会的な合意形成というゴールに到達するには，いかなるプロセスやルールが求められるのか。この問いこそが，政治学が取り組むべき究極的な課題の1つといえよう。

（松田憲忠）

▷4　トゥールミン（Toulmin, Stephen E.：1922-2009）
イギリス，ロンドン出身の哲学者，教育学者。

▷5　投票参加や投票行動については，第Ⅴ章「政治参加・選挙」参照。

▷6　社会福祉については，XV-2「社会福祉をめぐる政治過程」参照。

▷7　トゥールミンは，日常の議論のあり方を検討するためのモデル（トゥールミン・モデル）を提唱している。このモデルは，社会問題や政策案をめぐる議論を分析する上でも注目されている（岩崎正洋編『政策過程の理論分析』三和書籍，2012年，第9章）。

（参考文献）

S. E. トゥールミン（戸田山和久・福澤一吉訳）『議論の技法──トゥールミンモデルの原点』東京図書，2011年。
中道寿一編『政策研究──学びのガイダンス』福村出版，2011年，第9章。

第5部 社会生活における政治過程

XVI 政治過程における規範の多様性

 政治過程における熟議の実践

 熟議とは何か？

　熟議とは，「話し合い」のことである。より厳密にいうと，熟議とは，「正当性」と「反省性」が満たされるような話し合いのことである。正当性とは，意見を述べる際にはその妥当性についての「理由づけ」が求められるとともに，その理由づけの妥当性が話し合いのプロセスの中で吟味されることを意味する。反省性とは，話し合いで他者の意見・考えを聞くことを通じて，自分の意見・考えを見直すことを意味する。理想的な熟議とは，このような意味での正当性と反省性の両方を満たすような話し合いのことである。

　熟議が望ましいとされる理由は何だろうか。1つの理由は，話し合いの結果の正しさが期待できることである。熟議において様々な意見はその正当性を吟味され，また，参加者たちは各自の立場を見直す。その結果として得られる結論は，熟議を経ない結論よりも正しいものとなることが期待できるのである。もう1つの理由は，話し合いの結果を受け入れやすくなる，つまり結果の正統性が高まることである。しばしば政治的決定において，「議論不足であり，納得できない」という意見が出されることがある。誰かによって一方的になされた決定は，たとえその内容が「正しい」ものであっても，一方的であるがゆえに多くの人にとって受け入れがたいことがある。熟議を経ることで，多くの人々が決定に納得することができるようになると期待できるのである。

2 社会における「意見形成」の熟議

　熟議の役割の1つは，人々の意見や利益を，国家において最終的な意思決定・政策形成に関わる政治家や官僚などへ媒介することである。そのような意見や利益の媒介は，選挙での各自の投票や匿名での世論調査を通じて，あるいは，利益団体や社会運動などの社会集団によっても行われる。それらと熟議による媒介との違いは，後者が，熟議を通じて人々の意見や利益を「練られた」ものへと変化させることにある。

　熟議の場の代表は，ミニ・パブリックスである。これは，特定のテーマについて，主に無作為抽出で集められた人々が議論を行う場のことである。代表的なものとして，討論型世論調査，プランニング・セル，市民討議会などがある。ミニ・パブリックスでは，当該テーマの専門家による説明を聞いたり，あらか

▶1 ジェイムズ・S. フィシュキン（曽根泰教監修，岩木貴子訳）『人々の声が響き合うとき——熟議空間と民主主義』早川書房，2011年。

▶2 篠原一編『討議デモクラシーの挑戦——ミニ・パブリックスが拓く新しい政治』岩波書店，2012年。

じめ資料を送付して学習を求める場合もある。そのテーマについて十分な知識をもたないままに集まっても，十分に熟議できるとは限らないからである。

3 熟議＝ミニ・パブリックス？

ミニ・パブリックスには批判もある。第1に，多くの市民を民主主義から遠ざけるという批判である。制度の性質上，ミニ・パブリックスに集まる人々の数は限られている。そのため，大多数の市民にとって，熟議は自分とは無関係のものになってしまうのではないか。

この批判には，次のように答えることができる。社会における熟議はミニ・パブリックスだけで行われるわけではない。それ以外の，社会の様々な場所における，非公式だが自由な熟議も重要である。そのような広範な公共空間における熟議とミニ・パブリックスとの関係にも注目するべきなのである。

第2の批判は，ミニ・パブリックスの重視は，政党，利益団体，社会運動などの集合的アクターの，政治過程における影響力を排除することにつながるのではないか，というものである。確かに，無作為抽出で人々を「個人」の立場で集めることは，集合的アクターによる「数の力」による政治や「利益政治」の変革につながる可能性がある。

ただし，集合的アクターと熟議を全く無関係とみることも適切ではない。第1に，熟議の場に集合的アクターを呼び，説明を聞くような制度設計もあり得る。第2に，集合的アクター内部での熟議もあり得る。集合的アクターの構成員の意見や立場が完全に一致しているとは考えにくいため，集合的アクター自体が熟議の場となり得る。第3に，自己の利益の実現だけを目指しているようにみえる集合的アクターの行動も，社会全体でみれば，当該の問題について人々が考え直すためのきっかけを提供した，と解釈することもできる。このとき，社会全体では，熟議の要素の1つである「反省性」が確保されたといえる。

4 国家における「意思決定」の熟議

国家，特に議会における熟議には，困難が予想される。多くの場合，議員は所属政党の立場に拘束され，特に採決においては与党と野党の「数の力」の違いが重要になるからである。しかし，議会とは本来，単に採決する場ではなく，審議する場でもある。実際，熟議民主主義研究では，議会における熟議のためのヒントも提供されている。例えば，小選挙区制で多数決型の代議制よりも，比例代表制でコンセンサス型の代議制の方が，また，下院よりも（比較的党派に縛られない選出方法を採用する）上院の方が，より熟議促進的だという知見がある。日本について，国会が二院制であることを，熟議促進の観点から擁護する見解もある。国家・議会を，そこでの熟議の実現という観点からみることも，大切なことである。

（田村哲樹）

▷3 田村哲樹「熟議民主主義と集団政治──利益団体・アソシエーション・集合性の構成」宮本太郎・山口二郎編『リアル・デモクラシー──ポスト「日本型利益政治」の構想』岩波書店，2016年。

▷4 Jürg Steiner *et al.*, *Deliberative Politics in Action : Analyzing Parliamentary Discourse*, Cambridge University Press, 2004.

▷5 柳瀬昇『熟慮と討議の民主主義理論──直接民主制は代議制を乗り越えられるか』ミネルヴァ書房，2015年。

【参考文献】

田村哲樹『熟議民主主義の困難──その乗り越え方の政治理論的考察』ナカニシヤ出版，2017年。

坂本治也編『市民社会論──理論と実証の最前線』法律文化社，2017年，第2章。

終　政治過程を視る眼

 市民に求められる「眼」

1　政治参加と「熱い思い」

　本書は，政治過程論の入門書である。本書を手にした読者のどのくらい多くの方が政治過程論や政治学の専門家になりたいと感じているかは測りかねるが，すべての読者は現在もしくは将来において政治を担う主体である。そこで，終章では，「市民として政治参加するために求められる姿勢」，換言すれば「市民として政治過程を視る眼」を描出する。

　そもそも，民主主義において人はなぜ政治参加するのであろうか。例えば間接民主制における投票では，有権者は，個々の候補者や政党の公約や業績等を考慮して，「最善」と思われる候補者や政党に投票する。ライカーとオーデシュックによる投票参加のモデルにしたがえば，より多くの利益を与えてくれそうな候補者や政党に1票を投じる。デモや署名といった投票以外の政治参加に目を向けると，その背景には，選挙では十分に代表されなかった意見や利益を政府に認識させ，そうした意見や利益に配慮した政策的対応を実現させたいという個々人のニーズが存在する。

▷1　⇨ Ⅴ-1「政治参加とは何か」

▷2　⇨ Ⅴ-3「投票参加のメカニズム」

▷3　⇨ Ⅴ-10「投票外参加のメカニズム」

　このように，政治参加には，現状を少しでも改善したいとか，現状の悪化を回避したいとかといった願いが伴う。すなわち，より良き社会や政治を渇望する「熱い思い」こそが，人を政治参加に駆り立てる力の源泉の1つといえる。その意味で，社会の状況に対して高い関心をもち，社会が直面する問題の解決に向かって政治を主体的に動かす姿勢が，民主主義を担う市民には要求される。

2　「熱い思い」と「冷静な思考」

　しかしながら，「熱い思い」だけで走り出すと，それは暴走となり，かえって社会にネガティブなインパクトを与えかねない。「熱い思い」と同時に，「冷静な思考」が求められる。

　日常生活を例に挙げると，ある人が「健康になろう」という目標を立てたとする。この目標の達成には，日々の運動を心がけ，食事のバランスにも配慮するといったストイックな生活を送る強い意志（「熱い思い」）が重要となる。しかしながら，「熱い思い」だけで運動や食事制限に努めると，結果的に身体を壊してしまうかもしれない。こうした状況を回避するために求められるのが，人間の身体や健康についての研究の中で蓄積された知見に基づく熟慮，すなわ

ち「冷静な思考」である。「冷静な思考」を支える知見は，具体的には，健康という状態の意味や人間の身体的構造を明らかにする知識であり，生理学，生物学，医学等の研究の中で供給される。

同様に，より良き（健康な）社会や政治を実現したいという「熱い思い」だけで人々が突き動かされる限り，社会や政治を不健康な状態にしてしまう虞がある。社会や政治はどのような仕組みで成り立っているのか，より良き社会とはどのような社会なのか，政治における決定はどのように行われるべきなのか，といった問題を冷静に吟味する「冷静な思考」も欠かせない。こうした問題を深く考察してきている研究領域が，政治過程論を含む政治学である。政治学における研究は，その長い歴史の中で，市民の政治参加に不可欠な「冷静な思考」を支える視点や知識を提供してきている。

❸ 「知る」ための眼と「変える」ための眼

市民の「冷静な思考」をめぐって，政治学はどのような示唆を与えるのであろうか。政治学では，政治過程を視る眼として，少なくとも２つが強調される。第１に，政治過程を「知る」ための眼である。これは，政治過程の現実を客観的に把握しようとする姿勢である。本書で解説されてきた政治過程論は，「実態分析」に主眼をおいている。様々なアクターやアイディアが，制度という制約の下で，実際にどのようなインターアクション（相互作用）を繰り広げているのであろうか。この問いを解明することによって，「熱い思い」が空回りすることが抑制され，現実の改善のために個々のアクターに対して非現実的な要求を行う可能性が小さくなる。実現可能性を踏まえた改善策の提言を促し，その改善策の実現に向けた戦略を練ることが可能となる。

第２が，政治過程を「変える」ための眼である。これは，より良き社会や政治の方向性を探る眼である。現実を客観的に把握しようとするだけでは，現在の社会や政治の問題を発見したり，改善の方向性を導出したりすることはできない。必要とされるのは，現実を評価する価値判断と，自らが主張する改善策のインパクトを測る将来予測である。価値判断と将来予測を適切に進めることは，現実に対して過度に楽観的もしくは悲観的な解釈を行うことを回避し，自らの提言の副作用や危険性を人々に認識させることに寄与する。

では，「知る」ための眼や「変える」ための眼とは，どのようなものであろうか。具体的には，現実の客観的把握，現実に対する価値判断，社会の改善策の将来予測は，どのように進められるべきであろうか。この問いに取り組むことは，政治参加のための「冷静な思考」に貢献するだけでなく，政治学における研究がどのように行われているかを理解することにつながる。以下の節で，「知る」ための眼と「変える」ための眼に関わる政治学の思考方法を紹介する。

(松田憲忠)

▷4 ⇨ 序-1 「なぜ政治過程が重要なのか」

（参考文献）
飯尾潤「政治学の将来──現実の政治に役立たせる『科学』と『思慮』」『AERA Mook No. 87 政治学がわかる（新版）』朝日新聞社，2003年。
加茂利男・大西仁・石田徹・伊藤恭彦『現代政治学（第4版）』有斐閣，2012年。

終　政治過程を視る眼

知るための眼

 現実を客観的に理解する

　より良き社会や政治の実現に積極的に貢献しようとするとき，求められる姿勢の1つが，現実を客観的に知ろうとすることである。人は目標達成に向けての思いが熱いほど，主観的な思い込みに陥りがちである。現実についての誤った理解は，目標達成への道筋や戦略を誤らせることにつながり得る。では，現実を知るためには，どのような眼が求められるのであろうか。

　現実の客観的な理解は，実際に起きている現象に目を向けることから始まる。しかしながら，目の前の現象を眺めているだけでは不十分である。必要とされるのは，その現象の詳細について記述したり，その現象を引き起こしている原因を探ったり，その現象と他の現象との関係性を明らかにすることである。

　実際に起こっている現象の記述や実際に観察できる複数の事物の関係性の解明を目的とする研究は，実証研究と呼ばれる。換言すれば，実証研究は，実際の現象に焦点を当てて，そこから新しい事実の発見を目指す研究である[1]。

　以下では，実証研究において活用される分析手法ないし思考方法を概観する。こうした思考方法は，市民として政治参加する上で求められる「冷静な思考」に大きく寄与するであろう。

▷1　Shively, W. P., *The Craft of Political Research*, 6th ed., Prentice Hall, 2005.

現象記述や関係性解明のためのデータ分析

　今日の政治をめぐってしばしば耳にする論調に，「政党がこれほどまでに党利党略を重視するのは日本だけだ」「今の日本の有権者は政治に無関心すぎて，このままでは民主主義が崩壊してしまう」といった声がある。「熱い思い」をもつ市民は，こうした状況を憂えて，政党に対する投票のあり方を検討する活動や，政治への関心の向上に向けた啓蒙的な活動を展開するであろう。

　しかしながら，こうした活動に従事する前提として，政党や有権者の行動や意識についての客観的な理解が欠かせない。すなわち，政党や有権者の行動や意識を記述するとともに，その行動や意識の原因を突き止める必要がある。現状記述と因果関係解明を通じて，どのような政党や有権者に対して，どのような働きかけ（原因の除去）を行えばよいのかがみえてくる。具体的には，以下の問いに取り組むことが求められる。

・政党は常に党利党略を重視しているのか。それはなぜか。

・政党の間で党利党略に対する姿勢に違いはないのか。違いがあるとすれば，何が違いを生んでいるのか。

・有権者はなぜ政治に対して関心をもっていないのか。

・政治に対する関心の程度は有権者の間で異なってはいないのか。異なるとすれば，その理由は何か。

こうした問いに取り組むには，政党や有権者についての多様なデータが必要となり，データの収集や分析にはしばしば高度な技術が要求される。専門家ではない市民がそうした技術を習得する必要はないかもしれないが，少なくとも現象の状況や因果関係等を客観的に理解しようとする姿勢は大切であろう。

③ 特殊性・共通性の発見のための比較分析

上記の論調には「日本だけ」「今の日本」といったフレーズが含まれている。目の前の現象を他のものとは違う「特殊なもの」と捉える声は頻繁に聞かれるが，その現象を客観的に理解するためには，本当に「日本だけ」なのか，本当に「今だけ」なのかを論証する必要がある。

ここで有用となる視点が「比較」である。ある現象が「日本だけ」であることを示すためには，類似の現象が他の国や地域ではみられないことを確認しなければならない。同様に，ある現象を日本は過去において経験してこなかったことが明らかになったとき，その現象は「今回が初めて」のものと捉えることが可能となる。地域的・時間的特殊性は，他の地域や他の時代との比較を通じて，客観的に理解されるのである。比較という手法を政治の現象の分析においてどのように行うべきかについて，これまで様々な議論が行われ，様々な比較の方法が提示されている。

比較に基づく論理的な考察を怠り，目の前の現象を特殊なケースとして思い込んでしまうと，政治や社会の問題の解決に向けた活動は，その目的を達成することが難しくなる。例えば，もし直面している社会問題が他の地域で見受けられる問題と共通する部分が多ければ，その問題の解決は他の地域での経験を参考にすることによって大いに促されるであろう。もしその問題に類似したものが過去にも確認されるのであれば，その問題の根本的な原因の1つはその地域に長期的に存在している要因である可能性が高く，したがって問題解決にはその地域の歴史的変遷を考慮することが有用となる。あるいは，もしその問題が地域的にも時代的にも本当に特殊であるならば，何が特殊であるのか（他の地域や他の時代における問題とは何が異なるのか）をよく調べないと，その特殊な問題に適した解決策を考案することはきわめて難しくなる。

本書で解説された政治過程論の知見は，こうしたデータ分析や比較分析を経て蓄積されたものであることを，心に留めておくことは重要であろう。

（松田憲忠）

▶ 2　近年の政治学教育のカリキュラム（特に大学院レベル）をみてみると，必修科目ないしそれに近い位置づけの科目として，統計学関連の科目や，インタビューやアンケート調査の手法に関する科目が多数組み込まれている。

▶ 3　河野勝・岩崎正洋編『アクセス比較政治学』日本経済評論社，2002年。Peters, B. G., *Comparative Politics : Theory and Methods*, New York University Press, 1998.

（参考文献）

加藤淳子・境家史郎・山本健太郎編『政治学の方法』有斐閣，2014年。

久米郁男『原因を推論する——政治分析方法論のすゝめ』有斐閣，2013年。

松田憲忠・竹田憲史編著『社会科学のための計量分析入門——データから政策を考える』ミネルヴァ書房，2012年，序章，第1章。

終　政治過程を視る眼

変えるための眼

1 事実の意味を導出する

　政治過程を「熱い思い」で視るという活動には，たいていの場合，価値判断と将来予測が含まれている。具体的には，目の前の現象は望ましいものなのか，それとも回避すべきものなのかという価値判断と，目の前の現象はこの先どういう状況をもたらすのであろうかという将来予測である。より良き社会や政治の実現には，実際に起きている現象やこの先起こり得る状況を，あるべき社会や政治の姿の観点から捉えることが前提となる。その上で，現在や将来の状況に何かしらの問題性が発見されれば，その状況を回避するための方策が探究されることになる。その意味で，現状を少しでも良い方向に変えるための眼として，価値判断と将来予測が機能するといえよう。

　価値判断と将来予測は，**実証研究**[1]に基づく現状についての客観的な理解から必然的に導出されるものではない。重要となるのは，ある事実を前提として，その事実をみつめるレンズの存在である[2]。そのレンズを通して，事実に内含される意味，すなわちその事実の是非・善悪や将来のインパクトがみえてくる。このレンズを取り間違えると，価値判断や将来予測は的外れになりかねない。

2 価値判断のための哲学的考察

　前節で言及した主張——「政党がこれほどまでに党利党略を重視するのは日本だけだ」「今の日本の有権者は政治に無関心すぎて，このままでは民主主義が崩壊してしまう」——を例にすると，より良き社会や政治の実現という目標は，党利党略にとらわれない政党政治の実現や有権者の意識の改革として具体化される。しかしながら，政党が党利党略を重視するという現象や，政治に対する有権者の関心が低いという現象は，それ自体では問題性（その現象は望ましくないということ）を示してはいない。また民主主義の実現（崩壊の回避）という目標それ自体にも，規範性（その状態は望ましいということ）が必然的に含意されるわけではない。問題性や規範性の確認には，対象となる現象や状態の善悪や是非を判断する基準（レンズ）が必要となる。レンズを通して現象を評価することによって，目指すべき政治や社会の姿を導き出せるのである。

　価値判断の基準には具体的には自由，平等，公共性，主権等が含まれる。それぞれの基準の意味や意義は主に政治哲学の中で探究されている[3]。しかしな

▷1　実証研究
⇨ 終-2 「知るための眼」

▷2　Shively, W. P., *The Craft of Political Research*, 6th ed., Prentice Hall, 2005. 松田・竹田編著（2012：終章）。

▷3　川崎修・杉田敦『現代政治理論（新版）』有斐閣，2012年。

ら，これまでの研究で明らかになったことは，誰もが納得し得るような良き社会の姿を抽象的に描くことはできても，具体的なレベルでは両立し難い複数の考え方が存在するということである。すなわち，個々人が掲げる目標は唯一絶対のものではない。その意味で，複数の人々で構成される社会を維持するためには，社会における**価値観の多様性**[4]を踏まえて，自らの考えを押しつけるのではなく相対化することが重要となる。個々人は，自らの考えの相対化を通じて，他者との相違を確認し，合意形成に向けた建設的な議論に取り組むことが可能となる。こうした相対化を心がけることとは，換言すれば，より良き社会について深く探究する哲学的考察に努めることにほかならない。

哲学的考察の意義は，実証研究と結びつけられることによって高まる。なぜなら，哲学的に探究される理想の姿は，現実についての客観的な理解を伴わない限り，実現可能性の乏しい机上の空論になりかねないからである。

③ 将来予測のための演繹的考察

「冷静な思考」では，すでに生じている現象の解明だけでなく，将来の予測も重要となる。先述の例を用いると，政治への無関心が民主主義の崩壊を将来引き起こすのかについて，厳密に考察する必要がある。将来予測を誤ると，有権者の関心を高めようとする活動に内在する不安要素を見落としかねない。

厳密な将来予測には，演繹的考察が伴う。それは，ある事実を前提として，そこから論理的に引き出される現象を描き出す作業である。将来予測のための分析手法としては，例えば，**ゲーム理論**[5]に代表されるような数理的な手法がある。ゲーム理論では，政治に関わる多様なアクターが重視する目標についての前提と，それらのアクターを取り巻く制度や環境についての前提を設定して，各アクターの戦略とアクター間でのインターアクションを論理的に推測（シミュレーション）する。例えば，次の選挙で1議席でも多くの議席を獲得したいという目標をもつ各政党は，衆議院の小選挙区比例代表並立制という選挙制度の下でその目標を達成するために，国会での審議への対応等についてどのような戦略を立てるのか，そして，そうした政党の間ではどのようなインターアクションが展開されるのかについて，シミュレーションを行う。

目の前の現象についての客観的な理解は，実証研究によって促される。しかしながら，客観的な理解だけでは，社会や政治の改善には取り組めない。加えて，その現象が今後引き起こす状況を演繹的に予測する必要がある。その上で，現状や将来の状況に対して哲学的見地から価値判断を行って，現状の問題性を確認し，その問題を除去する方策を，実証研究の成果を踏まえて考案することが求められる。こうした「冷静な思考」を1人ひとりの市民が意識して，政治過程を視ることが，より良き社会や政治の実現には大切であろう。

(松田憲忠)

▷ 4 価値観の多様性
⇨ ⅩⅥ-2「政治過程における議論の貢献」

▷ 5 ゲーム理論
⇨ ⅩⅡ-6「ゲーム理論に基づくモデル」

(参考文献)

浅古泰史『政治の数理分析入門』木鐸社，2016年。

曽我謙悟「ゲーム理論に関心のあるあなたに――使い手になるための三つのステップ」『レヴァイアサン』40号，2007年，166-172頁。

松田憲忠・竹田憲史編著『社会科学のための計量分析入門――データから政策を考える』ミネルヴァ書房，2012年，終章。

D. レオポルド／M. スティアーズ編著（山岡龍一・松元雅和監訳）『政治理論入門――方法とアプローチ』慶応義塾大学出版会，2011年。

人 名 索 引

アーモンド, G. A.　56
アリソン, G. T.　142, 143, 184
アロー, K. J.　170
イーストン, D.　2, 3
イングルハート, R. F.　56, 57
ヴァーバ, S.　56
ウィルソン, J. Q.　15, 181
ウィルダフスキー, A.　112
ウェーバー, M.　6, 24
エルダー, C. D.　98, 99
オールドリッチ, J. H.　14, 15
オズボーン, D.　132
オルソン, M. Jr.　36
カッツ, R. S.　25
キー, V. O.　66
ギルバート, C. E.　44
キルヒハイマー, O.　24, 25
キングダン, J. W.　148, 179
ゲーブラー, T.　132
コース, R. H.　163
コブ, R. W.　98, 99
サイモン, H. A.　139
サバティア, P. A.　112, 113, 151

サルトーリ, G.　12, 16, 17
サンスティーン, C. R.　91
ソールズベリ, R.　180, 181
ダール, R. A.　6, 17, 35
ダウンズ, A.　42, 60
デュヴェルジェ, M.　17, 19, 24, 79
トゥールミン, S. E.　195
トクヴィル, A.　51
トルーマン, D. B.　36
ノエル=ノイマン, E.　88, 89
バーク, E.　12
パーネビアンコ, A.　25
バウムガートナー, F. R.　150
橋本龍太郎　128
パットナム, R. D.　57, 184
平野龍一　51
フィオリーナ, M. P.　66, 67
フィシュキン, J. S.　55
フェノ, R.　29
フリードリッヒ, C. J.　7, 42
プレスマン, J. L.　113
ブロンデル, J.F.　17
ヘイウッド, A.　17

ベントレー, A. F.　2, 34
ポルスビー, N. W.　104
マーチ, J. G.　148
マイヤーソン, R. B.　163
マコームズ, M.　87
マディソン, J.　100
ミヘルス, R.　26
ムレ, R.　27
メア, P.　25
メイヒュー, D.　29
吉田茂　172
ラザースフェルド, P. F.　62, 84, 85
ラスウェル, H. D.　6, 96
リプセット, S. M.　18
リンドブロム, C. E.　140
レイプハルト, A.　19, 76, 77, 152
ローウィ, T. J.　40, 180, 181
ローズ, R. A. W.　147
ローズヴェルト, F. D.　101
ロザンヴァロン, P.　92
ロッカン, S.　17, 18

事 項 索 引

GAO　→会計検査院
GHQ　105
IMF　→国際通貨基金
KPI (Key Performance Indicator)　127
NGO　34, 37, 187
NPM (New Public Management)　42, 129
NPO　34, 37, 119
PDCA　127
PFI (Private Finance Initiative)　132

あ行
アイディア中心アプローチ　5
アイディアの政治　5
アカウンタビリティ　129, 135
赤字国債　111
アクター中心アプローチ　4
アジェンダ　149
アジェンダ設定　96-98, 179

圧力団体　37
後戻り推論 (backward induction)　155
天下り　145
アラブの春　93, 178
アリーナ型 (議会)　104, 105
安全保障　184, 185
安保法制　185
委員会中心主義　105
違憲審査権　46
イシュー・ネットワーク (issue network)　147, 150
一院制 (unicameralism)　110
一致投票　82
1党優位システム (1党制)　16, 17, 23, 27
イデオロギー　60
委任立法　40
インクリメンタリズム　140, 141, 150

インターネット　178, 179
ウォール街占拠　93
エリート民主主義　55
エリート論　6
演繹的考察　203
穏健な多党システム　16, 17

か行
会計検査院 (GAO)　125, 134
下位政府　40
外部性　160, 162-164, 170
カウンターデモクラシー　92, 93
価格システム　158
革新自治体　186
閣法　29, 105, 106, 108, 109, 111, 187
寡占市場　161
勝ち馬効果 (バンドワゴン効果)　88
価値観の多様性　203
価値推進団体　36
寡頭制の鉄則　26

205

ガバナンス　39, 113, 119	近接性モデル　61	固定費用　166
カルテル　166, 167	金銭的外部性　162	ゴミ缶モデル　148
環境対策　186, 187	クオータ制　191	コミュニケーションの2段階の流れ
完全競争市場　159, 161, 166, 167	クライエンテリズム　26, 27	85-87
完全合理性　139	クラブ財　164	コロンビアモデル　62, 63, 68
完全連記制　76, 77	グローバリゼーション　176, 177	混合制　76, 82
幹部政党　24	経営人（Administrative Man）　139	コンセイユ・デタ（国務院）　48, 49
官僚　28, 42-45, 108, 116, 144, 146,	計画事業予算制度（PPBS）　125	コンセンサス型民主主義（合意型民主
154, 155, 181	経済人（Economic Man）　138	主義）　76, 77, 152, 197
官僚政治モデル　142, 143	経済投票モデル　67	
官僚制の逆機能　128	経済連携協定（EPA）　177	**さ行**
官僚内閣制　43	契約理論　171	サーベイ実験　69
議院運営委員会　107	経路依存性　5, 183	財　158, 159
議院内閣制　13, 20, 44, 102-106, 109,	ゲーム理論　154, 155, 203	最高平均法（最大平均法）　81
172	決選投票制（2回投票制）　78	再選　29
議員立法　29, 104, 106, 108, 187	権威主義体制　19	最大剰余法　81
機関委任事務　174	限界費用価格形成原理　167	裁判員制度　50, 51, 191
機関委任事務制度　117	牽制投票　82	裁判官任命諮問委員会　49
疑似政権交代　27	言説的制度論　183	再分配政策（Redistributive Policy）
技術的外部性　162	限定効果論　86	180
規制政策（Regulatory Policy）　180	限定合理性（bounded rationality）	裁量　117, 122
期待効用モデル　58	138, 139	さわやか運動　126
議題設定効果　87	憲法改正　106	参加民主主義　55
規範的議論　192, 193	権力　6	産業主義理論　182
義務投票制　71, 76	権力資源動員論　182, 183	三次元的権力　7
逆選択　168, 169	公益法人　118	参審制　50
キューバ危機　142, 184	公共財　144, 160, 164, 165	三バン　33
教育関係団体　188, 189	公共利益団体　36	三位一体改革　9, 174, 175
教育予算　188, 189	公職選挙法　31-33, 179	資格審査　122, 123
業界団体　118, 144	構成的政策（Constituent Policy）　181	資格任用制　44, 45
競合性　164	拘束名簿式　80	事業仕分け　127, 134
行政改革　128	公聴会　107	市場化テスト　119, 132
行政機関　38-40, 42-45, 114, 120, 121,	候補者公募型　13	市場均衡価格　159
130	候補者名簿登録型　13	市場の失敗　159-169
行政国家（administrative state）　101,	候補者要因　64	市場メカニズム　158-171
108, 146	合理性　138-143	事前審査　173
行政裁量　40	合理的行為者モデル　142, 143	事前審査制　43, 107
行政事業レビュー　131	合理的選択制度論　5	自然独占　166, 167
行政指導　120	合理的選択論　65	自治事務　117
行政処分　120	合理的包括的意思決定　140	市町村合併　174
行政統制　44	コースの定理　163	執行水準　115
行政評価　126, 131	国際通貨基金（IMF）　176, 177	実施のギャップ　113, 114, 120
業績測定　124, 125	国政調査権　106	実証研究　200, 202, 203
業績評価投票　23, 66	55年体制　32, 37, 172	執政部　102
業績評価投票モデル　66-68	個人志向経済投票　67	指定管理者制度　119, 132
協調的法執行　121	国家安全保障会議　185	シティズンシップ　182
共有資源（コモンプール財）　164	国会機能論　109	指定法人制度　118
拒否権プレイヤー　153	国会対策委員会（国対）　107	シビック・ボランタリズム・モデル
拒否点（veto point）　8, 153	国会法　105	72
議論　192-195	国会無能論　108	死票　74, 81
		司法権　46, 48-50

事項索引

司法消極主義　46, 47, 49
司法制度改革審議会（司法審）　50
司法積極主義　46, 49
資本適性比率　177
事務事業評価　126
社会学的制度論　5
社会経済地位（SES）　62, 63
社会志向経済投票　67
社会的亀裂（social cleavage）　18, 35
社会的投資　190
社会的排除　190, 191
社会的包摂　183, 190, 191
社会的余剰（総余剰）　159, 166, 167
社会福祉　182, 183, 195
集権－分権　9
集権・融合型　9
集合行為問題　14, 36, 37, 144, 145
集団的自衛権　48
自由任用　45
自由名簿式　80
熟議　196, 197
熟議民主主義　55
主権者教育　33
準市場（官製市場）　119
照会制度　49
小選挙区制　19, 20, 22, 31, 74, 76-78,
　　83, 105, 152, 172, 173, 197
小選挙区比例代表並立制　23, 83, 203
唱道連合（advocacy coalition）モデル
　　151
賞罰投票　66
消費者余剰　159, 167
情報公開　171
情報効率性　158
情報の非対称性　45, 121, 168, 170,
　　171,
所得分配　159
新自由主義　183
新制度論　5
数理的方法　61
ストリートレベルの官僚制論　122
政官関係　44
政官スクラム型　43, 45
政権交代　16, 20-23, 135, 153, 172,
　　173, 188
政見放送　32, 33
制限連記制　77
政策過程　39, 96, 101
政策企業家　149
政策共同体（policy community）　147,

　　149
政策形成　42-44, 97
政策決定　97
政策サブシステム（policy subsystem）
　　150
政策志向学習　151
政策実施　38, 42, 43, 97, 112-124, 129,
　　133
政策終了　97
政策受益団体　36
政策調査会（政調）　173
政策ネットワーク　146
政策の拡散　176
政策の流れ　149
政策の窓モデル　148, 149
政策評価　97, 114, 115, 124, 135
政策評価の手法等に関する研究会
　　130
政策分析　124
政策変化　151, 153, 155
政策要因　64
政策類型　180
生産者余剰　159
政治家　42, 44, 45, 114, 115, 144, 149
政治活動　30, 32-34, 37, 54
政治献金　30, 31, 144, 145
政治コミュニケーション　13, 35
政治参加　58, 72, 74, 75
政治資金　30, 31
政治資金規正法　30, 31
政治システム　3
政治システム論　12, 178, 179
政治団体　30
誠実投票　79
政治的企業家　37
政治的社会化　13, 65, 66
政治的消費者主義　39
政治的先有傾向　85, 86
政治的無関心層　15
政治任用　45, 114, 145
政治の流れ　149
政治文化　56
　　参加型の――　56
　　臣民型の――　56
　　未分化型の――　56
政党　12-27, 149
政党帰属意識（Party Identification）
　　64, 65, 68
政党拒否層　15
政党支持態度　15, 64

政党支持なし層　→無党派層
政党システム　16-19, 22, 76
政党名簿式比例代表制　80, 81
政党要因　64
制度中心アプローチ　5
政府内政治モデル　142, 143
政府の失敗　170, 171
政務調査会　43
世界貿易機関（WTO）　177
セクショナリズム　128, 129
セクター団体　36
世襲議員　33
絶対多数制　78
選挙運動　12, 13, 24, 31-33, 179
選挙資金　13, 24, 30, 31
前決定過程　98
全国知事会　9
全称命題　194
選択的接触　86, 90
戦略投票　79
相対多数制（単純多数制）　78
総務会　43, 107
ソーシャル・キャピタル　57
ソーシャル・ネットワーク　62, 63, 84,
　　85, 89
ソーシャルメディア　90, 92, 93
族議員　43, 173, 188, 189
組織化された無秩序　148
組織プロセスモデル　142, 143

た行

第一線職員　113, 122, 123
代議（representation）　28, 29
大衆政党　24, 25
大選挙区制　78
耐戦略性　165
大統領制　20, 102-104
ダウンズモデル　60, 61, 68
多極共存型（合意型）民主主義　19, 76
多元主義的権力論　7
多元主義論　6, 146, 147, 150, 151
多数決型民主主義　76, 77, 152, 197
多数主義論　109
多数代表制　76, 78, 82, 83
ただ乗り　→フリーライド
脱政党層　15
脱物質主義的価値観　57
多党制　76
単一（国家）制　8, 9, 19
弾劾裁判所　106
段階モデル　96, 97, 148

207

単記移譲式投票制　80
単記制　77, 78
談合　166
断絶均衡（punctuated equilibrium）モ
　　デル　150
地方公共財　164
地方分権　174
中位投票者の定理　60
中央－地方関係　9, 116
抽選　191
中選挙区制　22, 26, 27, 78
重複立候補制度　83
沈黙の螺旋　88, 89
通達　116
ツーレベル・ゲーム　184
テキストマイニング　69
哲学的考察　202, 203
鉄の三角形　40, 144, 145, 150
デュヴェルジェの法則　22, 79
統治（governance）　28, 29
道徳政策（Morality Policy）　181
投票外参加　55, 72, 73, 75
投票義務感　59, 71
投票参加　58, 74
投票参加のパラドックス　59
投票のパラドックス　15
時のアセスメント　126, 134
独占　166, 167, 170
独占市場　161
独立行政法人　32, 129, 132
独立行政法人制度　133
トップダウン・アプローチ　113, 114

な行
内閣府　105
内閣法制局　48, 49, 107
内部化　163
二院制（bicameralism）　110, 197
二世議員　33
二大政党制（2党システム）　23, 76
日米安全保障条約　185
ニューディール政策　101
ネームジェネレイター　63
ネオ・コーポラティズム　39
ねじれ国会（divided Diet）　111
ネット選挙　178
粘着性論（ヴィスコシティ論）　109

は行
バーンアウト（燃え尽き症候群）　122
排除性　164
陪審制　50, 51, 191

配分政策（Distributive Policy）　180
派閥　26, 27, 103
非移譲制　79
非競合性　164
非決定権力論　7
非拘束名簿式　80
非排除性　164
非比例性指数　78
標準作業手続き（SOP）　143
費用便益分析　124, 125
比例代表制　19, 20, 26, 76-78, 80-83,
　　152, 197
フィードバック　97, 150
不完全競争　161
福祉国家　182
福祉レジーム論　183
プライミング効果　87
フリーライダー　14, 41
フリーライド　37, 164
プリンシパル・エージェント問題
　　168
プリンシパル・エージェント理論（PA
　　理論）　4, 45
フレーミング効果　87
プログラム評価　124, 125
分割政府（divided government）　103,
　　153
分割投票　82
分極的多党システム　16, 17
分権改革　117
平均費用　166
平均費用価格形成原理　167
平成の大合併　175
併用制　82
並立制　82
ベーシック・インカム（BI）　191
変換型（議会）　104
包括政党　25
方向性モデル　61
法定受託事務　117
法定得票数　78
法の支配　46, 48
ホームスタイル　29
補助金　116, 163, 170
ボトムアップ・アプローチ　113
本会議中心主義　105

ま行
負け犬効果（アンダードッグ効果）
　　88
増田レポート　127

マスメディア　33, 39, 87, 88, 92, 178,
　　179
マニフェスト（選挙綱領）　12, 23, 33,
　　54, 126, 173
マルチエイジェント・シミュレーショ
　　ン　69
満足化モデル（Satisficing Model）
　　139
ミシガンモデル　64, 65, 68
緑の党　57
ミニ・パブリックス　191, 196, 197
民主政過程論　47
無作為抽出法（Random sampling）
　　62
無党派層　15, 23, 32, 65
名望家政党　24
面接相談　122, 123
モラルハザード　168, 169
問題の流れ　149

や行
誘因整合性　158
有権者登録　58
有効政党数　83
融合－分離　9
優先順位制　77, 78
予測的対応　7, 42
予備選挙型　13
世論　39, 55, 84, 89, 92

ら・わ行
濫給　123
利益集約機能　12
利益団体（利益集団）　28, 34-41, 44,
　　144, 146, 149, 181
利益団体リベラリズム　40
利益の政治　5
利益表出　35
利益表出機能　12
リクルートメント　15
歴史的制度論　5, 183
連記制　77, 78
連続的限定的比較　140
レント・シーキング　171
連邦制　8, 19
漏給　123
ロジックモデル　124
ロビイング（ロビー活動）　38, 171
ワシントンスタイル　29

執筆者紹介（氏名／よみがな／生年／現職／業績）

50音順，＊は編者，執筆担当は本文末

青木栄一（あおき・えいいち／1973年生まれ）
東北大学大学院教育学研究科准教授
『地方分権と教育行政――少人数学級編制の政策過程』（単著，勁草書房，2013年）
『復旧・復興へ向かう地域と学校』（編著，東洋経済新報社，2015年）

秋吉貴雄（あきよし・たかお／1971年生まれ）
中央大学法学部教授
『入門 公共政策学――社会問題を解決する「新しい知」』（単著，中央公論新社，2017年）
『公共政策学の基礎（新版）』（共著，有斐閣，2015年）

石橋章市朗（いしばし・しょういちろう／1973年生まれ）
関西大学法学部教授
『公共政策学』（共著，ミネルヴァ書房，2018年）
「国会議員による国会審議映像の利用――その規定要因についての分析」（共著，『レヴァイアサン』56号，2015年）

大森佐和（おおもり・さわ）
国際基督教大学教授
"The Politics of Financial Reform in Indonesia: The Asian Financial Crisis and Its Aftermath"（*Asian Survey* 54(5), 2014）
「IMFは変わったか――世界金融危機前後の米国と日本の融資プログラムへの影響の計量分析」（『年報政治学』2017-I号，2017年）

＊岡田　浩（おかだ・ひろし／1968年生まれ）
編者者紹介参照

梶原　晶（かじわら・あきら／1982年生まれ）
関西大学政策創造学部准教授
「知事の選択としての三位一体改革――全国知事会における補助金削減案議決過程の計量分析」（『年報政治学』2012-Ⅱ号，2012年）
「国会議員の政策選好としての地方分権改革」（『選挙研究』30巻2号，2014年）

京　俊介（きょう・しゅんすけ／1982年生まれ）
中京大学法学部准教授
『著作権法改正の政治学――戦略的相互作用と政策帰結』（単著，木鐸社，2011年）
「イシュー・セイリアンスと刑事政策――『ポピュリズム厳罰化』と『民意なき厳罰化』の政治過程」（『公共政策研究』16号，2016年）

佐野　亘（さの・わたる／1971年生まれ）
京都大学大学院人間・環境学研究科教授
『公共政策規範』（単著，ミネルヴァ書房，2010年）
『公共政策学』（共著，ミネルヴァ書房，2018年）

嶋田暁文（しまだ・あきふみ／1973年生まれ）
九州大学大学院法学研究院教授
『みんなが幸せになるための公務員の働き方』（単著，学芸出版社，2014年）
『政策実施』（共著，ミネルヴァ書房，2010年）

白崎　護（しらさき・まもる／1973年生まれ）
関西外国語大学外国語学部准教授
『メディアとネットワークから見た日本人の投票意識――社会学モデルの復権』（単著，ミネルヴァ書房，2013年）
『現代日本の政治――持続と変化』（共著，法律文化社，2016年）

杉浦功一（すぎうら・こういち／1973年生まれ）
和洋女子大学人文学部教授
『国際連合と民主化――民主的世界秩序をめぐって』（単著，法律文化社，2004年）
『民主化支援――21世紀の国際関係とデモクラシーの交差』（単著，法律文化社，2010年）

田村哲樹（たむら・てつき／1970年生まれ）
名古屋大学大学院法学研究科教授
『熟議の理由――民主主義の政治理論』（単著，勁草書房，2008年）
『熟議民主主義の困難――その乗り越え方の政治理論的考察』（単著，ナカニシヤ出版，2017年）

鶴田芳貴（つるた・よしたか／1975年生まれ）
青山学院大学国際政治経済学部准教授
"HOW DO JAPANESE HEALTH INSURANCE SOCIETIES FINANCE THEIR CONTRIBUTIONS TO THE HEALTH SERVICE SYSTEMS FOR THE ELDERLY?"（共著，*The Japanese Economic Review* 64(1), 2013）

南島和久（なじま・かずひさ／1972年生まれ）
新潟大学法学部教授
『政策評価の行政学――制度運用の理論と分析』（単著，晃洋書房，2020年）
『公共政策学』（共著，ミネルヴァ書房，2018年）

西岡　晋（にしおか・すすむ／1972年生まれ）
東北大学大学院法学研究科教授
『ダイバーシティ時代の行政学――多様化社会における政策・制度研究』（共著，早稲田大学出版部，2016年）
『なぜ日本型統治システムは疲弊したのか――憲法学・政治学・行政学からのアプローチ』（共著，ミネルヴァ書房，2016年）

執筆者紹介（氏名／よみがな／生年／現職／業績） 50音順，＊は編者，執筆担当は本文末

丹羽　功（にわ・いさお／1966年生まれ）
　近畿大学法学部教授
　『二〇一三年参院選　アベノミクス選挙――「衆参ねじれ」はいかに解消されたか』（共著，ミネルヴァ書房，2016年）
　『市民社会論――理論と実証の最前線』（共著，法律文化社，2017年）

秦　　正樹（はた・まさき／1988年生まれ）
　京都府立大学公共政策学部准教授
　「若年層における候補者選択の基準――候補者の「見た目」と「政策」に注目したサーベイ実験より」（『公共選択』70号，2018年）
　Reconstruction of the Public Sphere in the Socially Mediated Age（共著，Springer，2017）

前嶋和弘（まえしま・かずひろ／1965年生まれ）
　上智大学総合グローバル学部教授
　『アメリカ政治とメディア――「政治のインフラ」から「政治の主役」に変貌するメディア』（単著，北樹出版，2011年）
　『オバマ後のアメリカ政治――2012年大統領選挙と分断された政治の行方』（共編著，東信堂，2014年）

松浦淳介（まつうら・じゅんすけ／1980年生まれ）
　慶應義塾大学法学部専任講師（有期）
　『分裂議会の政治学――参議院に対する閣法提出者の予測的対応』（単著，木鐸社，2017年）
　『日本政治とカウンター・デモクラシー』（共著，勁草書房，2017年）

＊松田憲忠（まつだ・のりただ／1971年生まれ）
　編著者紹介参照

三田妃路佳（みた・ひろか）
　宇都宮大学地域デザイン科学部准教授
　『公共事業改革の政治過程――自民党政権下の公共事業と改革アクター』（単著，慶應義塾大学出版会，2010年）
　『公共政策の歴史と理論』（共著，ミネルヴァ書房，2013年）

宗像　　優（むなかた・まさる／1970年生まれ）
　九州産業大学地域共創学部教授
　『環境政治の展開』（共編著，志學社，2016年）
　『九州地域学』（共編著，晃洋書房，2019年）

森　　裕亮（もり・ひろあき／1976年生まれ）
　北九州市立大学法学部准教授
　『地方政府と自治会間のパートナーシップ形成における課題――「行政委嘱員制度」がもたらす影響』（単著，渓水社，2014年）

藪長千乃（やぶなが・ちの）
　東洋大学国際学部教授
　『世界の保育保障――幼保一体改革への示唆』（共編著，法律文化社，2012年）
　「フィンランドにおける「児童保護」――普遍主義的な福祉制度下における要保護ニーズへの対応」（『社会保障研究』2巻2・3号，国立社会保障・人口問題研究所，2017年）

山崎友也（やまざき・ともや／1972年生まれ）
　金沢大学人間社会学域法学類教授
　『憲法の最高法規性と基本権』（単著，信山社，2019年）
　『トピックからはじめる統治制度――憲法を考える』（共著，有斐閣，2015年）

吉野　　孝（よしの・たかし／1954年生まれ）
　早稲田大学政治経済学術院教授
　『現代の政党と選挙（新版）』（共著，有斐閣，2011年）
　『オバマ後のアメリカ政治――2012年大統領選挙と分断された政治の行方』（共編著，東信堂，2014年）

《編著者紹介》

松田憲忠（まつだ・のりただ／1971年生まれ）
　　青山学院大学法学部教授
　　『現代日本の政治――政治過程の理論と実際』（共編著，ミネルヴァ書房，2009年）
　　『社会科学のための計量分析入門――データから政策を考える』（共編著，ミネルヴァ書房，2012年）
　　"Can Universities Supply Citizenship Education? A Theoretical Insight"（*Japanese Political Science Review 2*, 2014）
　　『ダイバーシティ時代の行政学――多様化社会における政策・制度研究』（共著，早稲田大学出版部，2016年）
　　『日本政治とカウンター・デモクラシー』（共著，勁草書房，2017年）

岡田　浩（おかだ・ひろし／1968年生まれ）
　　金沢大学人間社会学域法学類教授
　　『比較政治学の将来』（共著，早稲田大学出版部，2006年）
　　『現代日本の政治――政治過程の理論と実際』（共編著，ミネルヴァ書房，2009年）
　　『政治変容のパースペクティブ――ニュー・ポリティクスの政治学II（第2版）』（共著，ミネルヴァ書房，2010年）
　　『二〇一二年衆院選　政権奪還選挙――民主党はなぜ敗れたのか』（共著，ミネルヴァ書房，2016年）
　　『二〇一三年参院選　アベノミクス選挙――「衆参ねじれ」はいかに解消されたか』（共著，ミネルヴァ書房，2016年）

やわらかアカデミズム・〈わかる〉シリーズ

よくわかる政治過程論

2018年12月20日　初版第1刷発行　　　　　　〈検印省略〉
2024年1月20日　初版第3刷発行

定価はカバーに
表示しています

編著者	松　田　憲　忠
	岡　田　　　浩
発行者	杉　田　啓　三
印刷者	藤　森　英　夫

発行所　株式会社　ミネルヴァ書房
〒607-8494 京都市山科区日ノ岡堤谷町1
電話代表（075）581-5191
振替口座　01020-0-8076

ⓒ松田・岡田ほか，2018　　　　　　　亜細亜印刷・新生製本

ISBN 978-4-623-08411-1
Printed in Japan

やわらかアカデミズム・〈わかる〉シリーズ

よくわかる行政学［第2版］	村上　弘・佐藤　満編著	本体　2800円
よくわかる比較政治学	岩崎正洋・松尾秀哉・岩坂将充編著	本体　2600円
よくわかる法哲学・法思想［第2版］	深田三徳・濱真一郎編著	本体　2600円
よくわかる憲法［第2版］	工藤達朗編	本体　2600円
よくわかるメディア法	鈴木秀美・山田健太編著	本体　2800円
よくわかる労働法［第3版］	小畑史子著	本体　2800円
よくわかる社会政策［第3版］	石畑良太郎・牧野富夫・伍賀一道編著	本体　2600円
よくわかる社会学［第3版］	宇都宮京子・西澤晃彦編著	本体　2500円
よくわかる産業社会学	上林千恵子編著	本体　2600円
よくわかる観光社会学	安村克己・堀野正人ほか編著	本体　2600円
よくわかる都市社会学	中筋直哉・五十嵐泰正編著	本体　2800円
よくわかる環境社会学［第2版］	鳥越皓之・帯谷博明編著	本体　2800円
よくわかる都市地理学	藤井　正・神谷浩夫編著	本体　2600円
よくわかる社会情報学	西垣　通・伊藤　守編著	本体　2500円
よくわかるコミュニケーション学	板場良久・池田理知子編著	本体　2500円
よくわかる観光コミュニケーション論	須藤廣・遠藤英樹ほか編著	本体　2800円
よくわかるメディア・スタディーズ［第2版］	伊藤　守編著	本体　2500円
よくわかるジェンダー・スタディーズ	木村涼子・伊田久美子ほか編著	本体　2600円
よくわかる学びの技法［第3版］	田中共子編	本体　2200円
よくわかる卒論の書き方［第2版］	白井利明・高橋一郎著	本体　2500円

── ミネルヴァ書房 ──

https://www.minervashobo.co.jp/